O ANTI-CRISTO

Dados Internacionais de Catalogação na Publicação (CIP)
(Câmara Brasileira do Livro, SP, Brasil)

Almond, Philip C.
  O Anticristo : uma biografia / Philip C. Almond; tradução de Bruno Gambarotto. – Petrópolis, RJ : Vozes, 2024.

  Título original: The antichrist – a new biography

  ISBN 978-85-326-6750-2

  1. Anticristo I. Título.

24-193027 CDD-236

Índices para catálogo sistemático:
1. Anticristo : Escatologia : Cristianismo   236

Cibele Maria Dias – Bibliotecária – CRB-8/9427

PHILIP C. ALMOND

O ANTI-
Uma biografia
CRISTO

Tradução de Bruno Gambarotto

EDITORA VOZES

Petrópolis

© Philip C. Almond 2020.

Tradução do original em inglês intitulado *The Antichrist – A New Biography*.

Esta tradução é publicada mediante acordo com a Cambridge University Press.

Direitos de publicação em língua portuguesa – Brasil:
2024, Editora Vozes Ltda.
Rua Frei Luís, 100
25689-900 Petrópolis, RJ
www.vozes.com.br
Brasil

Todos os direitos reservados. Nenhuma parte desta obra poderá ser reproduzida ou transmitida por qualquer forma e/ou quaisquer meios (eletrônico ou mecânico, incluindo fotocópia e gravação) ou arquivada em qualquer sistema ou banco de dados sem permissão escrita da editora.

CONSELHO EDITORIAL

Diretor
Volney J. Berkenbrock

Editores
Aline dos Santos Carneiro
Edrian Josué Pasini
Marilac Loraine Oleniki
Welder Lancieri Marchini

Conselheiros
Elói Dionísio Piva
Francisco Morás
Gilberto Gonçalves Garcia
Ludovico Garmus
Teobaldo Heidemann

Secretário executivo
Leonardo A.R.T. dos Santos

PRODUÇÃO EDITORIAL

Aline L.R. de Barros
Marcelo Telles
Mirela de Oliveira
Otaviano M. Cunha
Rafael de Oliveira
Samuel Rezende
Vanessa Luz
Verônica M. Guedes

Conselho de projetos editoriais
Isabelle Theodora R.S. Martins
Luísa Ramos M. Lorenzi
Natália França
Priscilla A.F. Alves

Editoração: Natalia Machado
Diagramação: Victor Mauricio Bello
Revisão gráfica: Lorena Delduca Heredias
Capa: Estúdio 483

ISBN 978-85-326-6750-2 (Brasil)
ISBN 978-1-108-47965-3 (Reino Unido)

Este livro foi composto e impresso pela Editora Vozes Ltda.

Para Jenna

Sumário

Agradecimentos, 11

Prólogo, 13

1   As origens da tradição do Anticristo, 19

1.1 Momentos milenaristas, 19

1.2 A vida do Anticristo, 23

1.3 A chegada do "Anticristo", 27

1.4 Escatologia e o Anticristo, 31

1.5 O homem da iniquidade e o filho da perdição, 36

1.6 O dragão e as bestas, 37

1.7 Falsos profetas, messias e um enganador do mundo, 44

1.8 O tirano escatológico, 48

2   Começa a história, 53

2.1 Inovações irineanas, 53

2.2 Variações sobre um tema irineano, 59

2.3 Nero e os duplos anticristos, 67

2.4 O filho de Satanás?, 78

2.5 Vê-lo era conhecê-lo, 84

3   O Anticristo, Oriente e Ocidente, 89

3.1 O Anticristo interior, 89

3.2 O Anticristo, antes e depois!, 98

3.3 O Anticristo, imanente e iminente, 103

3.4 Simão, o Anticristo mágico, 113

3.5 O imperador do último mundo, 116

3.6 Gog e Magog, 124

3.7 Enquanto isso!, 132

4 Anticristos, presente e futuro, 139

4.1 Muhammad, o Anticristo, 139

4.2 Al-Dajjal o Enganador, 145

4.3 Armilo, o Anticristo judeu, 152

4.4 O Anticristo de Roger de Hoveden, 155

4.5 Apocalipse talvez?, 158

4.6 A besta sexy, 167

4.7 Magnus Antichristus, 172

5 De profetas, sacerdotes e reis, 179

5.1 Anticristos, reais e papais, 179

5.2 O Anticristo místico, 188

5.3 Profetas místicos e um papa angélico, 197

5.4 O Anticristo radical, 204

6 O Anticristo dividido, 215

6.1 O retorno do Anticristo de Adso, 215

6.2 O Anticristo magisterial, 222

6.3 De volta ao Livro do Apocalipse, 233

6.4 O império contra-ataca, 239

6.5 O Anticristo da Reforma Radical, 244

7 Anticristos – papais, filosóficos, imperiais, 251

7.1 O Anticristo "científico", 251

7.2 Céticos e fiéis, 260

7.3 Anticristos franceses, 268

7.4 De volta aos futuristas, 280

7.5 Desconstruindo o Anticristo, 286

7.6 O significante flutuante, 290

Epílogo, 303
Referências, 309
Índice, 329

Agradecimentos

Este livro foi escrito no Instituto de Estudos Avançados em Humanidades da Universidade de Queensland, na Austrália. Durante a última década, esse instituto e seu antecessor, o Centro para a História dos Discursos Europeus, forneceram um espaço agradável, estimulante e, com muito maior frequência do que se poderia esperar, provocativo para se trabalhar. Por isso, sinto-me em particular dívida com meus amigos e colegas, o professor (e diretor do Instituto) Peter Harrison, o professor emérito Peter Cryle, o professor emérito Ian Hunter e o professor emérito Fred D'Agostino. Todos dedicaram seu tempo para conversar comigo em muitas ocasiões. Agradeço também aos muitos bolsistas de pós-doutorado e outros bolsistas de pesquisa do Instituto, cuja dedicação ao seu trabalho proporcionou tanto incentivo ao meu.

Um livro tão abrangente como este inevitavelmente tem sua dívida para com estudiosos que já realizaram o trabalho duro nesse domínio intelectual. Sem o trabalho desses pesquisadores, não raro inovador, este livro não teria sido possível. Expressei minha gratidão a muitos deles no decorrer deste estudo. Sou, porém, particularmente grato a muitas das obras de Bernard McGinn, e em especial ao seu estudo seminal *Antichrist*. Ele encerra essa obra com uma passagem de Denis o Cartuxo: "Não nos exaurimos com esse amaldiçoado Anticristo?" Bem, agora somos três, pelo menos.

Aproveito a oportunidade para agradecer mais uma vez a Alex Wright, meu editor em Cambridge, por seu apoio e incentivo a este trabalho. Agradeço-lhe também pela amizade que construímos ao longo de muitos anos nos oito projetos em que trabalhamos juntos.

Agradeço novamente à minha companheira, Patricia Lee. Como em outras ocasiões, ela ouviu, dia após dia, este texto, à medida que progredia, e deu-me muitos conselhos úteis. Este trabalho é dedicado à minha enteada, Jenna.

Prólogo

É necessário, portanto, que observemos esse sujeito diligentemente e a ele fiquemos atentos; e é igualmente conveniente que empenhemos os olhos de nossos corações a esse propósito (especialmente o mundo em que nos encontramos) com a intenção de podermos conhecer (das Escrituras) tanto a ele quanto a todos os seus artifícios, e ter cuidado com ele, para que não nos engane (Rudolph Walther. *Antichrist*, 1556).

Ao longo da maior parte dos últimos 2 mil anos, os cristãos seguiram o conselho do teólogo suíço Rudolph Walther (1519-1586). Eles dedicaram-se a ficar atentos ao Anticristo. Os cristãos viviam na expectativa de que o fim da história se aproximava. E o Anticristo era o sinal mais evidente de que seu fim estava próximo. Assim, discernir, ou ao menos estimar, o tempo de chegada do Anticristo fazia parte do interesse presente, futuro e eterno de todos.

O Anticristo seria o ser humano maligno arquetípico, o mal supremo na forma humana. Ele viria no fim do mundo para perseguir a fé cristã. Por fim, contudo, ele seria derrotado por Cristo ou pelo Arcanjo Miguel. Acreditava-se que a Bíblia – em especial, os livros proféticos de Daniel e do Apocalipse – permitia que seus leitores o perseguissem através de suas páginas. Consequentemente, buscar nos livros bíblicos um conhecimento a seu respeito era uma obrigação imposta aos crentes por Deus. Como Isaac Newton (1642-1727) disse a seus leitores: "Se Deus ficou tão zangado com os judeus por não examinarem com maior diligência as profecias que lhes havia dado para que viessem a conhecer a Cristo, por que deveríamos pensar que Ele nos desculpará por não examinar as profecias que nos deu para dar a conhecer o Anticristo?"[1].

Este livro conta a história do Anticristo, desde seus primórdios no Novo Testamento até o presente momento. Longe de ser uma personagem totalmente desenvolvida dentro da tradição cristã de um período inicial, foi apenas no fim do primeiro milênio que uma biografia do nascimento, vida e morte do Anticristo foi escrita por Adso (?-992), um monge beneditino de Montier-en-Der, no nordeste da França. Adso reuniu as principais características da vida do Anticristo, tal como estas se haviam constituído no decorrer do primeiro milênio da Era Comum. O resultado foi um Anticristo tirânico, externo à Igreja cristã. Mas nos 200 anos posteriores à biografia de Adso, seu Anticristo tirânico seria confrontado pela história de um Anticristo papal – um enganador e hipócrita instalado no interior da Igreja –, iniciada por Joaquim (c. 1135-1202), um monge da tradição cisterciense, em Fiore, no sul da Itália. A partir do ano 1200, e pelos 800 anos seguintes, essas duas visões do Anticristo – o tirano imperial adsoniano exterior à Igreja e o enganador papal joaquimita instalado dentro dela – constituiriam duas narrativas concorrentes da vida do Anticristo.

---

1. MANUEL, Frank E. *The religion of Isaac Newton*. Oxford: Clarendon Press, 1974, apêndice A, p. 109.

A figura do Anticristo foi o resultado de um duplo dilema dentro do cristianismo primitivo. Em primeiro lugar, teologicamente, por sua vida, morte e ressurreição, Jesus havia derrotado o mal – porém, o mal continuou. Em segundo lugar, escatologicamente, o cristianismo primitivo nutria a expectativa de que a segunda vinda de Cristo fosse um acontecimento iminente – ocorreu, contudo, que Ele não retornou. O fracasso de Cristo em seu retorno – e o aparente fracasso de sua vitória contra o mal – possibilitou e fez necessária a criação de um fim futuro para o mundo, no qual o mal seria definitivamente derrotado. Em suma, o Anticristo tornou-se, ao lado do Diabo, um componente-chave de um providencialismo cristão que exigia, a despeito da redenção já levada a cabo por Cristo, uma resolução final do mal cósmico e humano[2].

"O Anticristo" foi, desde o início, uma ideia fluida e instável. Ela resulta de um conjunto de tensões internas ao conceito de Anticristo que se desenvolveram ao longo dos primeiros 12 séculos da Era Comum. O primeiro deles surgiu a partir da questão de saber se o Anticristo seria um tirano escatológico exterior à Igreja ou um enganador instalado em seu interior, o que mais tarde se formaliza no contraste entre Adso e Joaquim. Essa questão estava presente na cristandade já no segundo século. Em segundo lugar, embutida nos relatos bíblicos, havia a tensão entre o Anticristo por vir e os muitos anticristos já presentes. Em terceiro, havia a discórdia entre o Anticristo por vir e o Anticristo já presente dentro de cada indivíduo. Em quarto lugar, havia a tensão entre

---

2. Cf. ALMOND, Philip C. *The Devil: a new biography*. Londres: I.B. Tauris; Ithaca: Cornell University Press, 2014, cap. 3.

o Anticristo fora da Igreja e os anticristos dentro dela. Em quinto, dada a distinção entre um significado literal e um significado místico ou oculto das Escrituras, havia a interação entre o Anticristo "real", que estava por vir, e o Anticristo "espiritual" já presente. Essas tensões estavam todas em jogo quando as angústias escatológicas vieram à tona em fins do primeiro milênio.

Em sexto lugar, com as histórias de Adso e Joaquim já estruturadas no ano 1200, desenvolveu-se o conflito sobre o tirano escatológico *futuro* (exemplificado na tradição adsoniana) e o enganador papal *que já vivia entre nós* (exemplificado pela tradição joaquimita), fosse como indivíduo, fosse como coletivo. A história do Anticristo tornou-se, então, uma história de identificação de figuras ou instituições exteriores (imperadores e impérios) ou interiores à Igreja (papas e papado) em seu tempo presente como o Anticristo. Aliava-se frequentemente a ela uma nova leitura da história (em especial, através dos livros do Apocalipse e Daniel) que via o fim dos tempos como um processo já em andamento. Isso culminou na identificação do Anticristo, promovida pela Reforma, com o papa e o papado.

Por fim, ao lado dessas leituras literais do Anticristo, fortemente dependentes de interpretações proféticas das Escrituras, veio à luz um Anticristo "retórico". O "Anticristo" tornou-se "popular". Era mais uma questão de "demonizar" os oponentes no presente do que especular sobre o mal encarnado no futuro. Esse era um uso do "Anticristo" que se tornaria cada vez mais comum após meados do século XIX, quando o apocalipsismo e a profecia bíblica quedaram marginalizados no âmbito das elites intelectuais ocidentais.

Liberto da dependência de categorias bíblicas, o Anticristo estava então livre para vagar por paisagens tanto religiosas quanto seculares, fictícias e não fictícias.

Explorar a vida do Anticristo é também envolver-se com um grande conjunto de histórias relacionadas. Elas derivam, em parte, da reunião de um número significativo de figuras bíblicas sob o guarda-chuva conceitual do Anticristo – Gog e Magog, o Beemot e o Leviatã, as bestas da terra e do mar, a marca da besta e seu número, o falso profeta e o destruidor. Mas a história do Anticristo aprimorou-se, fez-se mais encorpada à medida que absorveu as lendas de Alexandre o Grande, das duas testemunhas do Livro do Apocalipse, de Simão o Mago, de Antíoco Epifânio e do Imperador Nero, do Profeta Muhammad, do Imperador do Último Mundo e dos Papas Angélicos. A tradição do Anticristo ganhou densidade quando, influenciados pelas histórias cristãs do Anticristo, o islã e o judaísmo construíram seus próprios anticristos – al-Dajjal, o Anticristo dos muçulmanos, e Armilo, o Anticristo dos judeus.

O Anticristo ainda "vive" na cultura popular moderna, tanto secular quanto religiosa. No entanto, nos últimos 150 anos, ele se tornou marginal às preocupações dominantes da vida intelectual ocidental. Não se pode ignorar que a vida não poderia ser pensada ou imaginada sem que o Anticristo assomasse no horizonte do cotidiano. O objetivo deste livro é trazer ao leitor moderno um exame e compreensão mais profundos de como, desde os primeiros séculos da era cristã até os dias atuais, a consciência de quem somos como seres humanos incluiu a história de quem poderíamos ser no que concebemos enquanto o que existe de pior em nós. Com isso vem o reconhecimento mais profundo de que, durante a maior parte dos últimos 2 mil anos, a batalha entre o bem e o mal dentro de cada um de nós foi imaginada como parte de uma batalha entre o bem e o mal nas profundezas das coisas. Em nível cósmico, isso era visto como uma batalha entre Deus e Satanás; no nível humano, era visto como uma batalha entre Cristo, o Filho de Deus, e o Anticristo, o filho de Satanás. Assim, a batalha entre o bem e o mal estava no coração da própria história. Como veremos no decorrer deste livro, era uma batalha que só poderia e só seria resolvida no fim da história.

1
As origens da tradição do Anticristo

Vi então descer do céu um anjo que trazia nas mãos a chave do abismo e uma grande corrente. Ele agarrou o dragão, a antiga serpente, que é o diabo, Satanás, e o acorrentou por mil anos. Lançou-o no abismo, que foi trancado e selado, para que o dragão não seduzisse mais as nações até o fim dos mil anos. Depois disso deve ser solto por pouco tempo (Apocalipse 20,1-3).

1.1 Momentos milenaristas

O fim do primeiro milênio estava próximo. Para alguns, anunciava-se o fim do mundo. Era certo que Satanás seria amarrado por mil anos antes de sua libertação e subsequente confinamento no inferno pela eternidade. Que Satanás já se encontrava amarrado era uma leitura de Apocalipse 20,1-3 (acima) que ressoou durante todo o período medieval. Tinha a autoridade de Santo Agostinho (354-430). De acordo com Agostinho, o aprisionamento de Satanás já havia acontecido como resultado da vitória sobre ele conquistada por Jesus Cristo e seu percurso de vida, morte e ressurreição. Assim se sucedeu, então, que Satanás foi lançado no abismo sem fundo. O Diabo, declarou Agostinho, "é proibido e impedido de seduzir as nações que pertencem a Cristo, mas que ele anteriormente seduziu ou subjugou"[3].

De acordo com Agostinho, no fim dos tempos e da história, Satanás seria solto novamente. Apocalipse 13,5 profetizava que a besta que surgisse do mar exerceria autoridade por 42 meses. Agostinho identificou a besta a Satanás. O Diabo, escreveu ele, então "se enfureceria com toda a força de si mesmo e de seus anjos por três anos e seis meses"[4]. Ocorreria, então, a batalha final entre Deus e Satanás, Cristo viria para julgar, e o Diabo e seus anjos, juntamente com os ímpios em seus corpos ressuscitados, seriam condenados ao castigo eterno no fogo do inferno. O tempo da libertação de Satanás também foi o tempo do Anticristo, a encarnação do mal. Como Agostinho diz: "Cristo não virá para julgar os vivos e os mortos, a menos que o Anticristo, seu adversário, primeiro venha para seduzir aqueles que estão mortos em alma [...] então Satanás será solto e, por meio desse Anticristo, operará com todo o poder de uma maneira mentirosa, embora maravilhosa"[5].

Não obstante Agostinho defendesse a ideia de um verdadeiro fim da história em algum momento, ele leu metaforicamente, não literalmente, os "mil anos" que antecederiam a libertação de Satanás. Muitos, porém, o leram literalmente. Consequentemente, havia a expectativa de que Cristo retornaria, Satanás seria solto, e o Anticristo surgiria em algum

---

3. SANTO AGOSTINHO. *Cidade de Deus*, 20.7. In: NPNF, *first series*, vol. II, p. 427.

4. *Ibid.*, 20.8, vol. II, p. 428.

5. *Ibid.*, 20.19, vol. II, p. 438.

lugar entre o ano 979 (um milênio a partir da suposta data do nascimento de Cristo) e o ano 1033 (um milênio a partir da data presumida de sua morte e ressurreição).

Assim, havia muitos da elite eclesiástica e, sem dúvida, muitos entre a população em geral que, embora tomassem de empréstimo a Agostinho o grosso de suas elucubrações escatológicas ou apocalípticas, viam o fim do mundo como um acontecimento mais ou menos localizável em um futuro imediato[6]. Em uma carta aos reis da França datada de pouco antes do fim do século X, Abbo, abade de Saint-Benoît-sur--Loire (c. 945-1004), lembrou que "quando jovem ouvi um sermão pregado ao povo na igreja de Paris no sentido de que, à medida que se cumprisse o número de mil anos, o Anticristo chegaria e, não muito tempo depois, o Juízo Final o acompanharia"[7]. Ele prosseguiu, dizendo que resistiu a isso o mais vigorosamente possível em sua pregação, usando os livros do Apocalipse e de Daniel como refutação. Mas ele também teve de responder a "outro erro que se constituiu acerca do fim do mundo", e que tinha "se espraiado por quase o mundo inteiro"[8]. Tratava-se da noção de que, quando a comemoração da Anunciação caísse em uma Sexta-Feira Santa, o mundo acabaria.

---

6. Embora o termo "apocalíptico" se refira às revelações proféticas em geral, neste livro faço uso dos termos "apocalíptico" e "escatológico" para me referir aos eventos que cercam o fim cataclísmico da história incorporado pela tradição cristã.

7. Citado por LANDES, Richard. The fear of an apocalyptic year 1000: Augustinian historiography, medieval and modern. *In*: LANDES, Richard; GOW, Andrew; VAN METER, David C. (ed.). *The apocalyptic year 1000*: religious expectation and social change, 950-1050. Nova York: Oxford University Press, 2003, p. 250.

8. *Ibid.*

É razoável supor que a Rainha Gerberga, irmã do governante alemão Oto I e esposa do rei francês Luis IV d'Outremer, compartilhasse das ansiedades apocalípticas de seus súditos. Com a batalha entre Deus e o Anticristo anunciada para um futuro próximo, e com a resultante ameaça ao reino de seu marido, era até mesmo mais razoável que ela desejasse obter detalhes sobre a origem, o percurso e os sinais da chegada do Anticristo. Assim, em algum momento por volta do ano 950, ela escreveu a Adso, um monge beneditino (mais tarde abade) de Montier-en-Der, no nordeste da França, para aprender, como Adso colocou, "a respeito da maldade e perseguição do Anticristo, bem como de seu poder e origem"[9].

Sua resposta à Rainha Gerberga estava contida em uma carta intitulada *Sobre a origem e o tempo do Anticristo* (*De ortu et tempore Antichristi*). Foi a primeira biografia do Anticristo – ou melhor: uma vez que imitou o gênero hagiográfico, foi a primeira vida de um antissanto[10]. Adso conhecia o gênero, pois era ele mesmo o autor de cinco vidas de santos. Sua originalidade estava não tanto em quaisquer acréscimos às tradições do Anticristo, mas em sintetizar muitas delas em uma "Vida do Anticristo" coerente desde seu nascimento até sua morte. Como Richard K. Emmerson observa, ao dar às numerosas discussões sobre o Anticristo a forma da vida dos santos, a biografia de Adso contribuiu "para o estabelecimento da tradição do Anticristo

---

9. ADSO DE MONTIER-EN-DER. Letter on the origin and the time of the Antichrist. *In*: MCGINN, Bernard (ed.). *Apocalyptic spirituality*. Londres: SPCK, 1979, p. 89. Essa continua a ser a tradução "crítica" mais acessível.

10. Também era conhecido como *Libellus de Antichristo* (*Livrinho sobre o Anticristo*).

como parte importante da consciência religiosa do fim da Idade Média"[11]. O texto sobrevive em nove versões e em 171 manuscritos. Junto com a versão latina original, havia numerosas traduções para as línguas vernáculas. Foi, em suma, um *bestseller* apocalíptico.

Para a Rainha Gerberga, pelo menos, a vida do Anticristo escrita por Adso continha uma mensagem de esperança. Pois ele havia declarado que o Anticristo não viria enquanto o poder do Império Romano sobrevivesse e, no presente, esse poder residia na monarquia francesa, encarnada no marido de Gerberga. Por ora, ao menos, as preocupações de Gerberga poderiam ser mitigadas.

1.2 A vida do Anticristo

O Anticristo era, de acordo com Adso, simplesmente contrário a Cristo em todas as coisas. Ele fazia tudo no sentido inverso ao de Cristo. Assim, se Cristo veio como um homem humilde, o Anticristo vinha como um homem orgulhoso. Ele exaltava os ímpios e reavivava a adoração aos demônios no mundo. Buscando sua própria glória, ele "se chamará Deus Todo-Poderoso"[12]. Muitos dos "ministros de sua maldade" já existiram, como o rei grego Antíoco Epifânio (c. 215-164 a.C.) e os imperadores romanos Nero (37-68 d.C.) e Domiciano (51-96 d.C.). De fato, sempre houve muitos anticristos, pois qualquer um "que vive contrariamente à jus-

---

11. EMMERSON, Richard K. Antichrist as Anti-saint: the significance of Abbot Adso's *Libellus de Antichristo*. *The American Benedictine Review*, vol. 30, n. 2, p. 190, 1979.

12. ADSO DE MONTIER-EN-DER. *Letter on the origin and the time of the Antichrist*, p. 90.

tiça e ataca a lei de seu modo de vida [de Cristo] e blasfema contra o que é bom é um Anticristo, o ministro de Satanás"[13].

O Anticristo por vir seria um judeu da tribo de Dã. Como outros homens, mas ao contrário de Cristo, que nasceu de uma virgem, ele nasceria da união de um homem e uma mulher. Assim como outros homens, mas ao contrário de Cristo, que nasceu sem pecado, ele seria concebido, gerado e nascido em pecado. No momento da concepção, o Diabo entraria no ventre de sua mãe. No caso de Maria, a mãe de Jesus, o Espírito Santo entrou nela de tal forma que o que nasceu dela era divino e santo; "assim também o Diabo descerá à mãe do Anticristo, a preencherá completamente, a cobrirá, dominará e possuirá completamente, por dentro e por fora, de modo que com a cooperação do Diabo ela conceberá de um homem e o que nascer dela será totalmente perverso, totalmente mau, totalmente perdido"[14]. Embora não seja literalmente o filho do Diabo da maneira que Cristo era o Filho de Deus, "a plenitude do poder diabólico e de todo o caráter do mal habitará nele em forma corpórea"[15].

Uma vez que Cristo entendeu que Jerusalém era o melhor lugar para que Ele assumisse a humanidade, do mesmo modo o Diabo entendia haver um lugar mais adequado para o Anticristo – a Babilônia, uma cidade que era a raiz de todo o mal. No entanto, embora fosse nascido na Babilônia, ele seria criado nas cidades de Betsaida e Corozaim, as duas cidades que Cristo reprovou (Mateus 11,21). Ele seria criado

---

13. *Ibid.*, p. 90.
14. *Ibid.*, p. 90-91.
15. *Ibid.*, p. 93.

em todas as formas de maldade por magos, feiticeiros, adivinhos e bruxos. Os espíritos malignos seriam seus instrutores e companheiros de todas as horas.

Por fim, ele chegaria a Jerusalém. Lá, se circuncidaria e diria aos judeus: "Eu sou o Cristo prometido a vocês, que veio para salvá-los, de modo que eu possa me erguer e defendê-los"[16]. Os judeus se reuniriam em torno dele, sem saber que estavam recebendo o Anticristo. Ele torturaria e mataria todos os cristãos que não se convertessem à sua causa. Erigiria então seu trono no templo, reerguendo o templo de Salomão e assim o restabelecendo a seu estado anterior. Reis e príncipes seriam convertidos à sua causa e, por meio deles, os seus súditos. Então, ele enviaria mensageiros e pregadores por todo o mundo, e também operaria muitos prodígios e milagres:

> Ele fará com que o fogo desça da terra de maneira aterrorizante, com que as árvores de repente floresçam e murchem, com que o mar se faça tempestuoso e inesperadamente calmo. Ele fará com que os elementos se transformem de diferentes formas, desviará a ordem e o fluxo dos corpos d'água, perturbará o ar com ventos e todos os tipos de turbulências e realizará inúmeros outros atos formidáveis. Ele ressuscitará os mortos[17].

Seu poder seria tão grande que até mesmo muitos dos fiéis se perguntariam se ele seria, na realidade, *Cristo* em seu retorno.

No entanto, eles não se perguntariam por muito tempo. Pois o Anticristo perseguiria os cristãos fiéis de três manei-

---

16. *Ibid.*, p. 94.
17. *Ibid.*, p. 92.

ras. Corromperia aqueles que pudesse, dando-lhes ouro e prata. Aqueles cuja fé estivesse além de tal corrupção, ele sobrepujaria com terror. Tentaria seduzir aqueles que permanecessem, por meio de sinais e maravilhas. Aqueles que prosseguissem em sua fé, indiferentes a seus poderes, seriam torturados e condenados à morte aos olhos de todos.

Então Adso invocou a autoridade do Novo Testamento, segundo o qual viria um tempo de tribulação diferente de qualquer coisa experimentada antes (Mateus 24,21). Todo cristão que fosse descoberto "negará a Deus ou, se permanecer fiel, perecerá, quer seja pela espada, quer seja pela fornalha quente, quer seja por serpentes ou animais, quer seja através de algum outro tipo de tortura"[18]. Essa tribulação duraria por todo o mundo cerca de três anos e meio. O Anticristo, no entanto, não viria sem aviso que antecedesse sua vinda. Antes de sua chegada, os dois grandes profetas, Enoque e Elias, seriam enviados ao mundo. Eles defenderiam os fiéis contra o Anticristo e preparariam os eleitos para a batalha com três anos e meio de pregação e ensinamentos durante o tempo da tribulação, convertendo os judeus ao cristianismo.

O Anticristo, tendo pegado em armas contra Enoque e Elias, os mataria. Então o julgamento de Deus se abateria sobre o Anticristo. Ele seria morto por Jesus ou pelo Arcanjo Miguel, embora através do poder de Cristo. Deus então concederia aos eleitos 40 dias para que fizessem penitência por se terem desviado por obra do Anticristo. Adso não tinha certeza do tempo, passados esses 40 dias, que levaria até que se desse o Juízo Final. A questão, concluiu Adso, permanecia

---

18. *Ibid.*, p. 92.

"sob a providência de Deus, que julgará o mundo naquela hora em que por toda a eternidade Ele predeterminou que o mundo fosse julgado"[19].

Como, então, as tradições do Anticristo que se reuniram em *Sobre a origem e o tempo do Anticristo* de Adso se desenvolveram ao longo do primeiro milênio da Era Comum?[20]

1.3 A chegada do "Anticristo"

Na história do pensamento cristão, Jesus Cristo era a bondade em forma humana. O Anticristo, em oposição, era o mal encarnado. E, no entanto, o Novo Testamento é estranhamente silencioso sobre o Anticristo. Há apenas três passagens no Novo Testamento que se referem ao Anticristo, todas presentes nas Cartas de João. A primeira aparição do termo "anticristo" na literatura cristã ocorre em 1João 2,18-27. Declara que o Anticristo é um *e* muitos. Também declara que já existem muitos anticristos no mundo e que sua presença é um sinal de que o fim do mundo está próximo: "Filhinhos, esta é a última hora. Ouvistes dizer que virá o

---

19. *Ibid.*, p. 96.

20. Sobre as origens do Anticristo e da lenda em geral, cf. BOUSSET, Wilhelm. *The Antichrist legend*: a chapter in Christian and Jewish folklore, Englished from the German of W. Bousset. Londres: Hutchinson and Co., 1896; MCGINN, Bernard. *Antichrist*: two thousand years of fascination with evil. São Francisco: Harper, 1994; JENKS, Gregory C. *The origins and early development of the Antichrist myth*. Berlim: Walter de Gruyter, 1991; PEERBOLTE, L.J. Lietaert. *The antecedents of Antichrist*: a traditio-historical study of the earliest Christian views on eschatological opponents. Leiden: Brill, 1996; EMMERSON, Richard K. *Antichrist in the Middle Ages*: a study of medieval apocalypticism, art, and literature. Seattle: University of Washington Press, 1981. O Anticristo de McGinn continua sendo o texto-chave sobre a história do Anticristo de forma mais geral, com riqueza de dados bibliográficos. Tenho uma dívida particular para com ele.

Anticristo. Como já surgiram muitos anticristos, concluímos ser esta a última hora" (1João 2,18). Havia, em suma, uma expectativa de que, antes de Cristo voltar, o próprio Anticristo viria. O texto foi fundamental na história do Anticristo. Ele estabeleceu a tensão entre o Anticristo do futuro, ainda por vir, e os muitos anticristos já presentes.

Quem eram esses muitos anticristos? O contexto do versículo deixa claro que eram, no mínimo, cristãos que haviam deixado a comunidade para a qual o autor estava escrevendo. É claro também que tinham ido embora porque haviam negado que Jesus era o Filho de Deus: "Este é o Anticristo: o que nega o Pai e o Filho" (1João 2,22). Obtemos um esclarecimento adicional de quem eram esses anticristos na segunda passagem que trata do Anticristo (1João 4,1-6). Novamente, o autor se refere aos oponentes, que são designados, dessa vez, como "falsos profetas" (1João 4,1). Estes também parecem ter negado a divindade de Cristo. É de Deus todo espírito que declara, assim lemos, que Jesus Cristo veio em carne, enquanto "todo espírito que não confessa Jesus não vem de Deus. Vem do Anticristo que, como ouvistes, está para chegar" (1João 4,3). Aqui, o Anticristo já está presente como o poder espiritual por trás daqueles que negam a verdade da confissão cristã. O Anticristo que está por vir está "em espírito" já presente.

Como o termo "o Anticristo", o termo "falso profeta" também se refere ao fim dos tempos. Assim, por exemplo, no primeiro dos evangelhos do Novo Testamento, o aparecimento de falsos profetas e falsos cristos foi um dos sinais dos últimos dias (Marcos 13,22). E no último livro do Novo Testamento, o Livro do Apocalipse, a segunda besta do apocalipse também é identificada com "o falso profeta". Os falsos profetas da Primeira Carta de João foram os enganadores de sua segunda carta. Enquanto na primeira carta se diz que muitos falsos profetas saíram para o mundo, aqui se diz "muitos enganadores". Mais uma vez, trata-se dos incrédulos que não confessaram que Jesus Cristo viera em carne. Qualquer pessoa assim, lemos, "é o enganador e o Anticristo" (2João 7). Em suma, o Anticristo das duas Cartas de João se referia aos oponentes de Cristo, que prenunciavam a vinda do Anticristo ou já incorporavam sua atividade como falsos profetas e enganadores. Em ambos os casos, eles parecem ter negado a origem sobrenatural de Cristo. E, em cada caso, "o Anticristo" funcionava para indicar que o fim do mundo estava próximo.

As três Cartas de João no Novo Testamento podem ser datadas de provavelmente fins do primeiro século[21]. Fica claro, não apenas pelas referências ao Anticristo, mas pela teologia mais geral das duas primeiras Cartas, que foram escritas na expectativa geral do fim dos tempos, do desaparecimento do mundo, do retorno de Jesus e do Dia do Juízo Final. Assim, a lenda do Anticristo foi fundamentada na expectativa cristã das "últimas coisas" (morte, julgamento, céu e inferno). Por sua vez, dentro da tradição cristã, a doutrina das últimas coisas (escatologia) foi estabelecida dentro da estrutura mais ampla de um drama histórico em quatro atos. Começa com a criação do mundo por Deus e a criação

---

21. A questão de saber se essas cartas foram todas escritas pelo mesmo autor, juntamente com a sua relação com o Evangelho de João, permanece em debate. Cf. PAINTER, John. Johannine literature: the Gospel and Letters of John. *In*: AUNE, David E. *The Blackwell companion to the New Testament*. Oxford: Blackwell, 2010, cap. 20.

de Adão e Eva. Já no segundo ato, ocorre a queda de ambos em pecado e sua expulsão do Jardim do Éden. No ato terceiro, central, Deus fez-se homem e redimiu a humanidade do pecado de Adão e Eva através da vida, morte e ressurreição de Jesus Cristo. No ato de encerramento, no fim da história, o Anticristo surgiria, Cristo voltaria, Satanás e o Anticristo seriam derrotados, os mortos se levantariam e Deus julgaria os vivos e os mortos, alguns para as alegrias da vida eterna no céu, outros para os sofrimentos de uma eternidade no inferno.

Se a primeira aparição do termo "o Anticristo" data de cerca de 70 anos após a morte de Jesus Cristo, cerca de 40 ou 50 anos mais se passaram antes de sua aparição seguinte. Isso se dá por volta de meados do segundo século em uma carta de Policarpo, o bispo de Esmirna (c. 69-c. 155), aos filipenses. Tal como acontece com a comunidade referida nas Cartas de João, a comunidade filipense também foi dividida em facções teológicas focadas em torno da origem sobrenatural de Cristo. Então Policarpo citou 1João 4,3 contra os dissidentes:

> E todo o espírito que não confessa que Jesus Cristo veio em carne não é de Deus; e todo aquele que não confessa o testemunho da cruz é do Diabo; e todo aquele que perverte os oráculos do Senhor a seus próprios caprichos, e diz que não há ressurreição nem juízo, esse é o primogênito de Satanás[22].

Levaria ainda 30 ou mais anos, por volta de 180, até que Irineu, o bispo de Lyon (c. 130-c. 200), invocasse "o Anticristo" novamente em seu *Contra as heresias*. Quando jovem, ele

---

22. POLICARPO DE ESMIRNA. Epístola de Policarpo aos Filipenses, 7. *In*: *ANF*, vol. I, p. 34.

havia ouvido Policarpo pregar. Mas ao contrário de Policarpo, para quem "Anticristo" era termo que se referia apenas aos hereges contemporâneos e não a um indivíduo por chegar no fim da história, o Anticristo de Irineu era claramente uma figura escatológica. Mais importante ainda, Irineu reuniu uma série de tradições dentro do cristianismo primitivo que vinham se desenvolvendo desde meados do primeiro século em torno de figuras que surgiriam no fim dos dias e se assemelhavam ao Anticristo. Com Irineu, como veremos mais tarde, tem início a lenda do Anticristo.

1.4 Escatologia e o Anticristo

O cristianismo era, desde o seu início, uma tradição apocalíptica. Jesus era um pregador escatológico que proclamava que os últimos tempos haviam começado, que o fim do mundo estava próximo e que a ressurreição dos mortos deveria ser sucedida pelo julgamento de Deus sobre os que rejeitavam os seus ensinamentos[23]. A própria escatologia de Jesus era parte integrante da escatologia do judaísmo, dentro da qual o próprio ensinamento de Jesus estava embutido. Uma parte central da escatologia judaica dessa época era sua expectativa da vinda do Messias ou Cristo. A crença mais comum era que o Messias seria um descendente do Rei Davi, que ele apareceria no fim da história como um guerreiro que derrotaria os inimigos do povo de Israel, e que julgaria os ímpios e inauguraria o reino de Deus so-

---

23. Sobre a escatologia de Jesus, cf. ALLISON JR., Dale C. The eschatology of Jesus. *In*: COLLINS, John J. (ed.). *The encyclopedia of apocalypticism*. Vol. I: The origins of apocalypticism in Judaism and Christianity. Nova York: Continuum, 1998, p. 267-302.

bre o qual governaria[24]. É impossível dizer se Jesus pensava em si mesmo como o Messias que viria nos Últimos Dias. Se Ele pensasse assim, certamente não seria como o esperado guerreiro-messias que derrubaria militarmente os governantes estrangeiros de Roma. Podemos dizer, no entanto, que Ele provavelmente se via como um profeta escatológico nomeado por Deus e enviado para anunciar a catástrofe que estava prestes a acometer o povo de Israel. Então talvez não seja surpreendente que, após sua morte, seus seguidores passaram a vê-lo não apenas como um profeta escatológico no estilo de João Batista, mas como o profeta escatológico – o Messias ou o Cristo dos Últimos Dias.

Os escritos do Novo Testamento foram compostos entre o tempo da morte de Jesus em algum ponto entre 30 e 36 da Era Comum e o fim do primeiro século. Eles foram produzidos em um ambiente escatológico, sob a crença de que Jesus era o Messias que deveria inaugurar o fim da história. O fato de o fim não ter chegado tão cedo quanto muitos dos primeiros seguidores de Jesus inicialmente esperavam implicava a necessidade do desenvolvimento de uma narrativa do que aconteceria entre a morte e a ressurreição de Jesus e seu retorno para julgar os vivos e os mortos. O Jesus dos três primeiros evangelhos – Marcos, Mateus e Lucas, todos escritos na segunda metade do primeiro século – foi claramente apresentado como um profeta escatológico. "Em verdade vos digo", declarou o Jesus do Evangelho de Marcos, "alguns dos que aqui se encontram não morrerão antes de verem

---

24. Cf. COLLINS, John J. From prophecy to Apocalypticism: the expectation of the end. *In*: COLLINS, John J. (ed.). *The encyclopedia of apocalypticism*. Vol. I: The origins of apocalypticism in Judaism and Christianity. Nova York: Continuum, 1998, p. 129-161.

chegar com poder o reino de Deus" (Marcos 9,1). Cada um desses três evangelhos continha ensinamentos paralelos de Jesus sobre temas escatológicos (Marcos 13,1-37; Mateus 24,1-51; Lucas 21,1-36) que são conhecidos como o Pequeno Apocalipse ou Apocalipse Sinóptico[25].

O Evangelho de Marcos contém a versão mais antiga dos ensinamentos escatológicos de Jesus. De acordo com ela, quando Jesus estava saindo do templo em Jerusalém, um de seus discípulos expressou sua admiração pelo tamanho das pedras e dos edifícios. Jesus respondeu que, em algum momento, não restaria pedra sobre pedra. Em suma, o templo seria destruído. O contexto então mudou para o Monte das Oliveiras, onde Jesus produziu uma narrativa escatológica que ligava a destruição do templo ao fim do mundo.

Embora o Anticristo não tenha sido mencionado, características da tradição posterior do Anticristo aparecem nos ensinamentos escatológicos de Jesus. A primeira delas foi seu aviso para que se tivesse cuidado com aqueles que viriam mais tarde em nome de Jesus dizendo "Eu sou Cristo" (Marcos 13,6) e levariam muitos ao erro. Mais tarde na narrativa, Jesus faz uma outra advertência sobre aqueles que diziam: "Vejam! Aqui está o Messias" ou "Vejam! Lá está ele". "Porque se levantarão falsos cristos e falsos profetas que farão sinais e prodígios, para seduzir, se possível, até os escolhidos" (Marcos 13,22).

A segunda característica do discurso escatológico de Jesus que viria a encontrar lugar na tradição posterior do Anticristo

---

25. As diferenças entre os três relatos não importam para nossos propósitos.

era o aparecimento da "abominação desoladora" ou do "abominável devastador":

> Quando virdes o Abominável Devastador instalado onde não deve – quem lê, entenda – então os que estiverem na Judeia fujam para os montes. Quem estiver no terraço não desça nem entre para levar alguma coisa de casa. Quem estiver na lavoura não volte atrás para pegar o manto. Pois aqueles dias serão de tal aflição como jamais houve desde o princípio do mundo, que Deus criou, até agora, e nem haverá (Marcos 13,14-16.19).

Essa noção da "abominação desoladora" foi extraída do Antigo Testamento – do Livro de Daniel (9,27; 11,31; 12,11) e do Primeiro Livro dos Macabeus (1,54). Neste último (c. 100 a.C.), lemos que "a abominação da desolação" foi construída sobre o altar do templo. Tanto em Daniel quanto em 1Macabeus, "a abominação da desolação" se referia à profanação do templo que precederia o fim dos dias. O vilão em ambos os textos era o rei helenístico Antíoco IV Epifânio. Em 169 a.C., Antíoco havia invadido e dominado Jerusalém. Dois anos depois, ele proibiu a prática da religião judaica e mandou erigir um altar pagão no templo em Jerusalém.

O Livro de Daniel (168-164 a.C.) apresentava Antíoco como o tirano final que apareceria subitamente no fim da história. Ele seria uma pessoa de iniquidade incomparável e arrogância pecaminosa que se julgaria maior do que qualquer deus e blasfemaria contra o verdadeiro Deus. Ele profanaria e desconsagraria o templo, e erigiria a abominação da desolação. Seduziria com ardis e perseguiria o povo pelos três anos e meio de seu reinado, que terminaria de repente, como resultado da intervenção divina, quando haveria "um tempo de angústia, como nunca houve até agora, desde que existem nações" (Daniel 12,1). Então viria um juízo final, quando "muitos dos que dormem na terra poeirenta despertarão; uns para a vida eterna, outros para a vergonha, para a ignomínia eterna" (Daniel 12,2). O tirano escatológico do fim dos tempos se tornará um componente fulcral da história do Anticristo, e essas características do tirano final serão todas incorporadas à tradição do Anticristo.

A terceira característica do discurso escatológico de Jesus no Pequeno Apocalipse se verifica em sua visão geral dos Últimos Dias e dos eventos que os precedem. Haveria guerras e rumores de guerras, terremotos e fome. Seria "o princípio das dores" (Marcos 13,8). Durante esse período, os cristãos seriam perseguidos, irmão trairia irmão até a morte, e os pais seus filhos. Os filhos se levantariam contra os pais e os executariam. No entanto, aqueles que perseverassem na fé até o fim seriam salvos. Depois de toda essa tribulação, o fim viria. Haveria sinais cosmológicos: "Mas naqueles dias, depois dessa aflição, o sol escurecerá e a lua não dará sua claridade, as estrelas cairão do firmamento e os poderes [seres sobrenaturais] do céu serão abalados" (Marcos 13,24-25). Então o Filho do Homem [o Cristo] viria nas nuvens com grande poder e glória. Ele enviaria os anjos para recolher os eleitos desde os confins da terra até os confins do céu. Mesmo assim, a data do fim era imprevisível. Essa incerteza se tornará uma característica comum da tradição final do Anticristo: "Quanto a esse dia e a essa hora, ninguém sabe, nem os anjos do céu, nem o Filho, mas somente o Pai. Ficai de sobreaviso e vigiai, porque não sabeis quando será o momento" (Marcos 13,32-33).

1.5 O homem da iniquidade e o filho da perdição

Na tradição posterior do Anticristo, a "abominação desoladora" encontraria no Anticristo sua personificação. Essa possibilidade já estava presente no Novo Testamento na Segunda Carta de Paulo aos Tessalonicenses[26]. Ali está "o homem da iniquidade, o filho da perdição" (2Tessalonicenses 2,3) que irá "instalar-se no templo de Deus e apresentar-se como se fosse Deus" (2Tessalonicenses 2,4). "O homem do pecado [iniquidade, ἀνομίας], o filho da perdição" aparece nos dois primeiros capítulos da carta como parte de uma discussão mais geral da escatologia cristã.

Está claro desde o primeiro capítulo da carta que o público a quem Paulo escreve permanecia firme em sua fé, apesar da perseguição que sofria. O objetivo do argumento de Paulo era que, apesar de seu sofrimento então, a justiça lhes seria feita no futuro quando Cristo voltasse. Aqueles que os perseguiam receberiam sua punição escatológica:

> Ele descerá do céu com seus anjos poderosos, em chamas de fogo, para fazer justiça àqueles que não conhecem a Deus e aos que não obedecem ao Evangelho de nosso Senhor Jesus. Terão como castigo a perdição eterna, longe da face do Senhor e do esplendor de sua glória (2Tessalonicenses 1,7-9).

Então Cristo seria glorificado no meio de seus santos e admirado por todos aqueles que creram.

---

26. Refiro-me ao autor como Paulo, embora a autoria de 2Tessalonicenses pelo Apóstolo Paulo permaneça questão de disputa acadêmica. Cf. HUGHES, K.L. *Constructing Antichrist*: Paul, biblical commentary, and the development of doctrine in the early Middle Ages. Washington: Catholic University of America Press, 2012.

Dito isto, Paulo não demorou a comentar, no capítulo seguinte, que seus destinatários não deveriam temer que isso acontecesse em breve. Em vez disso, uma série de eventos teriam lugar antes do início do Dia do Senhor. Antes de tudo, o homem do pecado, que também era o filho da perdição, ainda estava por vir. Empoderada por Satanás, a vileza do mundo encontraria nele seu clímax. Permanecia a questão de por que ele ainda não tinha vindo. Embora "o mistério da injustiça opera", o ímpio estava então sendo contido por um poder que o restringia até que sua hora chegasse.

Quem ou o que era esse poder restritivo permaneceu por muito tempo uma questão de debate. É provável que Paulo tenha deixado esse ponto deliberadamente ambíguo. Retoricamente, ele estava simplesmente ganhando tempo. Seu público não podia esperar nem que a iniquidade terminasse, nem que o filho da perdição chegasse tão cedo. Assim, quando o filho da perdição viesse, o Senhor o desfaria "com o sopro de sua boca" e o aniquilaria "com a manifestação de sua vinda" (2 Tessalonicenses 2,8). Quando o homem do pecado, o filho da perdição que se proclamou um deus, viesse, ele enganaria o povo por meio de sinais e maravilhas antes de ser derrotado em uma batalha escatológica final com Cristo. Mais digno de nota, Paulo o moveu para o centro do palco no desdobramento dos eventos finais da história do mundo.

Mais tarde, ele será identificado como o Anticristo.

1.6 O dragão e as bestas

O Anticristo também será identificado com a(s) besta(s) do último livro do Novo Testamento, o Livro do Apocalipse (c. 70-c. 95), escrito por um "João de Patmos" (Apocalipse 1,9).

É, para dizer o mínimo, um livro complexo e obscuro, com características que permitiram uma grande variedade de leituras igualmente complexas e obscuras. Em relação ao Anticristo, porém, podemos ir direto ao 11º capítulo dessa obra. De acordo com ele, chegará um momento em que "as nações" estarão "pisando a cidade santa" (ou o mundo em geral) por 42 meses, ou três anos e meio. Durante esse tempo, surgirão duas testemunhas – profetas escatológicos vestidos de saco que pedirão arrependimento.

Esses dois profetas superam qualquer resistência, pois o fogo sai de suas bocas e seus inimigos são devorados por ele. Durante os 1.260 dias de sua profetização, eles também têm a autoridade de fechar o céu, de forma que nenhuma chuva caia, além de autoridade sobre as águas para transformá-las em sangue e ferir a terra com qualquer tipo de praga que desejem. Os profetas que o autor pretende descrever são, muito claramente, Elias e Moisés: o primeiro havia punido o Rei Acab retendo a chuva (1Reis 17); e o último era uma reminiscência de Moisés infligindo pragas aos egípcios quando o Faraó se recusou a permitir que o povo de Israel deixasse o Egito.

No fim do período de "testemunho" de ambos, a primeira besta surgirá: "a besta que sobe do abismo lhes fará guerra. Ela as vencerá e as matará [as testemunhas]. Os seus cadáveres ficarão expostos na praça da grande cidade, que simbolicamente se chama Sodoma e Egito, onde também o seu Senhor foi crucificado" (Apocalipse 11,7-8). Pessoas de diferentes tribos e nações virão e olharão para seus cadáveres, regozijando-se sobre eles e celebrando suas mortes, recusando-se a permitir que sejam colocados em um túmulo. Mas então, depois de três dias e meio, o sopro de vida de Deus entrará neles e eles ficarão de pé. Aqueles que os virem ficarão aterrorizados, ainda mais quando ouvirem uma voz do céu dizendo às testemunhas ressuscitadas: "Subi para aqui". E, enquanto seus inimigos os observam, eles subirão ao céu em uma nuvem. Nesse mesmo instante, haverá um grande terremoto, e um décimo da cidade virá abaixo, e 7 mil pessoas morrerão. As demais ficarão aterrorizadas. Como veremos em breve, embora o autor do Apocalipse pretendesse que as duas testemunhas fossem lidas como Elias e Moisés, a tradição escatológica cristã os interpretará como Elias e Enoque, os dois dignitários do Antigo Testamento que, segundo se pensava, nunca teriam morrido, apenas ascendido ao céu.

Essa é a primeira vez no Livro do Apocalipse que ouvimos falar da besta do abismo, que é introduzida apenas para matar as duas testemunhas. Não voltaremos a ter notícias dessa besta até o capítulo 13. Nesse meio-tempo, o autor nos conta, no capítulo 12, a história do dragão, da mulher e do filho dela. A história é antecedida pelo aparecimento nos céus de dois presságios. O primeiro é o de uma mulher no processo de dar à luz – "uma mulher vestida do sol, com a lua debaixo dos pés e na cabeça uma coroa de doze estrelas" (Apocalipse 12,1). Posteriormente, a mulher viria a ser identificada com a Igreja, a Virgem Maria e a Sabedoria divina. A lua sob seus pés e as estrelas em sua coroa tornaram-se parte da iconografia mariana tradicional. Então aparece "um grande dragão cor de fogo, com sete cabeças e dez chifres, e sobre as cabeças sete diademas" (Apocalipse 12,3). O dragão permanece diante da mulher, a postos para comer a criança tão logo esta nasça. Ela dá à luz um menino imediatamente arrebatado e levado a Deus. A mulher então foge para o deserto, a um lugar preparado por Deus, para ali ser cuidada por 1.260 dias.

Como resultado da tentativa do dragão de devorar a criança, eclode no céu a guerra entre Miguel e seus anjos e o dragão e os dele. Embora o dragão e seus anjos tenham reagido, estes são derrotados e expulsos do céu. Somos, então, informados da identidade do dragão. Era ele chamado "Diabo e Satanás, que seduz o mundo todo" (Apocalipse 12,9). Incapaz de causar ainda outros males à mulher, o dragão passa a fazer guerra contra o resto de seus filhos. Nisto, ele é auxiliado por seus parceiros, duas bestas feras, uma do mar e a outra da terra. Elas evocam a tradição de Leviatã e Beemot, os dois monstros primitivos que vivem no mar e na terra, respectivamente (cf. Jó 40).

Como o dragão no capítulo anterior, a besta que surgiu do mar no capítulo 13 tinha dez chifres e sete cabeças. Há pouca dúvida de que o autor tivesse em mente os quatro animais do Livro de Daniel, do Antigo Testamento. No capítulo 7 da obra, Daniel conta sua visão de quatro animais surgidos do mar – um primeiro que era como um leão e tinha asas de águia, um segundo que era como um urso com três presas na boca, outro como um leopardo com quatro asas de pássaro nas costas e quatro cabeças, e um quarto com grandes dentes de ferro e garras de bronze. Esta última besta era distinta das demais, em especial porque tinha dez chifres. Enquanto Daniel olhava para essa quarta besta, um chifre pequeno apareceu entre os outros dez, e ele tinha olhos como os humanos e falava com arrogância. Três dos chifres anteriores foram arrancados pelas raízes.

No Livro de Daniel, os animais e os chifres serviam como parte de uma filosofia da história que versava sobre a inevitabilidade de uma sucessão de impérios. O império da quarta besta sucede aos três anteriores até que vem "um Ancião" que mata a quarta besta e destrói seu corpo com fogo. O "Ancião" então dá domínio eterno sobre todas as coisas a "alguém como um filho de homem" que vinha "com as nuvens do céu" (Daniel 7,13).

O quarto império do "chifre pequeno" sucede aos três impérios dos chifres desenraizados. O quarto rei reinará por "um tempo, dois tempos e meio tempo" (Daniel 7,25) antes que ele também seja consumido e destruído. A quarta monarquia será seguida pelo Reino de Deus – a "quinta monarquia"[27].

No Livro do Apocalipse, os quatro animais que surgiram do mar em Daniel tornam-se um só. A besta do mar em Apocalipse 13 combinou características de cada uma das bestas de Daniel 7. Como a primeira besta em Daniel, a besta do Apocalipse surge do mar. Como a quarta besta em Daniel, a besta que surge do mar em Apocalipse tem dez chifres, mas um chifre pequeno posteriormente surgirá entre eles (Daniel 7,7-8). Como o segundo e terceiro animais em Daniel, a besta do mar no Livro do Apocalipse é como um leopardo e tem patas como as de um urso. E a besta do mar do Apocalipse, como a primeira besta em Daniel, tem a boca como a de um leão.

---

27. Sobre as complexidades de Daniel 7, cf. NEWSOM, Carol A.; BREED, Brennan W. *Daniel*: a commentary. Louisville: Westminster John Knox Press, 2014.

O dragão dá à besta do mar poder e autoridade por 42 meses. Por esse período, toda a terra segue a besta em espanto e adora o dragão. Uma de suas cabeças receberá uma ferida mortal, mas desta a besta se recuperará. Como o chifre pequeno em Daniel 7,20, a besta também recebe uma boca para falar com arrogância e proferir blasfêmias contra Deus. Também lhe é permitido fazer guerra aos santos e subjugá-los.

Junto com a adoração da besta do mar, diz-se que seus seguidores carregam uma marca misteriosa, seja o nome da besta ou o número de seu nome, que indica quem é um seguidor da besta. Pequenos ou grandes, ricos ou pobres, pessoas livres ou escravizadas são marcadas na mão direita ou na testa. "Quem tiver inteligência calcule o número da besta, porque é o número de um homem. Seu número é seiscentos e sessenta e seis", é o que lemos em Apocalipse 13,18. A besta que surgiu do mar mais tarde seria lida como uma profecia do Anticristo por vir.

A tarefa de marcar as mãos ou testa dos seguidores da besta que surge do mar é atribuída à outra besta, a que surge da terra. Essa besta tem dois chifres como um cordeiro e fala como um dragão. Mais tarde no Livro do Apocalipse, ela virá a ser chamada de "o falso profeta" (Apocalipse 16,13; 19,20; 20,10). Seu principal papel é o de exercer autoridade em nome da primeira besta. Ela força a terra e seus habitantes à adoração da primeira besta. Realiza grandes sinais e maravilhas, inclusive, como colocava o Profeta Elias, trazendo fogo do céu aos olhos de todos e enganando, assim, os habitantes da terra. Ela tem consigo o poder de animar a imagem da besta "de modo que ela pudesse falar e fazer perecer todos os que não adorassem a imagem da besta" (Apocalipse 13,15). Isso foi, vez e outra, lido como um Anticristo que sucedia a primeira besta.

A besta do mar e a besta da terra reaparecem no capítulo 19 do Livro do Apocalipse, onde estão no cerne da batalha escatológica final. Diz-se, então, que os céus se abrirão e que um cavaleiro em um cavalo branco – Cristo –, acompanhado de seus exércitos celestiais, aparecerá para julgar e guerrear. A besta do mar e os reis da terra unirão forças para a batalha em um lugar chamado Harmagedon. Cristo destrói seus exércitos, e a besta é capturada, juntamente com a besta da terra – o falso profeta. Ambos são "lançados vivos no lago de fogo com enxofre ardente" (Apocalipse 19,20). O restante é morto com a espada pelo cavaleiro no cavalo branco, e seus restos comidos por pássaros.

Um anjo que desce do céu agarra Satanás, o dragão, amarra-o e joga-o no abismo por mil anos. Quando os mil anos terminam, Satanás é libertado para reunir as nações da terra – Gog e Magog – para a batalha. Eles cercam o acampamento dos santos e a cidade de Jerusalém. Mas fogo desce do céu, e eles são destruídos. Satanás é derrotado pela segunda vez e jogado no lago de fogo e enxofre, lá para se juntar à besta e ao falso profeta.

No período de mil anos entre a primeira e a segunda derrota de Satanás, aqueles que haviam morrido por sua fé reinarão com Cristo. O resto dos mortos voltará à vida no fim desse tempo milenar, quando "a morte e o inferno entregaram de volta os mortos que neles se encontravam. E cada um foi julgado segundo as suas obras" (Apocalipse 20,13).

Há então um novo céu, uma nova terra, e uma nova Jerusalém, descendo do céu, "de junto de Deus, formosa como a esposa que se enfeitou para o esposo" (Apocalipse 21,2).

1.7 Falsos profetas, messias e um enganador do mundo

No fim do período do Novo Testamento, por volta do início do segundo século, as expectativas acerca de um fim iminente do mundo estavam, sem dúvida, diminuindo. As tradições que compunham a história do Anticristo, no entanto, continuaram a se desenvolver, principalmente a dos falsos profetas e do enganador do mundo que apareceriam nos Últimos Dias. Assim, por exemplo, a *Didaqué ou Instrução dos Doze Apóstolos* (c. 120) advertia seus leitores a estarem preparados para o fim. Mesmo que ninguém soubesse quando o Senhor retornaria, seu autor não esperava que isso se desse em época imediatamente próxima, já que ainda havia tempo para seus leitores se aperfeiçoarem em sua fé.

Na *Didaqué*, os Últimos Dias são apresentados em um drama em cinco atos. No primeiro, o mundo é virado de cabeça para baixo. Os falsos profetas e sedutores aumentam em número, as ovelhas são transformadas em lobos, o amor se transforma em ódio. Os homens odeiam, perseguem e traem uns aos outros. No segundo ato, "o enganador do mundo" aparece "como se ele fosse o Filho de Deus"[28]. Portanto, como imitador de Cristo, era preciso que ele se apresentasse como o Filho de Deus. Na tradição dos falsos profetas em geral, ele

---

28. Didaqué ou Instrução dos Doze Apóstolos, 16. *In: The Fathers of the Church*. Washington: Catholic University of America Press, 2010, p. 184.

opera sinais e maravilhas. Como a besta do mar em Apocalipse, o mundo será entregue em suas mãos. E, como o filho da perdição em 2Tessalonicenses, ele fará "coisas horríveis", sem paralelo em sua maldade desde o início do mundo.

No terceiro ato, quando o enganador do mundo vem, toda a humanidade é testada pelo fogo. Muitos perecem, mas aqueles que são fortes em sua fé sobrevivem. No quarto ato, os três sinais da Verdade aparecem. Há o sinal da abertura dos céus. A ele se segue o som de uma trombeta, e a este, a ressurreição dos mortos – não de todos os homens, como a tradição acaba por fim a declará-lo, mas apenas dos que creem. Por fim, como no Pequeno Apocalipse do Evangelho de Mateus 24, Cristo vem "sobre as nuvens do céu". Ali, a história da *Didaqué* termina abruptamente. O enganador do mundo não desempenha um papel elaborado na *Didaqué*. Ele aparece ali como um sinal do fim. Não há menção a uma batalha escatológica final, ou à sua derrota. Mas o que podemos dizer é que na época da *Didaqué*, em seu momento mais inicial, por volta de 120, a noção de um oponente escatológico cósmico final e futuro estava ganhando lugar permanente dentro da tradição cristã. A tensão-chave dentro da história do Anticristo, entre o tirano escatológico e o enganador final, estava agora em vigor.

Como a *Didaqué*, o *Apocalipse de Pedro* (100-150) se baseou no Pequeno Apocalipse de Mateus 24. Foi escrito como um discurso de Cristo ressuscitado aos fiéis. Embora agora seja lembrado principalmente por suas primeiras descrições das punições e alegrias dos condenados e dos que conheceram a salvação, ele desempenhou um papel significativo no desenvolvimento da tradição do Anticristo por meio da evocação de um falso Cristo que viria *individualmente* no fim do mundo. A história começa com Cristo sentado no Monte das Oliveiras, quando seus discípulos se aproximam dele e perguntam quais seriam os sinais de seu retorno e do fim do mundo. Cristo conta-lhes a parábola da figueira. De acordo com ela, quando a figueira tivesse dado brotos, o fim do mundo viria. Ele então discorre sobre o que viria a ser o fim do mundo. Nesses dias finais, falsos cristos viriam declarando: "Eu sou o Cristo que agora veio ao mundo".

O texto agora muda de falsos cristos plurais para um único falso Messias. "Mas esse enganador não é o Cristo"[29]. O falso Cristo mataria os muitos que o rejeitassem. Aqueles que morressem seriam contados entre os mártires bons e justos que haviam agradado a Deus em suas vidas. As duas testemunhas do Livro do Apocalipse (a quem *seu* autor imaginava serem Elias e Moisés) agora se tornam, talvez pela primeira vez, Enoque e Elias. Eles são enviados para ensinar às pessoas de fé que aquele que afirma ser Cristo é o Enganador que tinha de vir ao mundo e fazer sinais e maravilhas para enganar.

Foi o teólogo grego Justino (c. 100-c. 165), mais tarde decapitado no reinado do Imperador Marco Aurélio, que continuou a tradição do homem do pecado ou da iniquidade que já encontramos acima em 2Tessalonicenses. Justino é mais lembrado por suas tentativas de demonstrar que o cristianismo estava em alinhamento com a filosofia grega. No entanto, ele também foi um firme defensor da tradição apocalíptica cristã em desenvolvimento. Seu relato do homem do pecado escatológico ocorreu em um debate que

---

29. Apocalipse de Pedro 2. *In*: ELLIOTT, J.K. (ed.). *The apocryphal New Testament*. Oxford: Clarendon Press, 1993, p. 601.

travou com o judeu Trifão em Éfeso por volta de 135. Justino fazia clara menção a uma tradição em torno do tirano escatológico semelhante à de 2Tessalonicenses. Mas o último inimigo de Justino, "o homem do pecado" (άνομίας), foi lido nos termos do Livro de Daniel. Assim, aquele que vinha, o pequeno chifre que surgiu da cabeça da quarta besta que tinha dez chifres (Daniel 7,20-24), blasfemaria contra Deus (Daniel 11,36) e reinaria por "um tempo, dois tempos e meio tempo" (Daniel 7,25). O debate dentro do *Diálogo com Trifão* dizia respeito ao significado dessa última frase. "Assim se cumpriram os tempos", declarou Justino,

> [E] aquele de que trata a predição de Daniel, que reinaria por um tempo, tempos e meio, está agora às portas, pronto para proferir palavras ousadas e blasfemas contra o Altíssimo. Na ignorância de quanto tempo ele reinará, você sustenta uma opinião distinta, com base em sua má interpretação da palavra "tempo", que significaria o equivalente a cem anos. Se assim for, o homem do pecado deve reinar pelo menos três séculos e cinquenta anos, julgando que a expressão "tempos" do santo Daniel signifique apenas duas vezes[30].

A discussão de Justino acerca do homem do pecado no *Diálogo com Trifão* ocorre dentro de um relato das "duas vindas" de Cristo – a primeira, quando Cristo veio e foi crucificado; a segunda, quando Ele viria novamente em glória acompanhado de seus anjos. Justino viria a discutir o homem do pecado em um capítulo posterior do *Diálogo com Trifão*, novamente no contexto das duas vindas de Cristo. A primeira vinda, lembra Justino a seus leitores, se deu

---

30. JUSTINO. Diálogo com Trifão, 32. *In: Saint Justin Martyr*. Washington: Catholic University of America Press, 2008, p. 195-196.

quando Cristo padeceu e foi crucificado sem glória ou honra; a segunda ocorreria quando Ele viesse dos céus em glória. Novamente fazendo menção ao Livro de Daniel (11,36), esse seria o momento em que "*o homem da apostasia* que profere coisas extraordinárias contra o Altíssimo ousadamente tentará perpetrar atos ilícitos na terra contra nós, cristãos"[31].

Justino, assim como o autor do Livro do Apocalipse, estava sem dúvida se baseando em uma tradição dentro do cristianismo primitivo de um tirano escatológico blasfemo que reinaria por um determinado período de tempo pouco antes de Cristo vir em glória. Essa era uma tradição que dependia do Livro de Daniel. Mas Justino também estava baseando-se em uma tradição cristã primitiva na qual o tirano maligno que viria e perseguiria os homens de fé era conhecido como "o homem do pecado", "o filho da perdição" e "o homem da apostasia".

1.8 O tirano escatológico

Como o *Diálogo com Trifão* de Justino, a *Epístola de Barnabé* (70-150) volta-se ao Livro de Daniel em busca da compreensão do oponente final. A seção escatológica da obra em questão assume a forma de uma exortação moral aos cristãos a que sejam tão perfeitos quanto possível quando o fim chegar. Acima de tudo, eles têm de tomar cuidado com "a armadilha final". Isso tem a ver com o aparecimento do tirano escatológico descrito em termos daniélicos como o rei mau ou pequeno chifre que surgiu da cabeça da quarta besta que humilharia três dos dez reis ou grandes chifres nos

---

31. *Ibid.*, 110, p. 317.

últimos tempos (Daniel 7,19-21.24). Seus leitores são advertidos mesmo então a ter cuidado com "o Negro" (Satanás) e a fugir a toda a vaidade, a odiar as más ações e a buscar o bem comum. Em dado momento, lemos, o Senhor julgará o mundo, e cada um receberá o que lhe cabe segundo suas ações. Por fim, os cristãos são exortados a nunca se tornarem complacentes com seus pecados, "para que o Príncipe do mal [Satanás] não ganhe poder sobre nós e nos expulse do Reino de Deus"[32]. Satanás era claramente ativo naqueles tempos, mas, no futuro, o tirano escatológico de Daniel apareceria.

A *Epístola de Barnabé* nos dá uma indicação inicial de quando o tirano pode aparecer. Ela traz uma referência muito antiga à tradição de que o tempo desde a criação do mundo até o seu fim contaria 6 mil anos:

> Quanto ao sabá, Ele fala no início da Criação: "E Deus fez em seis dias a obra de suas mãos, e no sétimo dia Ele terminou, e descansou sobre ela e a santificou". Observem, meus filhos, o que significa "Ele terminou em seis dias". Ei-lo: que o Senhor acabará com tudo em 6 mil anos, pois um dia para Ele significa mil anos [...]. Então, meus filhos, em seis dias tudo estará terminado. "E Ele descansou no sétimo dia." Isso significa: quando seu Filho vier e destruir o tempo do iníquo e julgar o ímpio, e mudar o sol, a lua e as estrelas – então Ele realmente descansará no sétimo dia[33].

Está razoavelmente claro que a *Epístola de Barnabé* não faz forte distinção entre Satanás como figura sobrenatural envolvida tanto no presente quanto no futuro, e o futuro tirano escatológico, da tradição daniélica, como

---

32. Epístola de Barnabé 4,13. *In: The Fathers of the Church*, p. 184.
33. *Ibid.*, 15,3-5, p. 215-216.

um ser humano. Os limites encontram-se indeterminados de modo similar em um texto cristão conhecido como *Testamento de Ezequias* (início do segundo século) que faz parte (3,13–4,22) de uma obra maior de origem judaica e cristã conhecida como *A ascensão de Isaías*. Nessa história, o falso profeta Belkira traz acusações de sedição e traição contra Isaías. O Rei Manassés mandou prender Isaías, este foi preso e depois executado, sendo serrado em dois com uma serra de madeira. À época, o Rei Manassés encontrava-se sob a influência da figura demoníaca chamada Beliar, que estava especialmente zangada com Isaías por este ter tido uma visão de Beliar (Samael, Satanás) descendo da abóbada do céu e profetizado a vinda de Cristo como homem, seu ministério terrestre, a crucificação, a ressurreição, a ascensão e a segunda vinda.

Para o autor de *Testamento de Ezequias*, seus próprios tempos eram profundamente corruptos. À medida que o fim do mundo se aproximasse, os discípulos abandonariam os ensinamentos de Cristo, os líderes cristãos amariam o negócio, o dinheiro e as coisas mundanas, e não teriam sabedoria. Esse era o mundo de corrupção, luta e discórdia em que Beliar, o grande anjo, o rei deste mundo, acabaria por descer. Ele teria poder sobre o sol e a lua. Desceria "de seu firmamento sob a forma de um homem, um rei da iniquidade, um assassino de sua mãe – esse é o rei deste mundo – e perseguirá a planta que os Doze Apóstolos do Amado terão plantado"[34]. Ele seria tirano e enganador, pois agiria e falaria como Cristo, dizendo: "Eu sou o Senhor, e antes de mim não havia

---

34. A ascensão de Isaías 4,3. *In*: CHARLESWORTH, James H. (ed.). *The Old Testament pseudepigrapha*. Nova York: Doubleday, 1985, vol. 2, p. 161.

ninguém"[35]. Muitos acreditariam que seria o Cristo que veio novamente. A maioria dos cristãos o seguiria. Ele mostraria seu poder milagroso em todas as cidades e distritos e, como a "abominação da desolação" no Apocalipse, espalharia sua imagem por todos os lugares. Ele governaria por 3 anos, 7 meses e 22 dias. Os poucos cristãos que permanecessem fiéis aguardariam a vinda de seu Amado. Esse foi o "tempo, dois tempos e meio tempo" de Daniel revisitado, mas computado de forma diferente.

O *Testamento de Ezequias* apresenta então uma escatologia bastante particular. É, de fato, um complexo entrelaçamento de duas antigas tradições cristãs sobre a vida após a morte. A primeira delas era que os mortos iriam para o seio de Abraão (céu) ou para o Hades (inferno) logo após a morte; a outra, que a vida após a morte não começaria até que Cristo viesse no fim dos tempos[36]. De acordo com o *Testamento de Ezequias*, não haverá batalha escatológica final. Em vez disso, quando Cristo vem com seus anjos e santos, Ele simplesmente arrasta Beliar e seus anfitriões à geena.

Também não há julgamento final para os vivos e os mortos, os fiéis e os incrédulos. Em vez disso, no *Testamento de Ezequias*, os fiéis que tenham morrido já estarão no céu, e aqueles que ainda estejam vivos subirão ao céu antes do Juízo Final. Assim, os santos já no céu trazem vestes celestiais para os que estão na terra. Todos eles, então, ascendem ao céu, com os fiéis deixando seus corpos para trás na terra. Então somente um julgamento ocorrerá, e somente sobre os

---

35. *Ibid.*, 4,6, p. 161.

36. Cf. ALMOND, Philip C. *Afterlife*: a history of life after death. Londres: I.B. Tauris; Ithaca: Cornell University Press, 2016.

ímpios. Os céus, a terra e tudo o que nela há serão reprovados por um Cristo enfurecido. Os ímpios serão ressuscitados dentre os mortos. Cristo fará com que o fogo saia de si e consuma todos os ímpios.

Assim, podemos dizer que, no início do segundo século, estava firmemente estabelecida a crença de que, antes que Cristo viesse no fim dos tempos, surgiria um poderoso oponente escatológico que perseguiria impiedosamente os fiéis cristãos. Ele seria um falso profeta e um falso messias. Ele seria tanto um tirano escatológico quanto um enganador do mundo, o homem do pecado e o filho da perdição. Ele seria a abominação da desolação de Daniel e o chifre pequeno da quarta besta, junto com uma ou mais das bestas do Apocalipse. Ele seria o demoníaco Beliar, a um só tempo idêntico e distinto de Satanás. Tratava-se de uma criatura não tanto do presente quanto do futuro – um futuro não muito distante.

Ironicamente, foi o fracasso da chegada do fim do mundo que tornou possível, e talvez necessária, uma narrativa histórica do período intermediário entre a ascensão de Jesus e seu retorno para julgar os vivos e os mortos. A tarefa era explicar o fracasso do fim que viria, como esperado, enquanto parte do desdobramento do plano geral de Deus para os Últimos Dias. A oposição que os seguidores de Jesus estavam encontrando fez necessário um relato do fim dos tempos que incluísse adversários poderosos dentro e fora da fé, juntamente com a expectativa de um inimigo escatológico final. No fim do segundo século, como veremos no próximo capítulo, essas diferentes tradições do oponente escatológico final se unirão na figura do Anticristo.

2
Começa a história

Filhinhos, esta é a última hora. Ouvistes dizer que virá o Anticristo. Como já surgiram muitos anticristos, concluímos ser esta a última hora (1João 2,18).

2.1 Inovações irineanas

Irineu, bispo de Lyon, foi o primeiro teólogo cristão a transformar em um todo narrativo coeso as várias tradições do inimigo escatológico final. Ele o fez dentro do contexto de uma escatologia cristã mais geral[37]. Assim, em sua obra *Contra as heresias* (*Adversus haereses*), ele combinou a abominação da desolação, o chifre pequeno, a quarta besta e o quarto rei do Livro de Daniel com o homem do pecado e o filho da perdição de 2Tessalonicenses e a besta que se levantou do mar no Livro do Apocalipse.

Irineu foi também o primeiro a unir todas essas figuras como manifestações do futuro Anticristo. Talvez seja surpreendente que ele não tenha mencionado os textos das duas

---

37. Sobre Irineu, cf. MINNS, Denis. *Irenaeus*: an introduction. Londres: Bloomsbury, 2010.

Cartas de João que se referem especificamente ao Anticristo (1João 2,18-27; 2João 7). Na época de Irineu, "o Anticristo" era provavelmente um termo tão comum para identificar o oponente escatológico final que ele não precisava fazer isso. Seja como for, o Anticristo, assim ele escreveu,

> [S]endo um apóstata e um ladrão, está ansioso para ser adorado como Deus; e, embora mero escravo, deseja ser proclamado como um rei. Pois ele [o Anticristo], sendo dotado de todo o poder do Diabo, virá, não como um rei justo, nem como um rei legítimo, [isto é, alguém] sujeito a Deus, mas como um ímpio, injusto e iníquo; como um apóstata, imoral e assassino; como um ladrão, concentrando em si mesmo [toda] a apostasia satânica e deixando de lado ídolos para persuadir [os homens] de que ele mesmo é Deus, levantando-se como o único ídolo, tendo em si mesmo os erros multifacetados dos outros ídolos[38].

No centro do relato de Irineu sobre o Anticristo estava a doutrina da recapitulação. O Anticristo resumiria ou "recapitularia" todo o mal que era Satanás junto com todo o mal que havia ocorrido na história da humanidade desde a Queda. Esse foi um reconhecimento de que a redenção em Cristo ainda não estava completa e que um evento adicional de significado cósmico precisava ocorrer antes que o mal humano pudesse ser final e definitivamente superado. Isso aconteceria quando o Anticristo fosse finalmente derrotado e todo o mal fosse destruído junto com ele:

> Pois quando ele (o Anticristo) vier, e por sua própria vontade concentrar em sua própria pessoa a apostasia, e realizar tudo o que ele fizer de acordo com sua

---

38. IRINEU DE LYON. Contra as heresias, 5.25.1. *In: ANF*, vol. I, p. 553.

própria vontade e escolha, sentando-se também no templo de Deus, para que seus tolos possam adorá-lo como o Cristo; portanto, também ele merecidamente "será lançado no lago de fogo"[39].

Irineu também foi o primeiro a relacionar o Anticristo à tribo de Dã, uma das 12 tribos de Israel. Dã, o patriarca da tribo, era filho de Jacó e Bala, a serva da esposa de Jacó, Raquel (Gênesis 30,1-7)[40]. As razões de Irineu para isso eram duplas. Em primeiro lugar, ele citou, do Antigo Testamento, o Livro de Jeremias 8,16 como evidência para essa relação. Para Irineu, esse texto mostrava não só que o Anticristo viria de repente, mas também que "ouviremos a voz de seus cavalos velozes de Dã; toda a terra será movida pela voz do relinchar de seus cavalos galopantes: ele também virá e devorará a terra, e o que toca a sua plenitude, a cidade também, e os que nela habitam"[41]. Isso era uma espécie de trecho interpretativo, até porque o referente na passagem de Jeremias era claramente a cidade de Dã, no norte da terra de Canaã, e não a tribo de Dã[42].

Dito isso, no entanto, e em segundo lugar, Irineu pressupôs que o autor do Apocalipse estivesse convencido de que o Anticristo seria um judeu vindo da tribo de Dã. Foi por essa razão, acreditava Irineu, que o Livro do Apocalipse tinha omitido a tribo de Dã de sua lista das 12 tribos que

---

39. *Ibid.*, 5.28.2, vol. I, p. 557.

40. *Ibid.*, 5.30.2, vol. I, p. 559. Graças a *O conto da aia*, de Margaret Atwood, a história tornou-se mais conhecida do que a maioria das histórias de Gênesis.

41. *Ibid.*

42. Sobre Dã, cf. BARTUSCH, Mark W. *Understanding Dan*: an exegetical study of a biblical city, tribe and ancestor. Londres: Sheffield Academic Press, 2003.

compunham os 144 mil marcados por Deus com um selo na testa (Apocalipse 7,3-17)[43]. É improvável que o autor do Apocalipse tenha excluído Dã de sua lista de tribos por acreditar que o inimigo final viesse da tribo de Dã. Mais provável é que ele tenha simplesmente utilizado uma de uma série de listas das 12 tribos na literatura judaica do período do Novo Testamento[44]. Assim, a exemplo de seu uso de Jeremias 8,16, podemos tomar isso como outra amostra da inventividade teológica da parte de Irineu. Mais importante ainda, em sua identificação do Anticristo como judeu, Irineu estava construindo o antijudaísmo na escatologia cristã. O antijudaísmo tinha sido construído na história cristã da salvação desde o seu início. Agora também fazia parte da escatologia cristã. Os judeus tinham sido adversários importantes de Cristo. Agora eles se tornariam os partidários ferrenhos do Anticristo.

Igualmente inovadora foi a explicação de Irineu sobre o número da besta (para ele, o Anticristo) como 666. Fazia parte de sua doutrina da recapitulação. Assim, os "600" se referiam a toda a maldade que ocorrera antes do dilúvio que destruiu o mundo quando Noé tinha 600 anos de idade (Gênesis 7,6). Os "66" se referiam a todos os erros de idolatria desde o tempo do dilúvio, exemplificados pela estátua de ouro criada pelo Rei Nabucodonosor, que tinha uma altura de 60 côvados e uma largura de 6 côvados (Daniel 3,1). A recusa de Sidrac, Misac e Abdênago em adorar o ídolo levou-os a serem lançados em uma fornalha de fogo ardente. Assim, concluiu Irineu,

---

43. IRINEU DE LYON. Contra as heresias, 5.30.2. *In: ANF*, vol. I, p. 559.
44. Cf. BAUCKHAM, Richard. The list of tribes in Revelation again. *Journal for the Study of the New Testament*, n. 42, p. 99-115, 1991.

[Os] 600 anos de Noé, em cujo tempo o dilúvio ocorreu por causa da apostasia, e o número dos côvados da imagem pela qual esses homens justos foram lançados à fornalha de fogo, indicam o nome daquele homem em quem está concentrada toda a apostasia de 6 mil anos, e a injustiça, e a maldade, e a falsa profecia, e o engano[45].

Irineu não tinha dúvida de que o número do Anticristo era 666. Mas a prova intrincada que ele ofereceu talvez fosse necessária por se tratar de uma leitura alternativa do número da besta, a saber, "616". O próprio Irineu sabia que havia cópias manuscritas do Livro do Apocalipse que traziam o 616 como o número da besta. Ele acreditava, no entanto, que 666 era tanto o mais referendado quanto o mais antigo, explicando "616" como resultado de um erro dos escribas[46]. Para nós, pode não parecer importante. Mas isso importava para Irineu porque havia, ele declarou, aqueles que, com base nesse número, 616, haviam procurado identificar a pessoa cujo nome correspondia a esse número. Isso era teologicamente perigoso, ele acreditava, pois "se esses homens tomarem para si um [número], quando ele [Anticristo] vier a ter outro, eles serão facilmente levados por ele, supondo que ele não seja aquele contra o qual devem se resguardar"[47].

Irineu não se opunha ao simbolismo dos números – como testemunha sua leitura do significado de 666 acima. Também não se opunha, em princípio, ao sistema conhecido

---

45. IRINEU DE LYON. Contra as heresias, 5.29.2. *In: ANF*, vol. I, p. 558.

46. Sobre a história textual dessas variantes, cf. BIRDSALL, J.N. Irenaeus and the number of the beast: Revelation 13.18. *In*: DENAUX, A. (ed.). *New Testament textual criticism and exegesis*. Lovaina: Leuven University Press, 2002, p. 349-359. Birdsall sugere que 616 pode ter sido a mais antiga das duas tradições.

47. IRINEU DE LYON. Contra as heresias, 5.30.1. *In: ANF*, vol. I, p. 559.

como isopsefia, pelo qual as letras gregas recebiam números para que as palavras pudessem ser geradas a partir de uma sequência numérica. Assim, ele reconheceu vários nomes possíveis para o número 666, a saber, Euanthas, Lateinos e Teitan. Não obstante, no frigir dos ovos, ele julgou ser melhor esperar o fim do mundo. Se fosse necessário o conhecimento do nome, o autor do Apocalipse o teria anunciado. Melhor, portanto, ele acreditava, "esperar o cumprimento da profecia do que fazer suposições e buscar a esmo nomes que possam se apresentar, na medida em que muitos nomes podem ser encontrados com o número mencionado; e a mesma questão, afinal, permanecerá sem solução"[48].

Como no caso da *Epístola de Barnabé*, Irineu acreditava que o tempo desde a Criação até o retorno de Cristo seria de 6 mil anos. Três anos e meio antes disso, tendo devastado tudo, o Anticristo daria início a seu reinado, instalando-se como a abominação da desolação no templo em Jerusalém. Só então Cristo voltaria, e o Anticristo seria destruído: "Então o Senhor virá do céu nas nuvens, na glória do Pai, enviando esse homem e aqueles que o seguem para o lago de fogo"[49]. Os justos então ressuscitariam dos mortos. Irineu era um milenarista no sentido estrito. Assim, os justos que ressuscitaram dos mortos, juntamente com aqueles que resistiram ao Anticristo e sofreram tribulações e aqueles que escaparam dele, habitariam por mil anos (o sétimo "dia") uma renovada Jerusalém terrena. Estes gradualmente se acostumariam a tomar parte da natureza divina.

---

48. *Ibid.*, 5.30.3, vol. I, p. 559.
49. *Ibid.*, 5.30.4, vol. I, p. 560.

Ao fim dos mil anos, os ímpios também ressuscitariam dos mortos e o julgamento final começaria. Então Cristo "ordenaria que os ceifeiros recolhessem primeiro o joio, e os amarrassem em feixes, e os queimassem com fogo inextinguível, mas levassem o trigo ao celeiro; e que chamassem os cordeiros ao reino preparado para eles, mas enviassem os bodes ao fogo eterno, que foi preparado pelo Pai para o Diabo e seus anjos"[50]. Haveria então um novo céu e uma nova terra, e a Jerusalém celestial desceria à terra. De acordo com seus méritos, alguns iriam para o céu, outros desfrutariam das delícias do Paraíso, enquanto outros ainda possuiriam os esplendores da cidade[51].

2.2 Variações sobre um tema irineano

Dizia-se tradicionalmente que Hipólito de Roma (c. 170-c. 236) era um discípulo de Irineu. Isso é improvável; contudo, sua escatologia certamente foi influenciada pela de Irineu. Este último não tinha previsto qualquer tempo para o retorno de Cristo, embora ele, no entanto, tenha dado a sensação de que isso se daria mais cedo ou mais tarde. Por sua vez, Hipólito o adiou para cerca de 300 anos no futuro. Hipólito aceitou, como Irineu, que o período de tempo desde a Criação até o retorno de Cristo seria de 6 mil anos. E, como Irineu, aceitou que, após o fim do sexto milênio, haveria um reinado de mil anos de Cristo na terra, juntamente com seus santos antes do Juízo Final. Dentro dessa cronologia, porém, ele deu vários passos adiante, tanto em seu comentário sobre o Livro de Daniel quanto em seu *Tratado sobre Cristo e o Anticristo* – a primeira obra cristã a ter o nome "Anticristo" em seu título.

---

50. *Ibid.*, 5.27.1, vol. I, p. 556.
51. *Ibid.*, 5.36.1, vol. I, p. 567.

Em primeiro lugar, Hipólito deu uma data para o nascimento de Cristo, ou seja, 5.500 anos após a Criação:

> Pois a primeira aparição de nosso Senhor em carne ocorreu em Belém, sob Augusto, no ano 5500; e Ele padeceu no trigésimo terceiro ano. E 6 mil anos devem ser cumpridos, a fim de que o Sabá possa vir, o descanso, o dia santo "em que Deus descansou de todas as suas obras". Pois o Sabá é o tipo e emblema do futuro reino dos santos, quando eles "reinarão com Cristo", quando Ele vier do céu, como João diz em seu Apocalipse: pois "um dia com o Senhor é como mil anos"[52].

Em segundo lugar, e mais importante, essa datação do nascimento de Cristo permitiu que ele especificasse quando Cristo voltaria. Assim, ele declarou: "Desde o nascimento de Cristo, então, devemos contar os 500 anos que restam para compor os 6 mil, e assim o fim será"[53]. Hipólito tornou-se, desse modo, não apenas o primeiro teólogo cristão a dar uma data para o retorno de Cristo, mas também "o primeiro escritor cristão a rejeitar explicitamente a esperança de uma iminente Parusia [de Cristo]"[54]. Isso também significava que o tempo do Anticristo foi adiado para o futuro. Quaisquer

---

52. HIPÓLITO DE ROMA. Comentários sobre o Profeta Daniel, 4. In: ANF, vol. V, p. 179. Para a importância de Hipólito na cronografia ocidental, cf. LANDES, Richard. Lest the millennium be fulfilled: apocalyptic expectations and the pattern of Western chronography 100-800 CE. In: VERBEKE, Werner et al. The use and abuse of eschatology in the Middle Ages. Lovaina: Leuven University Press, 1988, p. 137-211.

53. HIPÓLITO DE ROMA. Comentários sobre o Profeta Daniel, 4. In: ANF, vol. V, p. 179.

54. DUNBAR, David. The delay of the Parousia in Hippolytus. Vigiliae Christianae, vol. 37, n. 4, p. 313, 1983. Cf. tb. DUNBAR, David. The eschatology of Hippolytus of Rome. 1979. Tese (Doutorado em Filosofia) – Drew University, Madison, Nova Jersey, 1979. Estou particularmente em dívida com Dunbar por essa exposição acerca da escatologia de Hipólito.

expectativas entusiásticas que seus leitores pudessem ter sobre o iminente retorno de Cristo foram frustradas. Hipólito estava incentivando os cristãos a terem em vista um período razoavelmente longo.

Essa escatologia milenar de Hipólito foi combinada com outra cronologia, a saber, a das 70 semanas de anos de Daniel 9,24-27. De acordo com ela, "setenta semanas estão fixadas sobre teu povo e tua santa cidade para fazer cessar a impiedade, cancelar os pecados e expiar a iniquidade, para trazer justiça eterna, selar visão e profeta e ungir algo de sacrossanto" (Daniel 9,24). Na última semana, escreveu Daniel, o príncipe que há de vir "concluirá uma aliança firme com muitos durante uma semana, e na metade da semana fará cessar sacrifícios e oferendas; sobre a asa das abominações estará um devastador, até que o extermínio decretado se despeje sobre o devastador" (Daniel 9,27).

Essa última semana de anos foi lida escatologicamente por Hipólito como um período final de sete anos. Ele também calculou cada metade da última semana em 1.260 dias, alinhando os três anos e meio da primeira metade da semana de Daniel 9,27 com os 1.260 dias das duas testemunhas do Livro do Apocalipse (11,3) e com o "tempo, dois tempos e meio tempo" de Daniel 7,25[55]. A exemplo de muitas cronologias ainda por vir, a de Hipólito é como jogar xadrez tridimensional. Mas o que importa (ou, neste caso, conta) é que Hipólito estava sintetizando uma série de diferentes cronologias bíblicas com o intuito de chegar a números precisos relativos à chegada do Anticristo. Assim, de acordo

---

55. HIPÓLITO DE ROMA. Sobre Cristo e o Anticristo, 43, 47. *In: ANF*, vol. V, p. 213.

com Hipólito, poderíamos esperar que o Anticristo estivesse ativo na década anterior a 500.

Como Irineu, Hipólito olhou para a tribo de Dã como a fonte do Anticristo. Com base no fato de que tanto a tribo de Judá quanto a tribo de Dã são descritas como "cria de leão" (em Gênesis 49,9 e Deuteronômio 33,22), ele foi capaz de fazer um paralelo entre a descendência de Cristo da tribo de Judá e a do Anticristo da tribo de Dã:

> [A]ssim nomeando a tribo de Dã como aquela de onde o acusador está destinado a surgir, ele deixou o assunto em questão bastante claro. Porque, assim como Cristo nasceu da tribo de Judá, assim nascerá o Anticristo da tribo de Dã. E como nosso Senhor e Salvador Jesus Cristo, o Filho de Deus, foi mencionado na profecia como um *leão*, por causa de sua realeza e glória, da mesma maneira também a Escritura descreveu profeticamente o acusador como um leão, em razão de sua tirania e violência[56].

Talvez tudo isso estivesse forçando demais a amizade escatológica. De qualquer modo, foi o que permitiu a Hipólito em outro momento estender essa imitação fundamental de Cristo pelo Anticristo. Ao fazê-lo, trouxe para o centro da história do Anticristo, em contraposição à noção do Anticristo como o tirano escatológico, a ideia do Anticristo como *o grande enganador* que imitava a Cristo. O enganador, declarou ele, "procura assemelhar-se em todas as coisas ao Filho de Deus. Cristo é um leão, então o Anticristo também é um leão; Cristo é um rei, então o Anticristo também é um rei; o Salvador manifestou-se como cordeiro, então ele tam-

---

56. COXE, A. Cleveland (ed.). The extant works and fragments of Hippolytus: appendix to the works of Hippolytus, 19. *In: ANF*, vol. V, p. 246-247.

bém, da mesma maneira, aparecerá como um cordeiro, embora por dentro seja um lobo"[57]. Como Cristo, prossegue, o Anticristo será de origem judaica (na circuncisão), enviará apóstolos (embora seus seguidores sejam falsos), reunirá pessoas que estão espalhadas, dará um selo aos que creem nele, aparecerá na forma de um homem e levantará um templo de pedra em Jerusalém (como Cristo em sua ressurreição levantou um templo de carne). Como Cristo era o Filho de Deus, assim o Anticristo será "filho do Diabo"[58].

Durante a primeira metade da última semana de Daniel, o Anticristo se estabelecerá como uma figura salvadora messiânica para os judeus. De forma bastante intrigante, Hipólito também parece esperar que, na condição de tirano político, o Anticristo será romano. Assim, ele segue Irineu na identificação de Teitan, Evanthus e Latinus como possíveis nomes para o Anticristo antes de se estabelecer no último como mais provável:

> Mas, como já dissemos, a ferida da primeira besta foi curada, e ele (a segunda besta) deveria fazer a imagem falar, isto é, ele deveria ser poderoso [Apocalipse 13,11-16]; e é manifesto a todos que aqueles que atualmente ainda detêm o poder são os latinos. Se, então, tomarmos o nome como o nome de um único homem, ele se torna *Latinus*[59].

Em suma, o Anticristo ("besta da terra" do Apocalipse), paradoxalmente tanto judeu quanto romano, restaura e reconstrói o Império Romano ferido ("besta ferida do mar" do

---

57. HIPÓLITO DE ROMA. Sobre Cristo e o Anticristo, 6. *In: ANF*, vol. V, p. 206.
58. *Ibid.*, 15, vol. V, p. 207.
59. *Ibid.*, 50, vol. V, p. 215.

Apocalipse). Na primeira meia semana, o Anticristo conquistará tudo:

> Ele reunirá todas as suas forças, desde o Oriente até o Ocidente. Aqueles a quem ele chama e aqueles a quem ele não chama irão com ele. Ele tornará o mar branco com as velas de seus navios, e a planície preta com os escudos de suas armas. E todo aquele que se opuser a ele na guerra cairá sob sua espada[60].

Durante essa mesma meia semana, também haverá um conflito crescente entre o Anticristo e a Igreja. Isso foi exemplificado por Hipólito nas carreiras das duas testemunhas do Livro do Apocalipse 11,3. Elas agora são identificadas como Elias e Enoque. E deveriam pregar por 1.260 dias "vestidos de saco, proclamando arrependimento às nações"[61]. Assim como João Batista foi o precursor da primeira vinda de Cristo, Elias e Enoque seriam os precursores de sua segunda vinda: "Estes, então, virão e proclamarão a manifestação de Cristo que será do céu; e eles também realizarão sinais e maravilhas, a fim de que os homens conheçam a vergonha e o arrependimento e a piedade em lugar de seu excesso de maldade"[62]. Por não darem glória ao Anticristo, serão massacrados por ele. Em seguida, serão ressuscitados e subirão ao céu. Seu martírio marcava o fim da primeira meia semana.

A segunda meia semana de Daniel começa com o Anticristo no auge de seus poderes como a abominação da desolação. Proclamado como rei, ele "provará ser uma abominação de

---

60. *Ibid.*, 15, vol. V, p. 207.
61. *Ibid.*, 43, vol. V, p. 213.
62. *Ibid.*, 46, vol. V, p. 213.

desolação para o mundo"[63]. Durante os próximos três anos e meio do reinado do Anticristo, os santos serão perseguidos, até porque se recusarão a adorá-lo. A descrição de Hipólito da perseguição dos cristãos reflete as perseguições pelos romanos dos primeiros cristãos:

> Tal problema, tal angústia, ocorrerá então em todo o mundo! Todos os crentes em todos os lugares foram levados e massacrados em todas as cidades e países; o sangue dos justos derramado, homens queimados vivos e outros jogados aos animais; crianças assassinadas nas ruas; todos deixados a céu aberto para serem comidos por cães; virgens e esposas seduzidas por discursos ímpios e vergonhosamente enganadas e tomadas à força; os túmulos dos santos abertos, seus restos desenterrados e dispersos pelas planícies; blasfêmias cometidas[64].

Quanto tempo durou o reinado do Anticristo? Cobriu a segunda meia semana da última semana de anos de Daniel. Assim, no fim de 42 meses, o Anticristo seria derrotado com o retorno de Cristo, "que trará conflagração e julgamento justo sobre todos aqueles que se recusaram a crer nele"[65]. Mas Hipólito chegou a uma inovação final. Ele havia notado que Daniel também havia mencionado 1.290 dias e 1.335 dias (Daniel 12,11-12). Desse modo, enquanto o Anticristo reinaria 1.290 dias, haveria um período de 45 dias de felicidade para os santos antes de Cristo voltar[66]. Esse período entre a

---

63. HIPÓLITO DE ROMA. Comentários sobre o Profeta Daniel, 40. *In: ANF*, vol. V, p. 185.
64. Citado em DUNBAR, *The eschatology of Hippolytus of Rome*, p. 103-104.
65. HIPÓLITO DE ROMA. Sobre Cristo e o Anticristo, 64. *In: ANF*, vol. V, p. 218.
66. HIPÓLITO DE ROMA. Comentários sobre o Profeta Daniel, 40. *In: ANF*, vol. V, p. 184-185.

derrota do Anticristo e o retorno de Cristo ficou conhecido como "o refrigério dos santos"[67].

Como vimos no primeiro capítulo, a visão de Daniel se referia a quatro animais surgindo do mar, o quarto dos quais tinha grandes dentes de ferro, garras de bronze e dez chifres (Daniel 7,19-22). Hipólito entendeu os três primeiros animais como os impérios da Babilônia, Pérsia e Grécia e, junto com Irineu, interpretou o quarto como Roma. Somente quando o Império Romano chegasse a seu termo poderia o Anticristo ("o chifre pequeno") surgir para restaurar e reviver a quarta besta. Em um registro diferente, de acordo com Hipólito, o Anticristo também foi a besta que se levantou da terra e restaurou a besta surgida do mar, isto é, Roma:

> E as palavras "exercia todo o poder a serviço da primeira besta, fazendo com que a terra e todos os seus habitantes adorassem a primeira besta, cuja chaga mortal tinha sido curada" (Apocalipse 13,12) significam que, à maneira de Augusto, por quem o império de Roma foi estabelecido, ele também regerá e governará, sancionando tudo por seu intermédio e granjeando maior glória para si mesmo. Pois essa é a quarta besta, cuja cabeça foi ferida e curada, tendo sido quebrada ou mesmo desonrada, e dividida em quatro coroas; e ele [o Anticristo], então, com destreza, a curará, por assim dizer, e a restaurará[68].

Como Irineu e Hipólito, o teólogo latino Tertuliano (c. 160-c. 220) também identificou Roma como o quarto império. Para Tertuliano, não configurava algo ruim que

---

67. Cf. LERNER, Robert E. Refreshment of the saints: the time after Antichrist as a station for earthly progress in medieval thought. *Traditio*, vol. 32, n. 1, p. 97-144, 1976.

68. HIPÓLITO DE ROMA. Sobre Cristo e o Anticristo, 49. *In: ANF*, vol. V, p. 214.

o Império Romano precisasse conhecer o declínio antes que o Anticristo pudesse surgir e Cristo retornar. O fim do mundo não era algo a ser desejado. Como Kevin Hughes observa, "o império é um mal necessário usado pela vontade providencial de Deus para impedir a chegada do próprio homem do pecado"[69]. O autor de 2Tessalonicenses havia declarado que "o iníquo" só se revelaria quando fosse "tirado do meio aquele que o detém" (2Tessalonicenses 2,7). Tertuliano foi o primeiro a identificar "aquele que o detém" com o Império Romano. "Que obstáculo há", ele perguntou, "senão o Estado romano, cuja queda, espalhada em dez reinos, introduzirá o Anticristo sobre [suas próprias ruínas]?"[70]. Então ele recomendou que os cristãos orassem pelos imperadores e pela estabilidade do império. Pois sabemos, escreveu ele, "que estamos na iminência de um poderoso choque sobre toda a terra – na verdade, o próprio fim de todas as coisas ameaçando terríveis desgraças – e ele só é retardado pela existência contínua do Império Romano"[71]. Como sabemos, esse foi um argumento mais tarde usado por Adso para confortar Gerberga.

2.3 Nero e os duplos anticristos

No fim do segundo século, portanto, os elementos básicos da história do Anticristo estavam ativos. O Anticristo era um falso Messias e um tirano escatológico cuja vinda acarretaria o retorno de Cristo e precederia o fim da história. Tendo reconstruído Jerusalém, ele se colocaria como Deus, exigin-

---

69. HUGHES, *Constructing Antichrist*, p. 32.
70. TERTULIANO. Sobre a ressurreição da carne, 24. *In: ANF*, vol. III, p. 563.
71. TERTULIANO. Apologia, 32. *In: ANF*, vol. III, p. 42-43.

do a adoração de todos e perseguindo aqueles que o repudiassem. Depois de cerca de três anos e meio de domínio, ele seria derrotado por Cristo e seus anjos. A ressurreição e o juízo se seguiriam.

Dito isto, como vimos em Hipólito, a história ainda era instável, em particular acerca da questão central de saber se o Anticristo era judeu ou romano ou do Oriente em geral. Uma solução para esse problema foi propor dois anticristos, um romano e outro persa. Era uma síntese das tradições concorrentes colocadas pela primeira vez pelo poeta latino Comodiano, de meados do século III[72]. A escatologia de Comodiano aparece em cada uma de suas duas obras – *As instruções de Comodiano em favor da disciplina cristã, contra os deuses dos pagãos* e *Um poema apologético contra judeus e gentios*. Apenas para trazer um elemento a mais à confusão escatológica, a escatologia dessas duas obras difere: há apenas um Anticristo romano na primeira, mas dois anticristos – um romano e um persa – na última.

De acordo com o *Poema apologético*, o fim dos 6 mil anos estava próximo, uma sétima perseguição estava prestes a acontecer e, assim, a ascensão do Anticristo era iminente. Sua chegada seria precedida por um ataque a Roma de um exército de godos que perseguiriam os romanos, mas tratariam os cristãos como irmãos. Os romanos seriam libertados pelo primeiro Anticristo – um rei do Oriente: "Este é Nero, que havia açoitado Pedro e Paulo na cidade. De lugares escondidos no fim do mundo ele retornará, já que foi

---

72. A data e o local de Comodiano permanecem muito contestados, variando de meados do século III a meados do século V, e da Síria ao norte da África e ao sul da Gália.

preservado para essas coisas"[73]. Nas *Instruções de Comodiano*, o poeta vê Nero "ressurgido do inferno"[74]. Nero como o arquétipo humano maligno entra agora na tradição escatológica cristã.

Comodiano não tinha certeza quanto ao tempo exato do retorno de Nero ressuscitado, embora fosse no meio da última semana de anos. Ele seria enviado tanto pelos judeus quanto pelos romanos, que colaborariam na perseguição aos cristãos. Embora os profetas se levantassem para pregar contra o Anticristo, apenas o Profeta Elias foi nomeado. Em fúria, Nero *revivivus* transformaria os rios em sangue, a seca e a fome ganhariam lugar, e haveria uma praga mundial. Os judeus e romanos conspirariam contra Elias e persuadiriam Nero a queimá-lo, junto com os outros profetas. Os cristãos também seriam perseguidos. Uma intervenção precoce de Cristo faria com que os cristãos aos quais haviam sido negadas sepulturas revivessem para, então, serem levados para o céu. Nero, juntamente com outros dois césares, continuaria a perseguir os cristãos por três anos e meio ano: "O sangue correrá por toda parte [...]. O medo prevalecerá, as mãos falharão e os corações tremerão; muitas serão as mortes adequadas para impor aos mártires"[75].

O *Poema apologético* então prevê a ascensão de outro rei do Oriente, que atravessaria o Eufrates seco trazendo consigo persas, medos, caldeus e babilônios. Ele iria destruir Nero e seus dois césares, e os entregaria "aos abutres para

---

73. COMODIANO. Excerpt from Commodianus' Carmen Apologeticum. *Christian Latin*, 2008.

74. COMODIANO. Instruções, 41. *In*: *ANF*, vol. V, p. 211.

75. COMODIANO. Excerpt from Commodianus' Carmen Apologeticum, p. 3.

serem comidos"[76]. Também destruiria Roma e depois marcharia para a Judeia, seduzindo os judeus com sinais. Como Nero foi o Anticristo para os romanos, assim é o rei da Pérsia o Anticristo para os judeus: "Esses são os dois acerca dos quais profecias têm havido ao longo das gerações e que aparecerão na era final. Nero é o destruidor da cidade, mas este último devastará toda a terra"[77].

Como resultado dessa segunda maldade do Anticristo, Deus lideraria um exército de judeus do outro lado do Eufrates, um remanescente judeu piedoso e obediente – ademais vegetariano, por alguma razão desconhecida – aguardando a vida por vir. Por fim, depois de uma série de vitórias militares, eles viriam para Jerusalém. O Anticristo fugiria para o Norte a fim de levantar outro exército para a batalha escatológica final, na qual ele e seu exército sofreriam derrota. O rei vil e os falsos profetas "suportarão as punições do inferno enquanto ainda estiverem vivos", e seus comandantes e embaixadores serão escravizados[78]. Deus então começaria a julgar o mundo pelo fogo. Os túmulos seriam abertos, "corpos se erguerão do lodo" e "o que quer que seja marcado pela corrupção será carregado pelos guardiões selvagens do inferno para dentro do abismo"[79]. Para aqueles que não eram conhecidos de Cristo, haveria apenas punições de morte.

Os mortos que haviam sido fiéis a Cristo ressuscitariam e gozariam de vida imortal numa Jerusalém que desceria do

---

76. *Ibid.*, p. 4.
77. *Ibid.*
78. *Ibid.*, p. 5.
79. *Ibid.*, p. 6.

céu. Então eles se casariam e teriam filhos por mil anos, com comida abundante, um clima ideal e saúde perfeita. Após os mil anos, um novo julgamento começaria, no qual, com exceção do acampamento dos santos, toda a terra seria queimada. Os justos se levantariam para encontrar seu Senhor nos ares, enquanto os ímpios que restassem seriam mergulhados no inferno.

Ao olhar para Nero como um de seus dois tiranos escatológicos finais, Comodiano baseava-se em uma tradição presente desde a "morte" do Imperador Nero em 68 da Era Comum, segundo a qual ele não havia morrido e retornaria. Passado tempo o bastante para que se desacreditasse a noção de Nero ainda estar vivo, em Comodiano a crença ressurge como a lenda de que ele ressuscitaria dos mortos ou emergiria do submundo como o primeiro dos tiranos escatológicos.

Como observamos no capítulo 1, segundo o *Testamento de Ezequias* (início do século II), o tirano escatológico Beliar se manifestaria como uma figura semelhante a Nero, "um rei da iniquidade" e, como Nero, "um assassino de sua mãe"[80].

Os *Oráculos sibilinos*, uma coleção de pronunciamentos proféticos atribuídos à antiga Sibila da Babilônia, predisseram de forma similar a vinda de uma figura escatológica semelhante a Nero. Assim, o Livro 3 dos *Oráculos sibilinos* (meados do século II a.C.) falou de Beliar vindo da linhagem de Augusto César, que realizará milagres, ressuscitará

---

80. A ascensão de Isaías 4,3. *In*: CHARLESWORTH. *The Old Testament pseudepigrapha*, vol. 2, p. 161. Nero teve sua mãe, Agripina, assassinada em 59 da Era Comum.

os mortos e desviará muitos antes de ser destruído por Deus com fogo[81]. O Livro 5 (fim do primeiro século d.C.) informou seus leitores sobre uma guerra final quando, por fim, "um homem que é um matricida virá dos confins da terra em voo e [...] destruirá todas as terras e conquistará tudo"[82]. Ele destruiria muitos homens e grandes governantes, levantando os que se agacharam de pavor, antes de adentrar uma batalha final. Em outro lugar, no Livro 8 (antes de 180), diz-se que ele arrebatará a nação dos hebreus antes de destruir a "ameaça dominadora dos romanos, pois o Império de Roma, que então floresceu, pereceu"[83].

Comodiano foi, no entanto, o primeiro a explicitamente nomear Nero como o Anticristo que estava por vir e, que eu saiba, o primeiro a dizer que ele *se ergueria dos mortos* para se tornar um tirano escatológico final. Encontramos a conexão entre Nero e o Anticristo novamente na Gália por volta do fim do século IV nos escritos de Sulpício Severo (c. 363-c. 420), o discípulo e biógrafo de Martinho de Tours. Em sua *História sagrada*, ele relatou a crença de que, mesmo que Nero tivesse tentado se matar com uma espada, ele teria sobrevivido, sua "ferida mortal curada e sua vida preservada [como a besta do mar em Apocalipse 13,3] [...] para ser enviado novamente perto do fim do mundo, para que ele possa praticar o mistério da iniquidade"[84].

---

81. Oráculos sibilinos, 3.63-74. *In*: CHARLESWORTH, James H. (ed.). *The Old Testament pseudepigrapha*. Nova York: Doubleday, 1983, vol. 1, p. 363.

82. *Ibid.*, 5.363-365, p. 402.

83. *Ibid.*, 8.140-144, p. 421.

84. SULPÍCIO SEVERO. História sagrada, 2.29. *In*: *NPNF, second series*, vol. XI, p. 111.

Para Severo, o retorno de Cristo era iminente. Assim, em sua *Vida de São Martinho*, com base em vários relatos, um de um jovem na Espanha declarando-se Elias e mais tarde Cristo, outro de um homem que alegou ser João Batista, e outros de falsos profetas em geral, Severo declarou "que a vinda do Anticristo está próxima"[85]. Em uma passagem nos *Diálogos* de Severo, o personagem Galo fala da crença de Martinho de que "o Anticristo, tendo sido concebido por um espírito maligno, já havia nascido e já havia atingido os anos da infância, e assumiria o poder assim que atingisse a idade adequada"[86].

Martinho também havia declarado que, antes do fim do mundo, *tanto* Nero *quanto* o Anticristo deveriam vir. Nero governaria na parte ocidental do mundo depois de ter subjugado dez reis. Ele realizaria uma perseguição destinada a obrigar os homens a adorar os ídolos dos gentios. O Anticristo judeu, por outro lado, iria primeiro tomar para si o Império Oriental, restaurar e reconstruir Jerusalém e seu templo, e torná-la sua capital. Ele então tentaria obrigar todos a negar a Cristo como Deus, sustentar que ele mesmo era Cristo e ordenar que todos os homens fossem circuncidados. Martinho também declarou que Nero seria destruído pelo Anticristo e o mundo inteiro ficaria sob seu controle "até que aquele ímpio seja derrubado pela vinda de Cristo"[87].

Ainda assim, mesmo quando Sulpício Severo dava notícia da crença de Martinho no retorno de Nero, seu

---

85. SULPÍCIO SEVERO. Vida de São Martinho, 24. *In: NPNF, second series*, vol. XI, p. 15.

86. SULPÍCIO SEVERO. Diálogos, 14. *In: NPNF, second series*, vol. XI, p. 45.

87. *Ibid.*, 14, vol. XI, p. 45.

contemporâneo Agostinho expressava suas reservas sobre seu retorno, vivo ou redivivo, em *A cidade de Deus*. O autor de 2Tessalonicenses, lembremos, escreveu que "está em ação o mistério da iniquidade. Basta que seja tirado do meio aquele que o detém" (2Tessalonicenses 2,7). Agostinho não estava sozinho em confessar que não tinha ideia do que isso significava. De qualquer forma, ele passou a relatar tais conjecturas tal como tinha lido ou ouvido. "Alguns pensam", escreveu ele,

> [q]ue o Apóstolo Paulo se referiu ao Império Romano e que ele não estava disposto a usar linguagem mais explícita, para não incorrer na acusação caluniosa de desejar mal ao império que se esperava que fosse eterno; de modo que, ao dizer "porque já o mistério da iniquidade opera", ele aludiu a Nero, cujos atos já pareciam ser como os atos do Anticristo. E, portanto, alguns supõem que ele se erguerá dos mortos e será o Anticristo. Outros, mais uma vez, supõem que ele não está nem mesmo morto, mas escondido, de forma que poderia ter sido declarado morto e, no entanto, agora vive oculto no vigor da mesma idade que atingira quando se acreditava ter perecido, e viverá até ser revelado em seu próprio tempo e restaurado ao seu reino. Mas eu me pergunto se os homens podem ser tão audaciosos em suas conjecturas[88].

O ceticismo sobre o retorno de Nero já havia sido expresso um século antes. Por volta do ano 300, o africano Lactâncio (c. 240-c. 320) se converteu ao cristianismo e tornou-se tutor do filho do Imperador Constantino. Em seu *Sobre a morte dos perseguidores*, ele se propõe a

---

88. SANTO AGOSTINHO. Cidade de Deus, 20.19. *In: NPNF, first series*, vol. II, p. 438.

demonstrar como Deus destruiu aqueles que perseguiram a Igreja desde o início (dos quais Nero foi o primeiro) e quais foram as punições que Deus lhes infligiu. Isso exigiu que ele rejeitasse a possibilidade de que Nero não tivesse morrido e retornasse:

> Deus olhou para a aflição de seu povo; e, portanto, o tirano, despojado de autoridade e apeado das alturas do império, desapareceu repentinamente, e até mesmo o local de sepultamento daquela fera nociva não foi visto em lugar algum. Isso levou algumas pessoas de imaginação extravagante a supor que, tendo sido transportado para uma região distante, ele ainda é preservado vivo; e a ele aplicam os versículos sibilinos sobre "o fugitivo, que matou sua própria mãe, vindo dos limites mais extremos da terra"; como se aquele que foi o primeiro também devesse ser o último perseguidor, provando-se, portanto, o precursor do Anticristo! Mas não devemos acreditar naqueles que, ao afirmar que os dois profetas, Enoque e Elias, foram transladados para algum lugar remoto para que pudessem auxiliar nosso Senhor quando Ele viesse no fim dos tempos, também imaginam que Nero deve aparecer daqui em diante como o precursor do Diabo, quando ele vier para devastar a terra e derrubar a humanidade[89].

Lactâncio, no entanto, esperava que, antes da chegada do Anticristo, houvesse um tirano escatológico final. Encontramos sua escatologia desenvolvida em seus *Institutos divinos* e em seu *Epítome dos Institutos divinos*, a primeira tentativa completa em latim de defender o cristianismo diante de um público romano culto mais à vontade com a literatura clássica do que com a Bíblia. Mais inclinados a

---

89. LACTÂNCIO. Sobre a morte dos perseguidores, 2. *In: ANF*, vol. VII, p. 302.

citar as Sibilas, os oráculos do misterioso Histaspes, o egípcio Hermes Trismegisto e o poeta romano Virgílio do que a Bíblia, seus leitores cristãos (e agora leitores desse livro) teriam, no entanto, atentado a suas alusões bíblicas, ainda que seus leitores "pagãos" não o fizessem.

Como Hipólito, Lactâncio esperava que o fim da história viesse quando o mundo tivesse completado 6 mil anos. E, acompanhando Hipólito, ele o esperava, no mais tardar, em cerca de 200 anos a partir de seu tempo, ou seja, em torno de 500. À medida que o fim do mundo se aproximava, Lactâncio esperava um mundo em que "toda a justiça será confundida e as leis serão destruídas"[90]. Isso seria causado pelo colapso do Império Romano, quando "o Oriente voltará a dominar e o Ocidente será reduzido à servidão"[91]. Após o colapso de Roma, surgiriam dez reis que destruiriam todas as coisas.

Surgiria então um rei poderoso do Norte que destruiria três desses reis antes de ser reconhecido como príncipe de todos pelos sete restantes. "Então, na verdade", lemos,

> chegará um tempo detestável e abominável, em que a vida não será agradável a nenhum dos homens [...]. A morte será desejada, mas não virá; nem mesmo a noite dará descanso ao seu medo, nem o sono se aproximará dos seus olhos; a ansiedade e a vigilância, porém, consumirão as almas dos homens; eles deplorarão, e lamentarão, e rangerão os dentes; felicitarão os mortos, e lamentarão os vivos[92].

---

90. LACTÂNCIO. Institutos divinos, 7.15. *In: ANF*, vol. VII, p. 212.
91. *Ibid.*
92. *Ibid.*, 7.16, vol. VII, p. 213-214.

Esse rei escatológico seria morto por outro que "surgirá da Síria, nascido de um espírito maligno, o destituidor e destruidor da raça humana"[93]. Tal rei era o verdadeiro Anticristo, que "falsamente se chamaria Cristo"[94]. Lactâncio foi o primeiro a sugerir que o Anticristo seria concebido não por um espírito santo, como era Cristo, mas por um espírito do mal. Apesar da expectativa vazada no Apocalipse de que duas testemunhas estavam por vir, Lactâncio via apenas um grande profeta com grandes poderes "enviado por Deus para levar os homens ao conhecimento de Deus"[95]. O Anticristo venceria e mataria esse grande profeta (presumivelmente Elias) que se colocara diante dele. Abandonado insepulto, o profeta voltaria à vida no terceiro dia e, observado por todos com admiração, subiria ao céu. O Anticristo então chamaria a si mesmo de Deus e exigiria ser adorado como o Filho de Deus. Conclamaria o fogo dos céus, faria com que o sol mudasse seu curso e faria uma imagem falar de tal forma que muitos, mesmo entre os sábios, seriam por ele atraídos. Ele tentaria destruir o templo de Deus e perseguiria os justos. Aqueles que se unissem a ele seriam marcados por ele como ovelhas. Aqueles que se recusassem a tanto seriam mortos com torturas elaboradas. A ele seria dado o poder de destruição da terra por 42 meses.

Os cristãos que haviam fugido da perseguição invocariam a Deus para salvá-los. Então Deus iria "ouvi-los e enviar do céu um grande rei para resgatá-los, libertá-los e destruir

---

93. *Ibid.*, 7.17, vol. VII, p. 214.

94. *Ibid.*, 7.19, vol. VII, p. 215.

95. *Ibid.*, 7.17, vol. VII, p. 214.

todos os ímpios pelo fogo e pela espada"[96]. Cristo desceria com uma companhia de anjos ao meio da terra, precedido por um fogo inextinguível. As forças do Anticristo seriam massacradas a partir da terceira hora até a noite "e o sangue correrá como uma torrente"[97]. Somente o Anticristo escaparia, até que fosse capturado em uma quarta batalha final e condenado ao fogo. Satanás também seria aprisionado, "agrilhoado com correntes de fogo"[98]. Aqueles que permaneceram na religião de Deus seriam então ressuscitados dentre os mortos para reinar com Deus por mil anos na cidade santa reconstruída.

Ao fim dos mil anos, Satanás seria liberado do inferno e as nações tentariam invadir a cidade dos santos. Então Deus novamente "choverá sobre o fogo ímpio com enxofre e granizo, e eles estarão em fogo, e se matarão uns aos outros"[99]. Os justos seriam por um tempo escondidos debaixo da terra até que, depois de três dias, as nações rebeldes fossem todas destruídas. Os justos então ressurgiriam para ver os cadáveres dos ímpios afundarem nas entranhas da terra. Deus então renovaria o mundo, os justos receberiam suas vestes de imortalidade, e os ímpios ressuscitariam dos mortos para serem condenados ao castigo eterno e entregues ao fogo eterno.

2.4 O filho de Satanás?

Como observamos acima, o teólogo africano Lactâncio foi o primeiro a sugerir que o Anticristo seria concebido não por um espírito santo, como Cristo, mas por um espírito maligno.

---

96. *Ibid.*, 7.17, vol. VII, p. 215.
97. *Ibid.*, 7.19, vol. VII, p. 215.
98. LACTÂNCIO. Epítome dos Institutos divinos, 72. *In: ANF*, vol. VII, p. 254.
99. *Ibid.*, 72, vol. VII, p. 254-255.

Tratava-se de um comentário pouco refletido, e Lactâncio não o elaborou. Martinho de Tours, lembremos, também acreditava que o Anticristo tinha sido concebido por um espírito maligno. Em ambos os casos, é difícil dizer, a partir do original latino, se se tratava de "um espírito maligno" ou de "o espírito maligno". As referências a Satanás, em vez de "um espírito maligno", tornam as coisas mais claras. Assim, por exemplo, o chamado Ambrosiastro, em seu comentário sobre 2Tessalonicenses (366-384), declarou: "Como o Filho de Deus em seu nascimento humano manifestou sua natureza divina, assim também Satanás aparecerá em forma humana"[100]. Da mesma forma, Teodoreto, bispo de Cirro (c. 393-c. 458/466), se por um lado não declarou ser o Anticristo filho de Satanás, viu-o, por outro, como incorporação de todo o poder do Diabo: "Pois o perseguidor dos homens simula a encarnação de nosso Deus e Salvador; e do mesmo modo que Ele, assumindo nossa natureza humana, realizou nossa salvação, *o outro*, também escolhendo um homem capaz de receber a plenitude de seu poder, tentará os homens"[101].

Espalhou-se, sem sombra de dúvida, a crença de que o Anticristo era Satanás encarnado. Isso é demonstrado no caso do siciliano Júlio Fírmico Materno, um astrólogo por negócio e cristão por conversão. O Anticristo como Satanás era uma suposição de seu *O erro das religiões pagãs* (c. 347), uma obra dedicada a persuadir os imperadores Constâncio e Constante a destruir os ídolos pagãos. No contexto de uma discussão que confrontava a virtude cristã da

---

100. Citado em BOUSSET. *The Antichrist legend*, p. 142.
101. *Ibid.*

unção dos mortos e a tradição pagã da unção dos vivos, Júlio declarou: "Quem não escarneceria da loucura de um negócio desses? Quem não o desprezaria? Portanto, o Diabo tem os seus ungidos ["*Christi*"], e porque ele mesmo é o Anticristo, ele rebaixa miseráveis infelizes por uma aliança profana com a infâmia de seu próprio nome"[102].

Hipólito também insinuou que o Anticristo e o Diabo eram um e o mesmo. Hipólito, lembremos, tinha olhado para a tribo de Dã como a fonte do Anticristo. Junto com isso, ele invocou a descrição de Dã em Gênesis 49,17 como uma serpente no chão. À época de Hipólito, a serpente no Livro do Gênesis havia sido identificada como o Diabo[103]. Hipólito foi assim capaz de alinhar aqueles que haviam pertencido à tribo de Dã com o Diabo serpentino no Jardim do Éden e o Anticristo. "O que, então", ele perguntou, "significa a serpente, senão o Anticristo, aquele enganador mencionado em Gênesis, que levou Eva ao engano e destituiu Adão?"[104].

Mas foi um autor desconhecido (cognominado Pseudo-Hipólito), em algum momento entre o quarto e o nono séculos, em uma obra intitulada *Sobre o fim do mundo*, que traçou os paralelos entre os nascimentos do Cristo e do Anticristo. Como Cristo era divino e Filho de Deus, o Anticristo era demoníaco e filho de Satanás[105]:

---

102. FÍRMICO MATERNO, Júlio. *O erro das religiões pagãs*, 22.4. Nova York: Newman Press, 1970, p. 94.

103. Cf. ALMOND. *The Devil*, p. 34.

104. HIPÓLITO DE ROMA. Sobre Cristo e o Anticristo, 14. *In*: ANF, vol. V, p. 207.

105. Tradicionalmente, tem sido atribuída a Hipólito de Roma, até porque repete grandes seções do Tratado de Hipólito sobre Cristo e o Anticristo. Os capítulos 12–21 e 36 são em grande parte extraídos do referido tratado.

Visto que o Salvador do mundo, com o propósito de salvar a raça dos homens, nasceu da imaculada Virgem Maria, e na forma da carne pisou o inimigo sob os pés, no exercício do poder de sua própria divindade; da mesma maneira também o acusador [*diabolus*, ὁ διάβολος, o Diabo] sairá de uma mulher impura na terra, mas nascerá [como fosse] de uma falsa virgem[106].

Dito isto, o Pseudo-Hipólito hesitava *precisamente* em espelhar o nascimento do Anticristo em sentido inverso ao de Cristo. O Anticristo nasceu, disse ele, não de uma virgem, mas de uma mulher que só *parecia* virginal. Além disso, embora, no caso de Cristo, Deus habitasse conosco *exatamente* na mesma carne que Ele fez para Adão e todos aqueles que vieram depois dele, o Anticristo assumiria a carne "*apenas na aparência*".

Pseudo-Hipólito deveria seguir Daniel ao permitir que o Anticristo reinasse por três anos e meio. Inicialmente, pelo menos, ele imitará Cristo, a fim de seduzir os fiéis e afastá-los do amor de Cristo. Ele começa como o grande enganador. Mostra-se gentil, amável, tranquilo, piedoso e pacífico. Tem aversão à injustiça, detesta presentes e não permite a idolatria. Ama as Escrituras, reverencia os sacerdotes, honra os anciãos, repudia a fornicação, detesta o adultério e é gentil e compassivo com estranhos e pobres. No entanto, tudo isso seria engano para induzir as pessoas a torná-lo rei. Os judeus, especialmente, gostariam de fazê-lo rei, glória que inicialmente recusa, mas com a qual por fim concorda.

Tendo sido feito rei, ele reconstruirá o templo em Jerusalém e o entregará aos judeus. Então sua verdadeira natu-

---

106. HIPÓLITO DE ROMA. Sobre o fim do mundo, 21. *In*: *ANF*, vol. V, p. 247-248.

reza como o tirano escatológico se revelará: "Em todas as coisas ele será duro, severo, apaixonado, irado, terrível, inconstante, pavoroso, melancólico, odioso, abominável, selvagem, vingativo, injusto"[107]. Exigirá que todos o adorem. Todos os que o façam receberão sua marca "666" na mão direita e na testa. Pseudo-Hipólito interpretou o número do Anticristo com o significado "eu nego". "Pois mesmo nos últimos dias", escreveu, "aquele adversário amargo retomou a palavra *negar*, quando o iníquo pressionou as testemunhas de Cristo, com a admoestação: 'Nega o teu Deus, o Crucificado'"[108].

O mundo criado se tornará um completo caos. Dos céus não mais cairá o orvalho, das nuvens não mais cairá a chuva, a terra não dará seus frutos, os mares federão e os peixes morrerão, os rios secarão e uma doença mortal se alastrará por toda a terra. Tantos morrerão que não sobrará o suficiente para enterrá-los. Toda a terra será "preenchida com o fedor emanado dos cadáveres"[109].

Aqueles que se recusem a adorar o Anticristo fugirão e se esconderão nas montanhas e nas cavernas. Por causa disso, Deus abreviará os três anos e meio do Anticristo. Cristo virá, e o Anticristo será destruído: "Então o filho da perdição há de ser levado a julgamento, a saber, o acusador, com seus demônios e com seus servos, por anjos severos e inexoráveis. E serão entregues ao fogo que nunca se apaga, e ao verme que nunca dorme, e às trevas exteriores"[110].

---

107. *Ibid.*, 26, vol. V, p. 249.
108. *Ibid.*, 28, vol. V, p. 249.
109. *Ibid.*, 27, vol. V, p. 249.
110. *Ibid.*, 40, vol. V, p. 252.

A tradição de que o Anticristo era o Diabo sobreviveria no cristianismo oriental pelo menos até o século IX. Assim, o *Apocalipse grego de Daniel* fala de um grande rei chamado Dã que reuniria os judeus em Jerusalém e começaria a perseguir os cristãos. No que deve ser o relato mais extravagante da ascensão do Anticristo, com Dã reinando, o Anticristo demoníaco emergiria das entranhas da terra:

> E ele entrará em um pequeno peixe guardião. E ele vem no mar largo. E será capturado por 12 pescadores. E os pescadores ficarão enlouquecidos entre si. Um prevalecerá sobre eles, cujo nome é Judas. E ele toma esse peixe para sua herança e entra em um lugar chamado Guzete e ali vende o peixe por 30 moedas de prata. E uma garota virgem comprará o peixe. Seu nome é Injustiça, porque o filho da injustiça nascerá dela. E seu sobrenome será Perdição. Pois, tocando a cabeça do peixe, ela engravidará e conceberá o próprio Anticristo. E ele nascerá dela depois de três meses. E ele vai tomar-lhe o peito por quatro meses [...]. E ele também tem na testa três letras: A, K, T. E o A significa: "Eu nego", o K: "E eu rejeito completamente", o T: "O dragão imundo"[111].

Como se não fosse suficientemente reconhecível pela marca em sua testa, o *Apocalipse de Daniel* deu uma descrição dos atributos físicos do Anticristo que o tornariam instantaneamente reconhecível. Ele teria 4,5 metros de altura, e seu cabelo chegaria aos pés. De acordo com um manuscrito, seus pés teriam um metro de comprimento. Seu olho direito seria como o de um leão, enquanto seus dentes inferiores seriam feitos de ferro e sua mandíbula inferior de diamante.

---

111. Apocalipse de Daniel 9. *In*: CHARLESWORTH. *The Old Testament pseudepigrapha*, vol. 1, p. 767.

2.5 Vê-lo era conhecê-lo

À luz do crescente interesse no Anticristo no período do fim do primeiro século pelos 300 anos seguintes, é surpreendente que nenhum dos principais teólogos gregos orientais ou ocidentais latinos tenha fornecido descrições físicas do Anticristo. É surpreendente porque, tanto no segundo quanto no quarto séculos, houve um florescimento da ciência da fisiognomia, segundo a qual características físicas humanas particulares funcionavam como uma espécie de guia para a natureza da alma[112]. No entanto, dentro do cristianismo oriental há uma série de textos compostos dentro do primeiro milênio, dos quais o *Apocalipse de Daniel* foi o último, que nos dão descrições do Anticristo. Eles são sugestivos de uma tradição fisiognômica do Anticristo dentro do cristianismo oriental, embora seja difícil mapeá-la na tradição fisiognômica clássica[113]. De certa forma, tratava-se de fisiognomia em reverso, pois, em vez de perfazer a leitura da aparência real em direção a uma ideia de aparência, o percurso da leitura dava-se de como o Anticristo devia ser em relação ao que houvesse diante dos olhos. Concentro-me aqui em quatro textos em várias versões, a saber, *O testamento de Nosso Senhor* (em siríaco, etíope e latim), *O apocalipse de Elias*

---

112. Cf. EVANS, Elizabeth C. *Physiognomics in the Ancient World*. Filadélfia: American Philosophical Society, 1969.

113. Embora tenha sido tentado. Cf., especialmente, FORD, J. Massyngbaerde. The physical features of the Antichrist. *Journal for the Study of the Pseudepigrapha*, vol. 7, n. 14, p. 23-41, 1996. Cf. tb. MCGINN, Bernard. Portraying Antichrist in the Middle Ages. *In*: VERBEKE, Werner *et al. The use and abuse of eschatology in the Middle Ages*. Lovaina: Leuven University Press, 1988, p. 1-48.

(grego e copta), *O apocalipse de Pseudo-João* (grego) e *O apocalipse de Esdras* (grego)[114].

Se seu significado fisiognômico é menos do que aparente, sua função profética é clara. Muito simplesmente, os textos foram feitos para garantir que, quando o víssemos, o reconhecêssemos. O prólogo de *O testamento de Nosso Senhor* tem a pretensão de trazer as palavras de Jesus Cristo aos seus apóstolos e a Maria, Marta e Salomé na noite após sua ressurreição e, em particular, os sinais do fim. Entre tais sinais estava o aparecimento do Anticristo, "o filho da perdição, o adversário, que se vangloria e se exalta, operando muitos sinais e milagres, para que ele possa enganar toda a terra e vencer o inocente, meus santos"[115]. Dada a descrição que se segue, ele provavelmente não seria negligenciado: "Sua cabeça [é] como uma chama ardente: seu olho direito foi atingido por sangue, seu [olho] esquerdo é preto-azulado e ele tem duas pupilas. Seus cílios [sobrancelhas] são brancos; e seu lábio inferior é grande; mas sua coxa direita esguia; seus pés largos; seu dedão imenso [ou dedo] está machucado e achatado. Essa é a foice da desolação"[116]. A versão latina acrescentou que seus olhos eram raivosos e suas pernas finas.

Em sua descrição do Anticristo, a versão grega de *O apocalipse de Elias* espelhava a de *O testamento de Nosso*

---

114. Para comparação mais extensa das descrições físicas do Anticristo, cf. ROSENSTIEHL, J.-M. Le portrait de l'Antichrist. *In*: PHILONENKO, M. *et al.* (ed.). *Pseudépigraphes de l'Ancien Testament et Manuscrits de la Mer Morte*. Paris: Presses Universitaires de France, 1967, p. 45-60.

115. *The testament of our Lord*: translated into English from the Syriac with introduction and notes, 9. Edimburgo: T. & T. Clark, 1902, p. 56.

116. *Ibid.*, 11, p. 57-58.

Senhor. Mas a versão copta era bastante distinta. "Pois atenção", lemos,

> vou lhes dizer os sinais dele *para que vocês possam conhecê-lo.* Ele é um [...] rapaz de pernas magras, com um tufo de cabelos grisalhos na frente de sua cabeça careca. Suas sobrancelhas chegam a suas orelhas. Há uma mancha leprosa à mostra no verso de suas mãos. Ele se transformará na presença daqueles que o veem. Ele se tornará uma criança. Ele vai ficar velho. Ele se transformará em todos os sinais. Mas os sinais de sua cabeça não serão capazes de mudar. *Aí vocês saberão que ele é o filho da ilegitimidade*[117].

Outra tradição da aparência física do Anticristo aparece no grego de *O apocalipse de Pseudo-João.* Este consiste em um conjunto de perguntas sobre o fim do mundo, feitas ao Jesus ascendido por um "João de Patmos". Em resposta ao pedido de João para que Jesus lhe dissesse como seria o Anticristo, Jesus declara:

> Seu rosto parece escuro como o inferno, os cabelos de sua cabeça afiados como flechas, suas sobrancelhas selvagens como o mato; seu olho direito é como a estrela que se levanta cedo, seu outro olho como o de um leão; sua boca mede meio metro e seus dentes um palmo; seus dedos se assemelham a foices; sua pegada mede meio metro; e em sua testa o nome Anticristo está gravado[118].

O narrador de *O apocalipse de Esdras* desejava informações sobre os atributos físicos do Anticristo para que pu-

---

117. O apocalipse de Elias 3,14-18. *In*: CHARLESWORTH. *The Old Testament pseudepigrapha*, vol. 1, p. 745-746 (grifo nosso).

118. COURT, John M. *The Book of Revelation and the Johannine apocalyptic tradition.* Sheffield: Sheffield Academic Press, 2000, p. 35.

desse "informar a raça dos homens para que não acreditassem nele"[119]. Para todos os efeitos, a descrição do Anticristo em *O apocalipse de Esdras* espelhou a de *O apocalipse de Pseudo-João*, com o acréscimo de que o rosto do Anticristo era o de um homem selvagem[120]. Embora seja difícil ler atributos físicos específicos em qualquer um desses textos que correspondessem a vícios especiais, há pouca dúvida de que os leitores dessas descrições os teriam interpretado como sugestivos de monstruosidade, do mal e da malevolência, uma mistura perigosa do humano, do demoníaco e do bestial.

A "lógica" do Anticristo predispôs aqueles que teorizaram sobre sua natureza à afirmação de que, como Cristo era plenamente Deus e homem, também o Anticristo era Satanás e homem. No entanto, isso pressupunha uma equivalência sobrenatural entre Deus e o Diabo que muitos teólogos tradicionais não estavam dispostos a aceitar. Hipólito, lembremos, havia elaborado sua opinião não sem especificar que, se o Diabo se fizesse carne, o faria *apenas por simulação*.

No caso de alguns, uma "lógica" diferente predispunha à crença de que, assim como Cristo era totalmente humano, mas absolutamente "livre de pecado", também o Anticristo era totalmente humano, mas completamente "cheio de pecado". Neste caso, ele não era tanto um ser sobrenatural que se tornou carne, mas antes um ser natural que se demonizou por completo. Para Irineu, por exemplo, o Anticristo não era o Diabo encarnado, embora fosse "dotado de todo o

---

119. *O apocalipse de Esdras* 4,29. *In*: CHARLESWORTH. *The Old Testament pseudepigrapha*, vol. 1, p. 575.

120. *Ibid.*, 4,30, p. 575.

poder do Diabo [...] concentrando em si mesmo [toda] apostasia satânica"[121].

No entanto, foi Jerônimo (c. 342-420), o tradutor da Bíblia para o latim (conhecida como Vulgata), que estabeleceu o padrão para a visão ocidental da natureza do Anticristo como figura meramente humana. Assim, ao comentar sobre "o chifre pequeno" de Daniel 7,8, lemos: "Não pensemos que ele [o Anticristo] [...] é o Diabo [*diabolum*] ou um demônio, mas sim *um dentre os homens* [*unum de hominibus*] no qual Satanás deve habitar totalmente"[122]. Em suma, o Anticristo era o demoníaco supremo. Da mesma forma, foi João Crisóstomo (c. 347-407), bispo de Constantinopla, que estabeleceu a tradição oriental do Anticristo como o homem absolutamente mau. Quem é o homem do pecado e o filho da perdição? – perguntou. "Então é Satanás? De modo algum; mas algum homem, que admite em si o pleno trabalho dele. Pois ele é um homem"[123].

Desse ponto em diante, em geral, tanto no Oriente quanto no Ocidente, o Anticristo viajou por caminhos separados do Diabo, se não paralelos em relação a ele. Totalmente humano, decerto, provavelmente o filho de Satanás, mas não o Diabo encarnado.

---

121. IRINEU DE LYON. Contra as heresias, 5.25.1. *In: ANF*, vol. I, p. 553.

122. Citado em BOUSSET. *The Antichrist legend*, p. 139. Para o original em latim, cf. p. 272, n. 19.

123. JOÃO CRISÓSTOMO. Homilias sobre a Segunda Carta aos Tessalonicenses, Homilia 3. *In: NPNF, first series*, vol. XIII, p. 386. Em BOUSSET, *The Antichrist legend*, p. 139, aparece como Homilia 3.

3
O Anticristo, Oriente e Ocidente

Até quando vai demorar o fim dos prodígios?
(Daniel 12,6).

3.1 O Anticristo interior

Os primeiros 300 anos da era cristã foram vividos na expectativa de que o retorno de Cristo fosse iminente. Dentro dessa expectativa de um mundo prestes a acabar, o Anticristo passou a desempenhar um papel progressivamente mais importante. No entanto, com a conversão do Imperador Constantino em 312, as expectativas apocalípticas esfriaram. Elas permaneceram assim pelo resto do século IV. Quando o Imperador Teodósio fez do cristianismo a religião oficial do Império Romano em 380, parecia que, longe do fim do mundo estar próximo, o cristianismo se havia instalado para ficar, e a chegada do Anticristo foi adiada indefinidamente. Como Kevin Hughes coloca: "Na era do império cristão, o quadro apocalíptico de crise e julgamento é ultrapassado. De fato, a ansiedade e a esperança apocalípticas são transmutadas na confiança milenar de que a Igreja está prosperando na 'Era Cristã'"[124]. Não obstante, a compreensão escatológica da história permaneceu profundamente arraigada na tradição cristã. Os bons tempos não deixavam de suscitar esperanças escatológicas do retorno de Cristo (com ou sem um reinado de mil anos de Cristo na terra), maus tempos levavam a expectativas do pior ainda por vir quando o Anticristo chegasse.

Se o Anticristo era predominantemente uma figura histórica futura, ele também podia ser lido como uma figura já presente – coletivamente dentro de instituições como o Império ou a Igreja, ou presente dentro de cada indivíduo. Cabem ao alexandrino Orígenes (c. 185-c. 254) as honras de ter sido o primeiro teólogo cristão a platonizar o cristianismo e, ao fazê-lo, ter lido o significado histórico e literal das Escrituras em termos de seu significado oculto e místico para a alma individual. Embora os escritos de Orígenes sejam muitas vezes tudo, exceto claros, parece provável que ele tenha aceitado que o Anticristo seria uma figura histórica futura, até porque ele criticou o fracasso do "herege" Celso em entender as referências das Escrituras à futura vinda do Anticristo. Se assim for, inversamente, ele foi o primeiro a espelhar o nascimento do Cristo e o nascimento do Anticristo, e o primeiro a sugerir que o Anticristo era o filho de Satanás. Era correto, escreveu, "que um dos extremos, o melhor, fosse chamado de Filho de Deus por causa de sua superioridade, e que aquele diametralmente oposto a Ele fosse chamado de filho do demônio maligno, que é Satanás e o Diabo"[125].

---

124. HUGHES. *Constructing Antichrist*, p. 32.

125. ORÍGENES. *Contra Celso*, 6.45. Cambridge: Cambridge University Press, 1953, p. 362.

Orígenes estava tão interessado, se não mais, no sentido antropológico quanto no sentido escatológico do Anticristo. Assim, ele inverteu a declaração em 1João 2,18, segundo a qual havia muitos anticristos no mundo para afirmar que também havia muitos cristos. Isso lhe permitiu interpretar a mistura de bem e mal entre homens em termos da presença oculta dentro deles tanto de Cristo quanto do Anticristo. Cristo e o Anticristo foram, portanto, os exemplos humanos limitantes dessa mistura de ambos presente dentro de todos nós. "Por que, então", perguntou, "é absurdo que entre os homens haja dois extremos, se assim posso dizer, um do bem, o outro do seu oposto, de modo que a extremidade do bem existe na natureza humana de Jesus [...] enquanto a extremidade oposta existe naquele que é chamado Anticristo?"[126]. Em suma, Orígenes estabeleceu a tensão, dentro da tradição do Anticristo, entre o Anticristo vindouro e o Anticristo dentro de cada indivíduo.

Em Jerônimo, indiscutivelmente a influência mais importante no pensamento cristão ocidental ao lado de Agostinho, identifica-se a presença de ambas as tendências. Sob a influência de Orígenes, ele adota a noção de que as Escrituras tinham um significado literal e espiritual. Abraça uma escatologia que se refere literalmente a pessoas e eventos no passado e no futuro histórico, enquanto também os lê espiritualmente em termos do indivíduo e da Igreja no presente histórico. Assim, por exemplo, em seu *Comentário sobre Mateus* (398), Jerônimo declara que "a abominação desoladora" (Mateus 24,15; Daniel 9,27) pode ser interpretada literalmente enquanto o Anticristo por vir, mas também como

---

126. *Ibid.*, 6.45, p. 362.

a imagem de César que Pilatos coloca no templo e como a estátua equestre do Imperador Adriano "que permanece até os dias atuais no próprio local do Santo dos Santos"[127]. Também pode "ser compreendida como todo ensino pervertido" do qual o verdadeiro crente deve fugir para "as montanhas eternas, das quais Deus lança sua luz gloriosa"[128]. Como Orígenes, ele tomou para si os modos da Primeira Epístola de João para enfatizar que, junto com o Anticristo que ainda estava por vir, já eram muitos os anticristos no mundo. "Eu sou da opinião", declara, "que todos os heresiarcas são anticristos e ensinam coisas em nome de Cristo que são contrárias a Cristo"[129].

No fim do século IV, Jerônimo parece não ter vivido expectativas imediatas do retorno de Cristo ou da ascensão do Anticristo. Em sua tradução latina da *Crônica* de Eusébio de Cesareia (c. 260-c. 340), que ele completou por volta de 380, datou o nascimento de Cristo em 5.199 anos após a criação de Adão[130]. Assim, no cálculo de 6 mil anos entre a criação do mundo e seu fim, Jerônimo não esperava que o futuro Anticristo chegasse antes de pelo menos 800 anos. Mas na virada do terceiro século, suas antenas apocalípticas estavam mais sintonizadas com o advento de um apocalipse mais cedo, não mais tarde. Roma encontrava-se, então, sob ataque dos godos liderados por Alarico. Roma, o baluarte contra a chegada do Anticristo, estava prestes

---

127. SÃO JERÔNIMO. *Comentário sobre Mateus*, 24.15, 16-18. Washington: Catholic University of America Press, 2010, p. 272.

128. *Ibid.*, 24.16-18, p. 272.

129. *Ibid.*, 24.5, p. 270.

130. Cf. SÃO JERÔNIMO. Crônica. *In*: PEARSE, Roger (ed.). *Early Church Fathers*: additional texts, 2005.

a cair. Assim, por exemplo, em uma carta em 409 à viúva Agerucha, uma mulher da nobreza da Gália, escreveu: "Aquele que restringe é tirado do caminho [o Império Romano], e mesmo assim não percebemos que o Anticristo está próximo. Sim, o Anticristo está perto, ele a quem o Senhor Jesus Cristo 'desfará pelo assopro da sua boca'"[131]. Não há necessidade, portanto, ou a qualquer momento, aliás, para a viúva considerar o novo casamento, sendo o estado casado aquele que Jerônimo achava indesejável na melhor das hipóteses[132].

Em outra carta (c. 405), desta vez em resposta a uma missiva de Algásia, outra admiradora da Gália, Jerônimo resumiu a tradição do Anticristo na época. Em meio a uma série de perguntas, Algásia pediu o significado do terceiro versículo do segundo capítulo de 2 Tessalonicenses, no qual Cristo não viria "sem que antes venha a apostasia [...] e sem que tenha aparecido o homem do pecado"[133]. Em resposta, Jerônimo diz a ela que, naquele momento, era o Império Romano que estava impedindo a chegada do Anticristo. A obscuridade da referência de Paulo era consequência, declarou Jerônimo, de seu medo de perseguição:

> Ele não quer dizer "a destruição do Império Romano", porque os que governam julgam que ele é eterno. Assim, de acordo com o Apocalipse de João, o nome blasfemo, "*Romae aeternae*", está escrito na testa da prostituta escarlate. Se ele tivesse dito corajosa e

---

131. SÃO JERÔNIMO. Carta 123, 16. *In: NPNF, second series*, vol. VI, p. 236.

132. Cf. KELLY, J.N.D. *Jerome*: his life, writings, and controversies. Londres: Duckworth, 1975, cap. 17.

133. Algásia estava citando a Bíblia Vulgata de Jerônimo: "*nisi discessio uenerit primum et reuelatus fuerit homo peccati*".

abertamente: "O Anticristo não virá até que o Império Romano vacile", uma causa justa de perseguição à Igreja oriental pareceria surgir[134].

Jerônimo seguiu Hipólito ao imaginar o Anticristo espelhando Cristo: "Assim como em Cristo a plenitude da divindade existia corporalmente, então todos os poderes, sinais e prodígios estarão no Anticristo, mas todos eles serão falsos"[135]. No fim do dia, assim como a vara de Moisés devorou as dos magos do Faraó, a verdade de Cristo devoraria a mentira do Anticristo. No fim do mundo, Cristo não precisaria de nenhuma hoste celestial para destruir o Anticristo – seu próprio brilho seria suficiente.

O antijudaísmo estava implícito na história cristã da vida, morte e ressurreição de Jesus. Na época de Jerônimo, já fazia parte da história dos judeus que estes seriam apoiadores do Anticristo. Daí que, a exemplo de Cristo, o Anticristo era judeu. Para Jerônimo, o Anticristo era um judeu, não obstante oriundo da Babilônia. Não é de admirar que os judeus, tendo rejeitado a Cristo, aumentaram e confirmaram sua perfídia aceitando o Anticristo. Eles seriam condenados por recusar Cristo e abraçar o Anticristo no último dia. Jerônimo viria a pensar mais "sistematicamente" sobre o papel dos judeus na vida e morte do Anticristo alguns anos depois, em seu comentário sobre o Livro de Daniel. Lá também, os judeus "que não acreditavam na verdade, mas apoiavam uma mentira" seriam condenados durante os últimos seis meses dos três anos e meio do governo do Anticristo[136].

---

134. Citado em HUGHES. *Constructing Antichrist*, p. 77. Registro aqui minha dívida para com Hughes por sua discussão da *Carta 121*.

135. *Ibid.*, p. 77.

136. SÃO JERÔNIMO. Comentário a Daniel, 7.25. *In*: PEARSE, *Early Church Fathers*.

A intenção principal de Jerônimo em seu comentário sobre o Livro de Daniel era refutar a polêmica anticristã levada a cabo em torno dessa obra pelo filósofo neoplatônico Porfírio (c. 232-303). Porfírio argumentou, de acordo com Jerônimo, que o autor de Daniel não previu tanto o futuro quanto se referiu ao passado, tendo sido a obra escrita por alguém que vivia na Judeia durante o tempo do rei helenístico Antíoco IV Epifânio. Jerônimo, a exemplo de seus antecessores Eusébio de Cesareia (c. 260-c. 340), Apolinário (c. 310-c. 390) e Metódio (c. 311), não tinha qualquer dessas ideias no horizonte. "Quero enfatizar", declarou, "que nenhum dos profetas falou tão claramente a respeito de Cristo quanto o Profeta Daniel"[137]. Produzindo virtude profética por necessidade histórica, Jerônimo argumenta que o próprio ataque a Daniel testemunha sua precisão, pois "tão impressionante era a confiabilidade do que o profeta previa, que ele não podia parecer aos incrédulos como um arauto do futuro, mas sim um narrador de coisas já passadas"[138].

Quanto ao Anticristo, Porfírio sustentou que tudo o que "se predisse sobre o Anticristo no fim do mundo foi realmente cumprido no reinado de Antíoco"[139]. Jerônimo discordou veementemente. Mesmo assim, contudo, precisou admitir que muitos dos detalhes sobre o Anticristo eram apropriados a Antíoco. Afinal, em 167 a.C., Antíoco havia saqueado Jerusalém e erguido uma estátua de si mesmo como Zeus no templo judaico. Para enquadrar o comportamento

---

137. *Ibid.*, prólogo.
138. *Ibid.*
139. *Ibid.*

de Antíoco com as atividades esperadas do Anticristo, a explicação de Jerônimo baseou-se na noção de "tipos". Era o hábito da Sagrada Escritura, escreveu ele, expor por meio de tipos a realidade das coisas por vir, sombras e símbolos da realidade. Desse modo, "assim como o Salvador tinha Salomão e os outros santos como tipos de seu advento, também devemos acreditar que o Anticristo muito apropriadamente tinha como um tipo de si mesmo o rei totalmente perverso, Antíoco, que perseguiu os santos e profanou o templo"[140]. Com base nesse princípio, pouco importava a afirmação de Porfírio de que Daniel estava se referindo a Antíoco, e não ao Anticristo. Daniel estava de fato fazendo referência a ambos. Graças a Jerônimo, Antíoco (juntamente com vários outros, como veremos) tornou-se "o tipo mais amplamente discutido de Anticristo na Idade Média"[141]. Jerônimo faria ainda mais uma contribuição para a história do Anticristo, a saber, que o Anticristo encontraria sua morte no cume do Monte das Oliveiras, o lugar de onde Cristo subiu ao céu[142]. O fato de Cristo retornar à terra para destruir o Anticristo no mesmo lugar em que a havia deixado tem uma certa lógica. Jerônimo encontrou a "verificação" bíblica em Isaías 25,7, que ele traduziu como: "E o Senhor há de desmoralizar o rosto do governante das trevas que se coloca sobre todas as raças e que reina sobre todos os povos". Essa foi, mesmo para Jerônimo, uma ponte exegética longa demais. Sua própria tradução dessa passagem na Vulgata tinha pouca semelhança com sua tradução "Anticristo" do mesmo trecho em seu *Comentário a*

---

140. *Ibid*, 11.24.
141. EMMERSON. *Antichrist in the Middle Ages*, p. 28.
142. SÃO JERÔNIMO. *Comentário a Daniel*, 11.44-45.

Daniel[143]. Jerônimo também foi o popularizador da tradição de que haveria um período na terra entre a morte do Anticristo e o julgamento final. Ele adotou o reinado de três anos e meio, ou 1.290 dias, do Anticristo. Também percebeu, porém, que Daniel 12,12 sugeria que havia outros 45 dias antes que "Nosso Senhor e Salvador venha em sua glória"[144]. Isso era estranho, e Jerônimo sabia disso. Ele entendia não ser mais do que uma fábula a ideia de um reinado de mil anos dos santos na terra. Roma seria o último reino na terra. Mas seus 45 dias entre a morte do Anticristo e o Juízo Final pareciam uma versão em miniatura disso. Só Deus sabe a razão, escreveu ele. Talvez, continuou, o reino dos santos tenha sido adiado "a fim de que a sua paciência pudesse ser testada"[145]. Depois de três anos e meio do Anticristo, talvez a paciência deles tivesse sido testada o bastante. Em outro lugar, em seu comentário sobre o Evangelho de Mateus (398), Jerônimo entrou em outro entrave conceitual. Lá, enquanto prometia um breve período de paz antes de uma paz permanente, durante a qual a fé dos crentes seria testada, ele foi forçado a uma completa incerteza acerca da duração desse período, uma consequência de seu apego literal a Mateus 24,42: "Vigiai, pois, porque não sabeis o dia em que chegará o Senhor"[146]. Adso, lembremo-nos, também fez uma aposta nos dois sentidos. Reduziu os 45 dias a 40, mas estava incerto quanto ao tempo que levaria depois disso até o julgamento final.

---

143. *Ibid.* A Vulgata diz: "Ele [o Senhor] fará desaparecer nesta montanha o véu estendido sobre todos os povos, o pano que cobre todas as nações".

144. *Ibid.*, 12.12.

145. *Ibid.*

146. SÃO JERÔNIMO. *Comentário sobre Mateus*, 24.42, p. 280.

3.2 O Anticristo, antes e depois!

Uma maneira de dar destaque ao(s) Anticristo(s) no presente era adiar a chegada do Anticristo final para um futuro distante. A estratégia alternativa era enfatizar a iminência de sua chegada – quanto mais cedo a chegada do Anticristo se desse, mais estreita seria a lacuna entre quaisquer presentes e futuros anticristos. Essa foi a estratégia do teólogo norte-africano Ticônio (d. c. 400). Ele tinha sido membro do grupo donatista até ser por este excomungado em 380. Apesar disso, Ticônio se absteve de buscar a comunhão com a Igreja Católica na África, conservando sua afiliação, pelo menos em um nível pessoal, com os donatistas[147]. Os donatistas sustentavam que a verdadeira igreja se constituía apenas dos justos e (talvez não surpreendentemente) que os próprios donatistas *eram* essa verdadeira igreja. Em contraste, Ticônio sustentava que, antes do fim do mundo, a igreja seria uma comunidade *tanto de pecadores quanto de santos*. Foi uma posição que influenciou significativamente sua escatologia e sua compreensão do Anticristo.

A contribuição mais significativa de Ticônio para a tradição cristã ocidental foi seu comentário sobre o Livro do Apocalipse (c. 385). Como David C. Robinson observa, ele "moldou a recepção e interpretação latina do Apocalipse para os 800 anos que se seguiram"[148]. Sua característica genuinamente inovadora foi sua interpretação do Apocalipse não principalmente como uma obra escatológica, mas

---

147. Sobre os donatistas, cf. WILHITE, David E. *Ancient African Christianity*. Londres: Routledge, 2017.

148. TICÔNIO. *Comentário ao Apocalipse*. Washington: Catholic University of America Press, 2017, p. 4.

também como uma obra que se aplicava à situação presente da Igreja ou, ainda melhor, uma situação em que presente e futuro caminhassem juntos.

Para Ticônio, o presente e o futuro poderiam ser vistos num só corpo porque o Livro do Apocalipse tinha um sentido literal e um sentido espiritual. Em seu comentário ao livro, Ticônio estava de fato aplicando as regras para a interpretação das Escrituras que ele havia estabelecido em seu *Livro de regras* (c. 382), para que "qualquer um que caminhe pela vasta floresta da profecia guiado por essas regras, como por caminhos de luz, seja preservado do erro"[149].

Escatologicamente, o presente e o futuro não poderiam ser separados porque Ticônio esperava o fim do mundo a qualquer momento. A Regra Cinco em seu *Livro de regras* era especialmente relevante para sua escatologia. Essa Regra tinha a ver com o significado "místico" do tempo bíblico. Assim, por exemplo, um dia equivalia por vezes a cem dias. E os 1.260 dias em que os dois profetas ou testemunhas (agora lidos como a Igreja profetizando em ambos os Testamentos) ofereceram seu testemunho (Apocalipse 11,3) equivaliam a 126 mil dias, ou 350 anos. Às vezes, um mês significava cem meses. Portanto, os 42 meses durante os quais a cidade santa foi pisada (Apocalipse 11,2) foram 4.200 meses, ou 350 anos. Um período de tempo pode ser um ano ou muitos anos, caso em que o "tempo, tempos e metade de um tempo" (Apocalipse 12,14) pode ser de três anos e meio ou 350 anos. Esses 350 anos, calculados de várias maneiras, foram cruciais para a escatologia de Ticônio. Equivale ao período de opressão e perseguição entre a

---

149. TICÔNIO. *Livro de regras*. Atlanta: Scholars Press, 1989, prefácio, p. 3.

crucificação de Jesus e sua segunda vinda. Uma vez que a crucificação de Cristo se deu no ano 33, no momento em que Ticônio escrevia seu *Livro de regras* esse período estava perto de seu fim. Assim, Ticônio de fato acreditava que o fim estava próximo[150].

De qualquer modo, em virtude da Regra Seis, ou seja, que os eventos dos últimos tempos recapitulavam aqueles que os precediam, as provações finais do futuro imediato já faziam parte do presente cristão (leia-se: "donatista perseguido"). O autor do Apocalipse, declarou Ticônio, "nunca separa o tempo presente do último, quando a 'maldade espiritual' será revelada. Porque [aquele espírito perverso] nem agora desiste de sugerir más obras às pessoas, nem desistirá de fazer as mesmas coisas"[151].

Essa indeterminação do presente e do futuro nos escritos de Ticônio dificulta o exame preciso de sua visão do Anticristo, em particular sua ênfase em um Anticristo presente ou futuro. Essa questão também se faz mais complicada pela escassez de referências diretas ao Anticristo dentro de sua obra. A opinião moderna professa que, ao reconhecer um futuro Anticristo, a ênfase de Ticônio está no Anticristo no presente[152]. No entanto, a ênfase pode ser facilmente lida em sentido inverso. Assim, o *Livro de regras* traz apenas

---

150. Cf. *Ibid.*, p. 99. Para um argumento segundo o qual Ticônio realmente não quis dizer o que ele aparentemente escreveu, cf. LANDES, Paula Frederiksen. Tyconius and the end of the world. *Revue d'Études Augustiniennes et Patristiques*, 28, p. 59-75, 1982.

151. TICÔNIO. *Comentário ao Apocalipse*, 11.9, p. 114.

152. Cf., p. ex., MCGINN. *Antichrist*, p. 76; DALEY, Brian E. *The hope of the early Church*: a handbook of Patristic Eschatology. Grand Rapids, MI: Baker Academic, 1991, p. 248, n. 10.

quatro referências diretas ao Anticristo. Dessas, duas se referem ao Anticristo que estava por vir. Uma terceira, citando lJoão 4,1-3, indica que o espírito do Anticristo por vir já estava no mundo, enquanto uma quarta indica que qualquer um que negasse a Cristo era um anticristo. O futuro Anticristo continua a ser a ideia predominante.

Como no *Livro de regras*, assim também no comentário de Ticônio sobre o Livro do Apocalipse a ênfase estava no futuro Anticristo. O comentário contém três referências diretas ao Anticristo, todas as quais enfatizam o Anticristo por vir. Assim, na primeira delas, o futuro Anticristo será revelado em todo o mundo e "governará como o último rei sobre toda a terra", embora já esteja escondido dentro da Igreja[153]. Na segunda, a perseguição que estava ocorrendo aos donatistas na África era "uma figura da futura revelação do Anticristo em todo o mundo, que, agora [...] realiza obras de iniquidade"[154]. A terceira sugere que o imperador romano Otão (32-69), imperador por três meses em 69, era um tipo do Anticristo vindouro[155].

Como as passagens acima sugerem, o Anticristo já esteve presente e em atividade na Igreja. Isso assim se revela a partir da teoria elaborada por Ticônio acerca da Igreja. Para Ticônio, a humanidade consistia em duas sociedades ou cidades, o povo de Deus e o povo do Diabo, um vindo do céu, o outro do abismo[156]. No entanto, alguns dos que pertencem ao povo do Diabo também se encontram dentro da Igreja.

---

153. TICÔNIO. *Comentário ao Apocalipse*, 3.10, p. 56.
154. *Ibid.*, 6.7-8, p. 76.
155. *Ibid.*, 17.10, p. 163.
156. Cf. *Ibid.*, 17.18, p. 166.

Assim, a Igreja ou o corpo de Cristo se divide em duas partes, uma parte esquerda e uma parte direita. A parte esquerda é a da Anti-Igreja ou do Anticristo, a direita é a de Cristo. Assim, a batalha entre a Igreja e o Diabo ocorre dentro e fora da Igreja. Desse modo, *"não tenhas medo do que irás sofrer* [Apocalipse 2,10], certamente de todo o corpo do Diabo, que sitia a Igreja em todo o mundo de dentro e de fora"[157]. Assim, Ticônio estabeleceu a tensão entre o Anticristo exterior à Igreja e os anticristos de dentro dela.

Os falsos irmãos da Anti-Igreja se disfarçam de verdadeiros cristãos. Eles são "o Anticristo", "a abominação desoladora", o "mistério da iniquidade" e "a besta do mar" já em ação dentro da Igreja. Quanto aos falsos bispos, eles eram a "besta da terra". Embora ocultos, todos se revelam em suas ações. Falsos irmãos "confessam [Cristo] pela boca, mas suas ações dizem: 'Não temos rei, senão César'"[158]. Os verdadeiros irmãos recebem uma marca na mão e na testa, isto é, "no que obram e no que professam"[159]. Os falsos irmãos hipócritas realmente recebem "a besta sob o nome de Cristo"[160].

Ticônio não era milenarista no sentido estrito. Ele não tinha expectativa de que os santos governassem com Cristo na terra após seu retorno por mil anos (Apocalipse 20,6). Em vez disso, o "milênio" era lido espiritualmente como o período desde a crucificação de Cristo até sua segunda vinda, durante a qual os santos já reinavam. Era também o período durante o qual Satanás era aprisionado (Apocalipse 20,2).

---

157. *Ibid.*, 2.19, p. 45.
158. *Ibid.*, 12.4, p. 123.
159. *Ibid.*, 13.16, p. 138.
160. *Ibid.*

No fim do mundo, Satanás seria libertado por três anos e meio. O "homem do pecado" que estava escondido dentro da Igreja seria, então, revelado. Os falsos irmãos anteriormente escondidos dentro da Igreja então a perseguiriam: "Os que estiverem em aliança com o Diabo, embora dizendo que são cristãos, vão lutar contra a Igreja"[161].

Quando Cristo voltasse para o juízo, haveria retribuição: "A vingança emanará até mesmo aos governantes dos povos. Pois, no último embate, a vingança do sangue derramado emanará até 'o Diabo e seus anjos', como foi predito de antemão: 'Você pecou com sangue, e o sangue o persegue'"[162]. Então a Igreja seria purificada, tornando-se integralmente a Jerusalém que já era parcialmente. O autor do Apocalipse, declara Ticônio,

> chama a Igreja dessa [nova] "Jerusalém", recapitulando da paixão de Cristo ao dia em que ela ressuscita e, tendo triunfado com Cristo, é coroada de glória. Ele mistura a cada vez ora o presente, ora o futuro, e anuncia mais plenamente quando ela é tomada com grande glória por Cristo e é separada de toda incursão de pessoas más[163].

3.3 O Anticristo, imanente e iminente

Infelizmente, o comentário de Ticônio sobre o Apocalipse não foi preservado. O que sabemos dele foi reconstruído a partir de seu uso em obras posteriores. Entre estas havia o comentário sobre o Apocalipse por Primásio, bispo de Hadrumetum no norte da África (meados do século VI). Ele via com bons olhos a interpretação de Ticônio, embora

---

161. *Ibid.*, 9.19, p. 100.
162. *Ibid.*, 14.20, p. 147.
163. *Ibid.*, 21.1, p. 181.

a comparasse a colher pedras preciosas do esterco (*pretiosa in stercore gemma*)[164]. Os leitores modernos de Ticônio só podem solidarizar-se com isso. Primásio endossou a perspectiva que Ticônio tinha do Apocalipse com sua relevância presente. Ao contrário de Ticônio, porém, que o leu em termos da luta entre inimigos dentro e fora da Igreja, Primásio o fez em termos da batalha entre a Igreja e o mundo exterior. Ao fazê-lo, Primásio se solidarizava com o olhar de Agostinho. Pois Agostinho também havia lido as "duas cidades" de Ticônio como se referissem apenas à Igreja e ao mundo e não também a divisões internas à Igreja. Agostinho também seguiu Ticônio ao acreditar que o milênio já havia começado. Como vimos anteriormente, de acordo com Agostinho, o aprisionamento de Satanás tinha acontecido como resultado da vitória de Cristo em sua vida, morte e ressurreição. Satanás tinha, naquela época, sido lançado ao abismo sem fundo. O Diabo, declarou Agostinho, "é proibido e impedido de seduzir as nações que pertencem a Cristo, mas que ele anteriormente seduziu ou subjugou"[165]. No entanto, Satanás ainda habitava nas profundezas dos "corações cegos" daqueles que odiavam os cristãos, e permanecia capaz de tomar ainda mais posse dos ímpios, visto que "esse homem é mais plenamente possuído pelo Diabo, pois não é apenas alienado de Deus, como odeia gratuitamente aqueles que servem a Deus"[166]. Desse modo, a Igreja, mesmo agora, era o Reino de

---

164. *Ibid.*, p. 4.

165. SANTO AGOSTINHO. Cidade de Deus, 20.7. *In: NPNF, first series*, vol. II, p. 427. Sobre a escatologia de Agostinho, cf. DALEY. *The hope of the early Church*, p. 131-150.

166. SANTO AGOSTINHO. Cidade de Deus, 20.7. *In: NPNF, first series*, vol. II, p. 427.

Deus, e os santos de Deus já reinavam com Ele. O "milênio" não equivalia tanto, em termos literais, aos "mil anos", como figurativamente a todos os anos da era cristã, cujo número só Deus no limite conhecia.

Ainda que Agostinho fosse evasivo sobre a chegada do fim, ele permaneceu de fato comprometido com a ideia de um fim literal da história e a noção de um Anticristo por vir. O futuro Anticristo já fazia parte demais da tradição cristã para Agostinho descartá-lo sumariamente. Em verdade, quanto aos detalhes mais precisos da vida e morte do Anticristo, Agostinho tinha pouco interesse. Mas que o Anticristo viria, disso não tinha dúvida: "Elias, o tesbita, virá; os judeus crerão; o Anticristo perseguirá; Cristo julgará; os mortos se erguerão; os bons e os ímpios serão separados; o mundo será incendiado e renovado. Todas essas coisas, cremos, acontecerão"[167]. De fato, Cristo não voltaria a menos que o Anticristo, "seu adversário, viesse primeiro seduzir aqueles que estão mortos na alma"[168].

A ênfase para Ticônio, lembremos, permaneceu no Anticristo futuro, não no Anticristo presente. O caso de Agostinho foi o oposto. Agostinho estava muito mais interessado em um Anticristo "espiritualizado" e presente do que em um Anticristo literal por vir. Assim, em um sermão sobre a Primeira Carta de João, ele privilegiou a presença de muitos anticristos, tanto dentro quanto fora da Igreja. Todos os hereges e cismáticos, declarou, eram anticristos, assim como todos aqueles que haviam deixado a Igreja. "Certamente", escreveu, "todos os que saem da Igreja, e se desligam da uni-

---

167. *Ibid.*, 20.30, vol. II, p. 451.
168. *Ibid.*, 20.19, vol. II, p. 438.

dade da Igreja, são anticristos; que ninguém duvide disso [...]. Portanto, aqueles que não permanecerem conosco, mas nos deixarem, são evidentemente anticristos"[169]. Demonizar o outro era, como hoje, uma estratégia política útil contra os adversários.

Os anticristos seriam identificados não por suas palavras (pois *confessarão* que Jesus é o Cristo), mas por suas ações. Sob esse critério, não só havia anticristos fora da Igreja, mas também dentro dela:

> Pois tantos quantos a Igreja tem dentro de si que são perjuros, defraudadores, obcecados por feitiçarias, consultores de oráculos, cartomantes, adúlteros, bêbados, usurários, ladrões de crianças e praticantes de uma infinidade de vícios que não somos capazes de enumerar – essas coisas são contrárias à doutrina de Cristo, são contrárias à Palavra de Deus. A Palavra de Deus é Cristo: tudo o que é contrário à Palavra de Deus está no Anticristo. Pois o Anticristo significa "contrário a Cristo"[170].

A Igreja estava, portanto, repleta de anticristos. Eles eram como humores ruins no corpo de Cristo, declarou Agostinho, que exigiam que fossem expelidos. Portanto, "cada pessoa deve questionar se é um anticristo em sua própria consciência"[171]. Em princípio, portanto, qualquer um de nós poderia ser um anticristo. Convinha que todos nós olhássemos para dentro de nós mesmos para garantir que não fôssemos. Essa foi a contribuição de Agostinho para a história do Anticristo. Para Agostinho, embora ele fosse cuidadoso

---

169. SANTO AGOSTINHO. Comentário à Primeira Carta de João, Homilia III, 7. *In: NPNF, first series*, vol. VII, p. 478.

170. *Ibid.*, 9, vol. VII, p. 479.

171. *Ibid.*, 4, vol. VII, p. 476.

em prever o fim, o presente era, no entanto, escatologicamente matizado. A última hora já *estava* presente, até porque *já* havia muitos anticristos. "Poderia [o presente] ter muitos anticristos", perguntou, "se não fosse 'a última hora'?"[172].

No terceiro livro de seu *Sobre a doutrina cristã*, Agostinho dedicou um espaço considerável a uma discussão sobre o *Livro de regras* de Ticônio. Agostinho não achava que as Regras de Ticônio eram suficientes para interpretar toda a Escritura, e uma vez que foram escritas por um donatista, sustentou que deveriam ser lidas com cautela. No entanto, admitiu que elas eram "de grande ajuda no entendimento das Escrituras", pelo menos em princípio[173]. Mas talvez não seja uma surpresa que, em sua discussão da Regra Cinco, Agostinho tenha ignorado o cálculo de Ticônio de 350 anos desde a morte de Cristo até o fim do mundo. Pois Agostinho havia concluído os três primeiros livros de *A doutrina cristã* em 397, uma década ou mais depois, pelo menos de acordo com Ticônio, em relação ao tempo em que o mundo deveria ter acabado.

Previsões fracassadas sobre a ascensão do Anticristo ou sobre o fim do mundo em geral eram suficientes para diminuir o entusiasmo ou a ansiedade sobre o fim iminente do mundo. Expectativas iminentes do futuro Anticristo e do retorno de Cristo estavam sempre na agenda teológica. Tempos difíceis sempre superaram o agnosticismo calmo e medido de Agostinho. Como Richard Landes coloca, "a insistência de Agostinho, por exemplo, de que o

---

172. *Ibid.*, 3, vol. VII, p. 476.
173. SANTO AGOSTINHO. A doutrina cristã, 3.30. *In: NPNF, first series*, vol. II, p. 568.

Livro do Apocalipse não deveria ser lido historicamente – retomada por todos os teólogos daquele dia em diante nos comentários sobre a obra – colocou uma demanda quase impossível sobre os crentes que, com pavios aparados, procuravam ansiosamente por sinais da Parusia vindoura"[174]. A hesitação de Agostinho de prever o fim do mundo não era uma determinação. O próprio discípulo de Agostinho, Quodvulteus (m. 450), em algum momento bispo de Cartago, viu seu próprio tempo dentro do intervalo dos três anos e meio do Anticristo. Bernard McGinn aponta que, em meados do século V, o número da besta foi interpretado por um comentarista como se referisse a "Genserico", isto é, Gizerico, o rei vândalo que saqueou Roma em 455. Ele também nos lembra que, à medida que o ano 500 se aproximava, data estabelecida por Hipólito para o fim do mundo, a obra cronológica intitulada *Lista pascal da Campânia* observou que em 493 e 496 alguns "tolos arrogantes" (*ignari praesumptores*) e "loucos" (*deliri*) estavam anunciando a vinda do Anticristo[175].

Mesmo quando a previsão de Hipólito falhou, a expectativa do fim iminente do mundo prosseguiu. O Papa Gregório Magno (c. 540-604) viu-se governando sobre o precipício escatológico, até como consequência do caos social e econômico em que a Itália havia sido mergulhada pelas invasões dos lombardos germânicos. "[A] nação bárbara e cruel dos lombardos", escreveu em seus *Diálogos* (c. 590),

> que desponta como a espada que se saca da bainha, deixou seu próprio território e invadiu o nosso: razão pela

---

174. LANDES, Richard. *Lest the millennium be fulfilled*, p. 158.
175. Cf. MCGINN. *Antichrist*, p. 77.

qual o povo, que antes para a imensa multidão era como grossos campos de milho, queda agora seco e destruído: pois cidades estão em ruínas, vilarejos e aldeias vilipendiados, igrejas incendiadas, mosteiros de homens e mulheres em ruínas, fazendas abandonadas, e o campo deserto e vazio de homens que cultivem a terra e destituído de todos os habitantes: bestas dominam lugares antes habitados por grande número de homens. E como isso se dá em outras partes do mundo eu não sei, mas aqui neste lugar onde vivemos, o mundo não prediz qualquer fim, mas mostra o que está presente e já vem[176].

Como disse ele ao rei de Kent, Ethelbert, em 601, guerras, fome, pragas, terremotos, tempestades, mudanças no ar e terror nos céus, tudo isso indicava que, embora algumas dessas coisas ainda estivessem por ocorrer, o fim do mundo estava próximo[177]. O fim próximo também era sugerido pelos "sinais de poder" que não estão mais presentes dentro da Igreja: "Pois a profecia recolheu-se, a graça das curas desapareceu, o poder da abstinência prolongada enfraqueceu-se, as palavras da doutrina silenciaram, os prodígios dos milagres perderam-se. E embora os ordenamentos celestiais não os retirem inteiramente, ainda assim não os manifestam abertamente e de maneiras variadas como nos tempos de outrora"[178].

Gregório não tinha dúvida de que o futuro Anticristo viria. Ele estava imbuído do livro de Hipólito no sentido de que o Anticristo surgiria da tribo de Dã. E, como Hipólito, ele invocou a descrição de Dã em Gênesis 49,17 como uma

---

176. GREGÓRIO MAGNO. Diálogos, 3.38. *In*: PEARSE, *Early Church Fathers*, p. 173-174.

177. Cf. GREGÓRIO MAGNO. *Cartas*, 11.37. Toronto: Pontifical Institute of Medieval Studies, 2004, vol. 3, p. 784.

178. GREGÓRIO MAGNO. *Moralia in Iob*, 34.3.7. Oxford: John Henry Parker, 1844.

serpente no chão[179]. Se o Anticristo não fosse o Diabo encarnado no sentido estrito, era um homem em quem o Diabo havia entrado completamente:

> E ele [o Diabo] em sua própria pessoa, tendo nos últimos tempos entrado naquele vaso de perdição, será chamado "Anticristo"; e ele se esforçará para espalhar seu nome por toda parte, e com ele todo indivíduo agora se equipara, quando, pela celebração de um nome terreno, ele se esforça para estender a glória de seu louvor e exulta em reputação transitória[180].

Na demonologia de Gregório, as aflições causadas pelo Diabo eram de sua responsabilidade. No entanto, paradoxalmente, elas também eram a consequência da provisão abrangente de Deus[181]. O mesmo acontece com o Anticristo. Deus permite, escreveu Gregório, que "os fins de sua Igreja sejam agitados pela perseguição mais cruel mediante a vinda do Anticristo, e mesmo assim não a abandona, ao permiti-la"[182]. No fim do mundo, o Anticristo se faria passar por Deus, assumindo secretamente "o brilho da divindade"[183]. Como liderança de todos os hipócritas, ele fingiria santidade para atrair de forma mais eficaz os homens à iniquidade. Mas seu reinado seria breve: "Por um pouco de tempo lhe é permitido ser exaltado; de forma que na proporção de tempo que lhe caberá a glória, ele pode ser punido da maneira mais impiedosa pela eternidade"[184].

---

179. *Ibid.*, 31.24.43.
180. *Ibid.*, 14.21.25. Cf. tb. 29.8.18.
181. Cf. ALMOND. *The Devil*, p. 53-56.
182. GREGÓRIO MAGNO. *Moralia sobre Jó*, 29.6.10.
183. *Ibid.*, 4.9.14.
184. *Ibid.*, 12.43.48.

Gregório não tinha dúvidas de que o Anticristo seria finalmente destruído. Mas ele permaneceu ambivalente quanto a saber se o Anticristo seria morto por Cristo ou por Miguel, o arcanjo. Essa seria uma incerteza renitente dentro da história do Anticristo.

Quanto ao Anticristo no presente, como em Ticônio, o corpo do Anticristo já estava ativo dentro da Igreja, dentro do corpo de Cristo. "[O] autor da iniquidade", declara Gregório,

> que ainda não veio, já é visível naqueles que realizam suas obras. Eis porque João diz: Já agora muitos anticristos têm surgido [1João 2,18], porque todas as pessoas ímpias são agora mesmo seus membros, que sendo na verdade nascidos na maldade, já precederam seu líder pelo malviver. Daí Paulo diz: Que a seu próprio tempo seja manifestado. Pois o mistério da injustiça opera [2Tessalonicenses 2,6-7]. Como se ele estivesse dizendo: Então o Anticristo será manifestamente visto; pois ele agora realiza secretamente suas obras ocultas nos corações dos injustos[185].

Assim, os pregadores hipócritas do Anticristo afirmam uma demonstração de santidade, mas praticam obras de iniquidade. O cheiro "que eles exalam é agradável, mas a luz que eles dão é escura"[186]. E, como Agostinho, Gregório recomendou que cada um de nós "retornasse ao recesso oculto do coração" para garantir que não estivéssemos entre aqueles em quem o Anticristo já estava trabalhando[187]. O Anticristo trabalha para reforçar não o conflito entre a Igreja e o mundo, mas a batalha entre o bem e o mal dentro da Igreja.

---

185. *Ibid.*, 29.7.15.
186. *Ibid.*, 33.35.59.
187. *Ibid.*, 29.7.14.

Para Gregório, o Anticristo não era apenas uma figura do futuro, nem apenas do presente. Ele tinha sido ativo nos membros de seu corpo desde o tempo da Queda:

> Oh, quantos não viram os tempos dessa tentação, e ainda assim estão envolvidos na tempestade de sua tentação. Caim não viu o tempo do Anticristo, e ainda era com méritos um membro do Anticristo. Judas não conhecia a ferocidade dessa perseguição, e ainda assim cedeu ao poder de sua crueldade, pela persuasão da avareza. Simão estava muito distante dos tempos do Anticristo, e ainda se uniu ao seu orgulho, por almejar perversamente o poder dos milagres [Atos 8,19-20]. Assim, um corpo perverso é unido à sua cabeça, assim membro a membro, quando ambos não se conhecem e, no entanto, estão unidos por ações perversas[188].

Ao lado da história da salvação, Gregório construiu uma história da perdição[189].

Talvez não seja surpresa que Gregório tenha visto Caim como um tipo do Anticristo. Afinal, ele foi o primeiro assassino. Era fácil, também, identificar a marca que Deus havia colocado em Caim (Gênesis 4,15) com a marca da besta. Também não é surpreendente que Judas, o traidor de Jesus, tenha sido identificado como um Anticristo. O "Simão" de Gregório que buscava o poder de fazer milagres era, é claro, Simão Mago. Graças em grande parte a Gregório Magno, Simão Mago tornou-se, depois de Antíoco IV Epifânio, o mais importante dos tipos do Anticristo.

---

188. *Ibid.*, 29.7.15.
189. Cf. HUGHES. *Constructing Antichrist*, p. 112.

3.4 Simão, o Anticristo mágico

Já no século IV, em seu *Sobre o fim do mundo*, Pseudo--Hipólito havia retratado o Anticristo como um milagreiro em pé de igualdade com Jesus. Não é de admirar que as pessoas ficassem impressionadas com seus poderes e habilidades. Ele curaria leprosos, ergueria paralíticos, expulsaria demônios, declararia o que estava acontecendo à distância, ressuscitaria os mortos e traria hostes de demônios que pareceriam anjos. Ele tinha poderes e habilidades muito além das dos meros mortais. Você poderia ser perdoado – na verdade, quando Cristo viesse no fim dos tempos, você não seria – por acreditar que esse era Cristo que vinha novamente. E ele também podia voar:

> E na presença de todos ele se exibe como levado ao céu com trombetas e sons, e o poderoso grito daqueles que o saúdam com hinos indescritíveis; o herdeiro das trevas brilhando como luz, em um momento subindo aos céus, e em outro descendo à terra com grande glória, e novamente encarregando os demônios, como anjos, de executar seus mandamentos com muito medo e tremor[190].

Os poderes do Anticristo em Pseudo-Hipólito eram, se não sobrenaturais, pelo menos os de um grande mágico. A capacidade do Anticristo de voar lembrou Pseudo-Hipólito de Simão Mago. Ele via Simão como um falso Cristo que era um tipo daqueles que viriam nos últimos dias proclamando "Eu sou Cristo".

Simão Mago fez sua primeira aparição no Novo Testamento em Atos dos Apóstolos 8,9-24, onde, impressionado com

---

190. COXE, A. Cleveland (ed.). The extant works and fragments of Hippolytus: a discourse... on the end of the world, 29. *In*: *ANF*, vol. V, p. 250.

as maravilhas realizadas por Pedro e João, ofereceu-lhes dinheiro por seu poder. Os apóstolos rejeitaram sua oferta, instando-o a orar por perdão. Esse foi o ponto de partida para as muitas narrativas do segundo e início do terceiro séculos em diante que criaram Simão Mago como um mestre da ilusão, retrataram o conflito entre Pedro e Simão como um confronto entre forças divinas e demoníacas e construíram Simão como o mago demoníaco exemplar. Isso não é melhor exemplificado em nenhum lugar do que na história da morte de Simão, conforme contada nos *Atos dos Apóstolos Pedro e Paulo* (século IV). Foi uma história que, incorporada à *Lenda dourada* de Tiago de Voragine em meados do século XIII, foi transmitida pela arte e pela literatura pelos 300 anos seguintes[191].

De acordo com os *Atos dos Apóstolos Pedro e Paulo*, Pedro se envolveu em uma disputa mágica com Simão Mago diante do Imperador Nero em Roma. Nero ficara convencido de que nem Pedro, nem Paulo, nem Simão Mago, seriam confiáveis em dizer a verdade. Simão anunciou a Nero que, para demonstrar que Pedro e Paulo eram mentirosos, ele voaria ao céu no dia seguinte. A pedido de Simão, Nero ordenou que uma torre alta fosse construída no Campo de Marte, ao que Simão afirmou: "Meus anjos podem me encontrar no ar, pois não podem vir a mim na terra entre os pecadores"[192]. Nero ordenou que Paulo e Pedro estivessem presentes, dizendo-lhes que a verdade seria então esclarecida.

---

191. Sobre a história das lendas sobre Simão Mago, cf. FERREIRO, Alberto. Simon Magus: the patristic-medieval traditions and historiography. *Apocrypha*, vol. 7, p. 147-165, 1996.

192. Atos dos Apóstolos Pedro e Paulo. *In: ANF*, vol. VIII, p. 484.

No dia seguinte, Simão, coroado de louros, subiu à torre, abriu os braços e começou a voar. Quando Nero viu Simão voando, disse a Pedro: "Simão é verdadeiro; tu e Paulo sois enganadores"[193]. Mas Pedro, olhando fixamente para o mago voador, disse: "Eu vos esconjuro, anjos de Satanás, que o estais levando para o ar a enganar os corações dos incrédulos, por Deus que criou todas as coisas, e por Jesus Cristo, que no terceiro dia ressuscitou dentre os mortos: que não mais o mantenhais nas alturas, mas que o solteis"[194]. Imediatamente os demônios soltaram Simão, e ele caiu para a morte em um lugar chamado Sacra Via. Apesar disso, Nero ordenou que Pedro e Paulo fossem presos, Paulo decapitado e Pedro crucificado – a pedido deste último, de cabeça para baixo, "pois não sou digno de ser crucificado como meu Senhor"[195]. Simão era o falso profeta arquetípico. Desde o tempo de Gregório Magno, as histórias de Simão Mago e do Anticristo estavam relacionadas.

Tudo considerado, Gregório resume a traição do Anticristo como circulava em fins do século VI, em vez de acrescentar algo a ela. Mas ele fez uma inovação substancial: ofereceu a identificação do Leviatã e do Beemot a emblemas do Anticristo. No Livro de Jó, Leviatã e Beemot eram dois monstros primitivos, criaturas do caos e das trevas, um da terra, o outro do mar (Jó 40,15; 40,25). Os ímpios dentro da Igreja, declarou Gregório, não eram nada além dos testículos de Beemot:

---

193. *Ibid.*
194. *Ibid.*
195. *Ibid.*

Pois quantos não viram o Anticristo e, no entanto, são seus testículos: porque corrompem os corações dos inocentes pelo exemplo de suas ações! Pois quem é exaltado com orgulho, quem é torturado pelos anseios da cobiça, quem se deixa levar pelos prazeres da luxúria, quem se inflama com as chamas da ira injusta e imoderada – o que mais é senão um testículo do Anticristo? Pois enquanto ele voluntariamente se ocupa em seu serviço, fornece por seu exemplo a progênie do erro para os outros. Um trabalha perversamente, o outro se apega aos que trabalham perversamente; e, longe de se opor, até os favorece. O que mais, então, senão um testículo do Anticristo é aquele que, tendo deixado de lado a autoridade da fé que prometeu a Deus, testemunha em favor do erro?[196]

Falsos mestres dentro da Igreja eram os dentes do Leviatã "porque eles mutilam com sua mordida a vida dos réprobos e os oferecem, quando retirados da integridade da verdade, no sacrifício da falsidade"[197]. As tochas flamejantes que saem da boca do Leviatã "inflamam as mentes de seus ouvintes ao amor da heresia, e de parecer brilhar pela sabedoria, a partir daí eles sem dúvida queimam com maldade"[198]. Em suma, a Igreja era o corpo de Cristo, mas o corpo do Anticristo existia dentro dela. O conceito de Gregório sobre o Anticristo, na tradição de Ticônio e Agostinho, tornou inteligíveis não apenas as ameaças à Igreja vindas de fora, mas os males internos.

3.5 O imperador do último mundo

A vida do Anticristo escrita por Adso, lembremos, continha uma mensagem de esperança, pelo menos para a rainha

---

196. GREGÓRIO MAGNO. *Moralia sobre Jó*, 32.16.28.
197. *Ibid.*, 33.27.47.
198. *Ibid.*, 33.34.58.

a quem ele a havia escrito. Pois Adso havia dito à Rainha Gerberga que o Anticristo não viria enquanto o poder do Império Romano sobrevivesse. Uma vez que esse poder residia na monarquia francesa incorporada no marido da Rainha Gerberga, suas ansiedades, ao menos por ora, poderiam ser mitigadas. Seu marido, o rei francês Luis IV d'Outremer, não seria o último imperador romano, e o Anticristo não estava próximo. O Império Romano permaneceu um baluarte contra a chegada do Anticristo.

As preocupações da Rainha Gerberga também poderiam ter sido diminuídas se ela soubesse que o imperador do último mundo foi imaginado como um herói messiânico. O último imperador, acreditava-se, derrotaria os inimigos de Roma, que, em um império cristão, eram inimigos de Deus. Ele criaria um reino milenar de paz e abundância, e converteria os judeus. Adso havia dito à rainha que o "maior e último de todos os reis", depois de ter governado com sucesso seu império, finalmente viria a Jerusalém e abandonaria seu cetro e coroa no Monte das Oliveiras. "Este será o fim e a consumação", continuou ele, "do Império Romano e Cristão"[199]. Como Richard Emmerson coloca, "a lenda do último imperador do mundo representa uma fusão de expectativas radicais de um reino milenar na terra com a escatologia conservadora que interpreta o milênio como a era da Igreja encerrada pelo reinado certo do Anticristo"[200].

A história do último imperador foi contada pela primeira vez integralmente em um texto escrito em siríaco que data

---

199. ADSO DE MONTIER-EN-DER. *Letter on the origin and the time of the Antichrist*, p. 93.
200. EMMERSON. *Antichrist in the Middle Ages*, p. 59.

de fins do século VII, conhecido como *Apocalipse* (ou *Revelationes*) *de Pseudo-Metódio*. Por volta de 720, foi traduzido para o grego e depois para o latim. De acordo com Paul Alexander: "No desenvolvimento da tradição apocalíptica bizantina, a tradução do texto siríaco de Pseudo-Metódio para o grego marcou o fim da era da Antiguidade e o início da Idade Média"[201]. Foi escrito numa época em que o novo inimigo do Império Romano havia se tornado o "ismaelita", termo do autor para os seguidores da nova religião árabe do islã[202]. Na época do *Apocalipse de Pseudo-Metódio*, após a unificação da Arábia pelo Profeta Muhammad (570-632), as forças muçulmanas haviam conquistado a Síria, a Palestina e o Líbano, juntamente com o Egito, a Mesopotâmia e a Pérsia.

O *Apocalipse do Pseudo-Metódio* tinha duas características principais. A primeira delas era que o Império Romano desempenharia um papel decisivo e positivo no relato cristão do fim do mundo. O segundo era que o principal ator no ato final do Império Romano seria o imperador romano. Como resultado desse apocalipse, o último imperador viria a desempenhar um papel significativo nas teorias medievais e modernas do reinado. Como escreveu Christopher Bonura,

---

201. ALEXANDER, Paul J. *The byzantine apocalyptic tradition*. Berkeley: University of California Press, 1985, p. 14.

202. A questão da origem do "imperador do último mundo" permanece verdadeiramente bizantina (metafórica e literalmente). Cf. BONURA, Christopher. When did the legend of the last world emperor originate? A new look at the textual relationship between the Apocalypse of Pseudo-Methodius and the Tiburtine Sibyl. *Viator*, vol. 47, n. 3, p. 47-100, 2016. Acompanhei Bonura ao dar prioridade ao Apocalipse de Pseudo-Metódio sobre a Sibila Tiburtina. Nesse debate, estou em dívida com Bonura e *The Byzantine apocalyptic tradition*, de Paul Alexander.

A lenda do último imperador elevou a monarquia a uma posição sacral integralmente ligada aos eventos do Fim dos Tempos, e o último imperador tornou-se um modelo do rei cristão ideal. Ao mesmo tempo, uma vez que o último imperador seria monarca do Império Romano universal nomeado por Deus, a lenda tornou-se particularmente importante à medida que numerosos governantes disputavam o *status* de herdeiros legítimos do título de imperador romano[203].

Até o tempo do *Apocalipse de Pseudo-Metódio*, o papel do Império Romano dentro da escatologia cristã tinha sido ambivalente. Por um lado, aqueles imperadores romanos, como Nero e Domiciano, que haviam perseguido os cristãos no primeiro século, foram imaginados como tipos do Anticristo. Por outro lado, como observamos no capítulo 2, por volta da virada do terceiro século Tertuliano foi o primeiro a identificar "aquele que o detém" (2 Tessalonicenses 2,7) com o Império Romano. Então, ele recomendou que os cristãos orassem tanto pelos imperadores quanto pela estabilidade do império, a fim de evitar os horrores do fim dos tempos. Pois sabemos, escreveu Tertuliano, "que estamos na iminência de um poderoso choque sobre toda a terra – na verdade, o próprio fim de todas as coisas ameaçando terríveis desgraças – e este só é retardado pela existência contínua do Império Romano"[204].

Um papel para o Império Romano maior do que um mero "deter" tornou-se mais viável quando os imperadores Constantino e Licínio se encontraram em Milão em 313 e garantiram tolerância religiosa aos cristãos. O "pai da história da Igreja", Eusébio (c. 260-c. 340), viu o acontecimento como o

---

203. *Ibid.*, p. 49.
204. TERTULIANO. Apologia, 32. *In: ANF*, vol. III, p. 42-43.

momento em que o próprio Cristo se tornou presente dentro do governo do império[205]. Que o império era virtuoso (constantiniano) em vez de vicioso (nerônico) foi reforçado em 380, quando o Imperador Teodósio I fez do cristianismo a única religião autorizada do império. Mesmo assim, nos 300 anos seguintes, o imperador romano permaneceu marginal em relação ao cristianismo. Foi apenas no fim do século VII, no *Apocalipse de Pseudo-Metódio*, que o Império Romano se integrou plena e positivamente na escatologia cristã. Isso foi consequência do papel significativo que o *Apocalipse de Pseudo-Metódio* concedeu ao imperador romano no plano divino dos Últimos Dias.

A escatologia do *Apocalipse de Pseudo-Metódio* se divide em duas partes que abrangem 6 mil anos. Uma parte histórica começa com a partida de Adão e Eva do Paraíso e culmina com a ascensão do Império Romano/Bizantino. Foi esse império que reteve o "filho da perdição" até que ele cedeu a Deus:

> Enquanto este reino, que possui um lugar de refúgio permanente, for o centro, o filho da perdição não será revelado, pois aquilo que está no centro é o sacerdócio, a realeza e a Santa Cruz. E essa realeza dos cristãos domina todos os reinos da terra; por ela todos os líderes e todas as autoridades serão paralisados e reduzidos a nada e todo o seu povo será deixado à míngua, e por isso serão conquistados. E em toda a terra não restará um líder nem uma autoridade quando o filho da perdição for revelado, exceto o reino dos gregos, que estará nas mãos de Deus[206].

---

205. Cf. EUSÉBIO DE CESAREIA. Vida de Constantino, 1.1. *In: NPNF, second series*, vol. I, p. 481.

206. Apocalipse de Pseudo-Metódio, 126 verso. *In*: ALEXANDER. *The byzantine apocalyptic tradition*, p. 43.

Uma parte profética então começa com o conflito entre o Império Romano e os muçulmanos que duraria dez anos-semanas (70 anos) e terminaria com a destruição do "filho da perdição". Seria no sétimo e último "milênio" que os muçulmanos, "os filhos de Ismael", partiriam do deserto de Jethrib e se reuniriam na Grande Gaba'ot. Lá os gregos, "os animais engordados do reino dos gregos", sofreriam uma grande derrota – "exterminados em Gaba'ot por Ismael, o asno selvagem do deserto, que foi enviado na fúria da ira contra os homens e contra os animais e contra o gado e contra as árvores e contra as plantas. E é um castigo em que não há amor"[207]. Essa não foi a consequência do amor de Deus aos muçulmanos, mas o resultado da miscelânea cristã, especialmente do libertinismo sexual – travestismo, homossexualismo, lesbianismo e a prostituição geral.

Os filhos de Ismael infligiriam grandes punições aos vencidos em cumprimento da predição de Paulo em 2Tessalonicenses 2,3: "A menos que o castigo venha de antemão, e então será revelado o homem do pecado, o filho da perdição". Pseudo-Metódio nunca seria acusado de se conter. "Esses bárbaros cruéis", escreveu,

> não são seres humanos, mas são filhos da desolação ante a destruição, seus rostos anseiam pela espada. Eles são saqueadores e para a destruição eles serão enviados. E eles são a perdição e para a perdição de tudo eles partem. E impuros eles são e na impureza eles vivem [...]. E eles serão cruéis e assassinos e sanguinários e destruidores e uma fornalha de teste para todos os cristãos[208].

---

207. *Ibid.*, 128 recto, p. 44.
208. *Ibid.*, 130 verso, p. 46.

Apenas um pequeno remanescente permaneceria fiel. Os conquistadores se gabariam de que não haveria libertador para os cristãos.

Eles não tinham contado com o último imperador. Porque "um rei dos gregos sairá contra eles em grande ira" e os derrotará no deserto de Jethrib[209]. Sua servidão seria cem vezes mais amarga do que a de seus ex-escravos, os cristãos. A paz reinaria então sobre a terra, "e como tal nunca havia existido, porque é a última paz da perfeição do mundo"[210].

Em seu relato do último imperador, Pseudo-Metódio baseou-se em três fontes. A primeira delas era o *Sermão do fim*, produzido em siríaco por Pseudo-Efraém (640/2-680/3). Nesse texto, depois que os exércitos de Gog e Magog fossem derrotados por Miguel, o arcanjo (mais a esse respeito a seguir), o Império Romano seria restaurado e a paz reinaria sobre a terra até a chegada do Anticristo: "E mais uma vez o império dos romanos / surgirá e florescerá em seu lugar. / Ele possuirá a terra e seus extremos, / E ninguém existirá que se oponha a ele"[211].

A segunda fonte em que o Pseudo-Metódio se baseou foi a lenda de Alexandre o Grande (356-323 a.C.), particularmente na lenda cristã siríaca de Alexandre (fim da década de 620 d.C.). Em *A lenda de Alexandre*, o protagonista é retratado como o fundador do Império Romano. Alexandre pre-

---

209. *Ibid.*, 133 recto, p. 48.

210. *Ibid.*, 134 recto, p. 49.

211. PSEUDO-EFRAÉM. *Sermon of Pseudo-Ephraem on the end of the world*. Tradução de John C. Reeves, p. 14. Manuscrito não publicado. Sou muito grato a John Reeves por me conceder permissão para o uso dessa tradução.

vê que o fim dos tempos começará em cerca de 940 anos, a partir do momento em que ele aprisiona os "hunos" no Norte, isto é, em algum momento nas primeiras décadas do século VII d.C. Então os hunos, os persas e os árabes se libertariam de seus confins, antes de serem derrotados pelo "poder do reino dos gregos, que é o dos romanos"[212]. Os romanos então subjugariam todos os outros reinos. O Império Romano, lemos, então "permaneceria e governaria até o fim dos tempos, e entregaria a terra ao Messias que há de vir"[213].

A terceira influência sobre Pseudo-Metódio foi a representação do imperador cristão ideal no chamado Romance Juliano siríaco (século VI). Diante das perseguições infligidas à Igreja pelo imperador romano conhecido como Juliano o Apóstata (332-363), o Romance Juliano antecipou um imperador, exemplificado pelo sucessor de Juliano, Joviano (332-364), que viria "triunfalmente trazer justiça a uma Igreja perseguida por um imperador anticristão"[214]. Pseudo-Metódio imaginou a tirania dos seguidores de Muhammad paralela à de Juliano o Apóstata. E assim como o Romance Juliano forneceu uma justificativa para que a violência contra a Igreja fosse respondida com violência da parte da Igreja, o *Apocalipse do Pseudo-Metódio* também viu a violência como uma resposta legítima dos cristãos àqueles que ameaçavam o cristianismo.

---

212. A Christian legend concerning Alexander. *In*: BUDGE, Ernest A.W. *The history of Alexander the Great*: being the Syriac version of the Pseudo-Callisthenes. Cambridge: Cambridge University Press, 1889, p. 155.

213. *Ibid.*, p. 158.

214. SCHWARTZ, Daniel L. Religious violence and eschatology in the Syriac Julian Romance. *Journal of Early Christian Studies*, vol. 19, n. 4, p. 586, 2011.

Sob a influência dessas fontes, Pseudo-Metódio foi capaz não apenas de prever que o Império Romano conquistaria o mundo antes de entregar seu poder a Deus, mas também de criar o indivíduo por meio de quem tudo isso aconteceria – o imperador do último mundo, o rei dos gregos[215].

3.6 Gog e Magog

O Livro do Apocalipse havia predito que, quando os mil anos do aprisionamento de Satanás tivessem chegado ao fim, ele sairia para enganar as nações nos quatro cantos da terra, Gog e Magog, a fim de reuni-las para a batalha. Elas então cercariam o acampamento dos santos e a cidade santa antes que de Deus descesse o fogo do céu que os devorasse (Apocalipse 20,9). O Diabo seria então lançado no "lago de fogo e enxofre" (Apocalipse 20,10) para ser atormentado por toda a eternidade. O autor do Apocalipse havia extraído suas nações de Gog e Magog do Livro de Ezequiel do Antigo Testamento (século VI a.C.), no qual, em vez de Gog e Magog serem nações ou governantes, Gog era um príncipe da terra de Magog (Ezequiel 38,2). No relato de Ezequiel, Gog de Magog e seus exércitos ameaçaram Israel, mas foram destruídos por Deus, após o que se seguiu um período de paz duradoura. Em meados do século II a.C., "Gog da terra de Magog" passou a ser "a terra de Gog e Magog"[216].

Entre os pais da Igreja primitiva, "Gog e Magog" geralmente recebem uma interpretação alegórica. Assim, por

---

215. Cf. BONURA. *When did the legend of the last world emperor originate?*, p. 57.

216. Oráculos sibilinos, 3.63-74. *In*: CHARLESWORTH. *The Old Testament pseudepigrapha*, vol. 1, p. 369.

exemplo, em *Cidade de Deus* Agostinho rejeita a noção de que Gog e Magog deveriam ser entendidos a partir de algumas nações bárbaras em alguma parte do mundo"[217]. Em vez disso, e aqui ele estava seguindo Jerônimo, sugere que "Gog" se refere àquelas pessoas em que o Diabo estava por ora encerrado (como estivesse sob um teto) e "Magog" ao Diabo que sai deles (como saísse de sob um teto). Ao lado dessa tradição alegórica de longa duração, no entanto, havia uma mais literal que identificava Gog e Magog com povos específicos. Assim, por exemplo, na lenda cristã siríaca de Alexandre, os hunos fechados atrás do portão que Alexandre havia construído foram identificados como povos cujos reis, juntamente com outros, eram Gog e Magog[218]. Mas foi no *Sermão sobre o fim do mundo* de Pseudo-Efraém que Gog e Magog se tornaram parte da escatologia cristã. Pois aqueles que atravessaram o portão de Alexandre quando ele desabou foram, entre muitos outros, "Gog e Magog e Nawal e Agag, / Reis e exércitos poderosos!"[219].

A identificação das hordas escatológicas que romperam o portão de Alexandre com Gog e Magog viajou dali para o *Apocalipse de Pseudo-Metódio*. A primeira menção a eles ocorreu na seção histórica que tratava de Alexandre

---

217. SANTO AGOSTINHO. Cidade de Deus, 20.11. *In*: *NPNF, first series*, vol. II, p. 432.

218. A Christian legend concerning Alexander. *In*: BUDGE. *The history of Alexander the Great*, p. 150. Cf. ANDERSON, Andrew Runni. *Alexander's Gate, Gog and Magog, and the inclosed nations*. Cambridge, MA: Medieval Academy of America, 1932.

219. PSEUDO-EFRAÉM. *Sermon of Pseudo-Ephraem on the end of the world*, p. 10.

o Grande. Ali lemos que Alexandre viu no Oriente nações imundas e feias. Esses "filhos de Jafé" (que era um dos filhos de Noé – Gênesis 10,1) "comiam os vermes da terra, ratos e cães e gatinhos, e eles não amortalhavam e enterravam seus mortos, e os embriões que as mulheres abortavam eles comiam como se fosse alguma iguaria"[220]. Quando viu o que eles faziam, Alexandre os expulsou e os aprisionou atrás de um portão de bronze no Norte. Pseudo-Metódio então previu que, "no fim dos tempos, tal qual foram as palavras do Profeta Ezequiel [Ezequiel 38,14-16, aqui interpretado de forma muito livre], que profetizou a seu respeito, dizendo: No fim dos tempos, no fim do mundo, os seguidores de Agog e de Magog virão sobre a terra de Israel"[221], junto com os seguidores de outras 20 nações.

Gog e Magog reentram na história na seção escatológica do *Apocalipse de Pseudo-Metódio* depois que o imperador do último mundo derrota os muçulmanos e inaugura o período "milenar" de paz. Então os portões do Norte são abertos, e as nações ali aprisionadas surgem como numa inundação. Os homens ficam assustados e fogem, escondem-se em montanhas, cavernas e túmulos. Os invasores do Norte comem a carne dos homens e as coisas rastejantes da terra, juntamente com ratos, cobras e répteis, os corpos de animais impuros e os abortos de ovelhas, para não mencionar o inominável – cães e gatinhos mortos. Eles matam crianças e forçam as mães a comer os corpos de seus filhos. Depois de uma "semana", as nações se reúnem na planície de Jope. Deus "envia

---

220. Apocalipse de Pseudo-Metódio, 124 recto. *In*: ALEXANDER. *The byzantine apocalyptic tradition*, p. 40.
221. *Ibid.*, 124 verso, p. 41.

contra eles um dos capitães das hostes dos anjos, e ele os destrói em uma hora"[222].

Então o imperador do último mundo se estabelecerá em Jerusalém por "uma semana e meia, em números dez anos e meio"[223]. Ao fim desse período, irá para o Gólgota, o *axis mundi*, o ponto mais próximo entre o céu e a terra. Lá a Santa Cruz será erguida no lugar onde Cristo foi crucificado. O último imperador romano colocará seu diadema no topo da cruz. Ele estenderá suas duas mãos para o céu e entregará o reinado a Deus Pai. Então o filho da perdição será revelado[224].

Como Gregório Magno, Pseudo-Metódio seguiu a tradição iniciada por Hipólito de que o Anticristo surgiria da tribo de Dã. E, como Hipólito, ele atentou a Gênesis 49,17. Ele também invocou a descrição de Dã em Gênesis como uma cobra que se encontra no caminho que leva ao reino dos céus. A mãe do Anticristo seria uma mulher casada da mesma tribo. Para Jerônimo, o Anticristo era um judeu, não obstante oriundo da Babilônia. Mas Pseudo-Metódio teve uma nova perspectiva do local de nascimento do Anticristo. Ele esperava que o Anticristo nascesse em Corozaim, fosse criado em Betsaida e governasse em Cafarnaum. Em busca de um texto bíblico que o referendasse, voltou-se ao pronunciamento de "infortúnios" sobre as cidades de Corozaim, Betsaida

---

222. *Ibid.*, 135 recto, p. 50.

223. *Ibid.*, 135 recto, p. 50.

224. O *Apocalipse de Pseudo-Metódio* também tem o Anticristo revelado durante o reinado do último imperador do mundo, e não em seu fim. Isso pode ser o resultado da interpolação de duas tradições. Cf. ALEXANDER. *The byzantine apocalyptic tradition*, p. 198-199.

e Cafarnaum: "Ai de ti, Corozaim! Ai de ti, Betsaida! E tu, Cafarnaum, serás elevada até o céu? Não, até ao inferno serás precipitada!" (Mateus 11,21.23)[225].

Como nos podemos recordar, Adso reunia essas duas tradições. Seu Anticristo era nascido na Babilônia, mas criado e protegido nas cidades de Corozaim e Betsaida[226]. Era uma confusão que ainda estava presente no fim do século XIV na literatura popular. Assim, por exemplo, em *The travels of Sir John Mandeville* lemos:

> Em Corozaim nascerá o Anticristo, como dizem alguns homens. E outros homens dizem que ele nascerá na Babilônia; pois o profeta diz: *De Babilonia coluber exest, qui totum mundum devorabit*; isto é, "Da Babilônia sairá um verme que devorará todo o mundo". Esse Anticristo será alimentado em Betsaida, e reinará em Cafarnaum; e, portanto, diz a Escritura Sagrada: *Vae tibi, Corozain! Vae tibi, Bethsaida! Vae tibi, Capharnaum!*; isso quer dizer: "Ai de ti, Corozaim! Ai de ti, Betsaida! Ai de ti, Cafarnaum"[227].

O Anticristo de Pseudo-Metódio era, acima de tudo, um operador de milagres. Ele curou os leprosos, fez os cegos enxergarem, os paralíticos caminharem, exorcizou os possuídos, escureceu o sol e transformou a lua em sangue. Os santos, devidamente impressionados, perdem o bom caminho "porque ele foi feito habitação de todos os demônios e toda a

---

225. Apocalipse de Pseudo-Metódio, 135 recto. *In*: ALEXANDER. *The byzantine apocalyptic tradition*, p. 50. Pouco antes disso, Pseudo-Metódio também concebeu o Anticristo em Corozaim e nascido em Saidan.

226. ADSO DE MONTIER-EN-DER. *Letter on the origin and the time of the Antichrist*, p. 91.

227. MANDEVILLE, John. *The travels of Sir John Mandeville*. Londres: Macmillan, 1900, cap. 13, p. 74.

atividade deles se completará nele"[228]. Ele entrará em Jerusalém e se sentará no templo de Deus "e fingirá ser como Deus, pois ele é um homem do pecado vestido com um corpo da semente do homem"[229]. Na vinda de Cristo do céu, ele será entregue ao fogo do inferno e das trevas exteriores. Ali, chorará e rangerá os dentes junto com todos aqueles que haviam acreditado nele.

A destruição das nações bárbaras antes da chegada do Anticristo também foi popularizada por sua inclusão no *Oráculo Tiburtino*, um dos *Oráculos sibilinos*, do início do século XI. As versões latinas desse texto trazem um registro do último imperador do mundo e do destino de Gog e Magog (embora não tenham sido especificamente nomeados). Lá encontramos um rei dos romanos e dos gregos com o nome de Constante. Ele é "alto de estatura, de bela aparência, com rosto brilhante, e bem proporcionado em todas as partes de seu corpo"[230]. Esse será um tempo de abundância. Frutas, azeite, pão e vinho serão baratos. Constante será o imperador cristão ideal. Ele devastará as terras pagãs e destruirá templos idólatras; convocará todos os pagãos ao batismo e colocará cruzes em seus antigos templos. Quem não se converter será punido pela espada. Ele viverá pelo tempo máximo possível, 120 anos. Então os judeus também se converterão ao cristianismo.

---

228. Apocalipse de Pseudo-Metódio, 136 recto. *In*: ALEXANDER. *The byzantine apocalyptic tradition*, p. 51.

229. *Ibid*.

230. The Latin Tiburtine Sibyl. *In*: MCGINN, Bernard (ed.). *Visions of the end*: apocalyptic traditions in the Middle Ages. Nova York: Columbia University Press, 1998, p. 49.

No término de seu reinado, as 22 nações que Alexandre havia aprisionado no Norte se levantarão. O último imperador do mundo então convocará seu exército e as destruirá completamente. Ele então viajará para Jerusalém, removerá a coroa de sua cabeça e deixará de lado as vestes imperiais. Então ele "entregará o império dos cristãos a Deus Pai e a Jesus Cristo, seu Filho"[231].

A exemplo do que se passa no *Apocalipse de Pseudo-Metódio*, também no *Oráculo Tiburtino* o Anticristo, o príncipe da iniquidade e o filho da perdição, então se revelará. Ele virá da tribo de Dã, se sentará no templo em Jerusalém, e fará grandes maravilhas e sinais através da magia. A versão siríaca do *Apocalipse de Pseudo-Metódio* não incluiu Elias e Enoque em sua escatologia, embora tenham sido incluídos em suas versões grega e latina. Do mesmo modo, no *Oráculo Tiburtino*, durante o reinado do Anticristo, Elias e Enoque voltam para anunciar a vinda de Cristo. Eles são mortos pelo Anticristo, mas ressuscitados pelo Senhor depois de três dias. Dá-se, então, uma grande perseguição aos cristãos "como nunca houve antes nem haverá depois"[232]. Por causa dos eleitos, esses dias serão abreviados. O Anticristo será morto, não por Cristo como no *Apocalipse de Pseudo-Metódio* e na versão grega do *Oráculo Tiburtino*, mas "pelo poder de Deus através de Miguel, o Arcanjo, no Monte das Oliveiras"[233].

A inclusão de Gog e Magog na história do último imperador do mundo foi impulsionada pela *Lenda de Alexandre*, em

---

231. *Ibid.*, p. 50.
232. *Ibid.*
233. *Ibid.*

especial pela prisão das nações bárbaras atrás de portões, sua eventual incursão para além deles nos últimos dias e sua identificação com Gog e Magog. Houve, porém, outra leitura de "Gog e Magog" que se tornará parte da escatologia cristã e que antecede sua identificação com os bárbaros de Alexandre e lhes confere um papel mais específico na história do Anticristo. Nós o encontramos já em 397 em uma obra do bispo africano Quinto Júlio Hilariano intitulada *O progresso do tempo*. Seguindo a cronologia de Hipólito, Hilariano calculou que se poderia esperar o fim da história no ano 500, a 6 mil anos do mesmo dia e mês em que o mundo foi criado e redimido, ou seja, 24 de março.

No fim do sexto milênio desde a Criação, escreveu Hilariano, o Anticristo surgirá. Haverá tempos mortais, como aqueles "quando Antíoco tentou fazer um povo cometer apostasia sob seu reinado"[234]. Ele fará o que Antíoco não teve tempo de fazer, ou seja, destruir os fiéis. Acabará por ser morto por Cristo. Pelos próximos mil anos, os santos ressuscitados viverão na terra até que Satanás seja libertado de sua prisão. Ele seduzirá as nações de Gog e Magog e as reunirá prontas para a batalha no Acampamento dos Santos. Em vez da derrota das forças de Gog e Magog antes da chegada do Anticristo, ambos se tornam seus exércitos. Então "o fogo descerá do céu e todos os homens serão consumidos"[235]. Então sucederá uma nova ressurreição, quando todos serão julgados por Deus.

---

234. QUINTO JÚLIO HILARIANO. O progresso do tempo. *In:* MCGINN, Bernard (ed.). *Visions of the end*, p. 53.
235. *Ibid.*

3.7 Enquanto isso!

Adso de Montier-en-Der, lembremos, havia confortado a Rainha Gerberga, informando-a de que o Anticristo não viria até que o Império Romano, representado por seu marido, tivesse caído. E isso, ele havia assegurado a ela, não iria acontecer tão cedo. Em apoio, ele citou a Segunda Carta de Paulo aos Tessalonicenses. "É por isso", escreve, "que o Apóstolo Paulo diz que o Anticristo não virá ao mundo 'sem que antes venha a apostasia' [2 Tessalonicenses 2,3], isto é, a menos que primeiro todos os reinos que estavam anteriormente sujeitos tenham desertado do Império Romano"[236]. Ao ler Paulo dessa maneira, Adso apoiava-se diretamente em um comentário sobre a Segunda Carta aos Tessalonicenses escrito um século antes por Haimo, um monge de St. Germain en Auxerre (fl. c. 840-870). Nesse comentário, de forma mais geral, Haimo interpretou as palavras de Paulo como um ensinamento literal sobre como se daria o fim do mundo.

Embora Adso tivesse lido Haimo, este último diferia significativamente em sua compreensão da Segunda Carta aos Tessalonicenses. Enquanto Adso acreditava que Roma ainda estava para cair, Haimo era da opinião que isso já havia acontecido, até porque vivia um período durante o qual a unidade do Império Carolíngio (800-888) iniciada pelo rei franco Carlos Magno encontrava-se em um ponto particularmente crítico, tendência apenas brevemente revertida pelo (assim maravilhosamente consagrado) Carlos o Gordo, antes de entrar em colapso novamente. Assim, Haimo resumiu sua interpretação de 2 Tessalonicenses 2,4 da seguinte maneira:

---

236. ADSO DE MONTIER-EN-DER. *Letter on the origin and the time of the Antichrist*, p. 93.

"Com essas palavras, o Apóstolo demonstra aos Tessalonicenses que o Senhor não virá antes do colapso do domínio romano, *que já vemos concluído*, e o aparecimento no mundo do Anticristo, que matará as testemunhas de Cristo"[237]. No geral, Haimo acompanhava Jerônimo, em particular a *Carta 121*, mas a noção de que Roma já havia tombado era contra a tradição até aquele momento e genuinamente inovadora.

Se Haimo, então, colocou seu próprio tempo entre o fim do Império Romano e a chegada do Anticristo, quando, então, o Anticristo chegaria? Haimo não deixou mais esclarecimentos quanto ao assunto, atribuindo-o à providência divina: "Em um tempo determinado por Deus", declara[238]. Entretanto, Haimo já podia discernir o "mistério da iniquidade" (2Tessalonicenses 2,7) operando na história. Tudo começara, acreditava, com Nero:

> Isso é chamado de "mistério" porque o que o Diabo opera abertamente, através do Anticristo, quando mata os santos mártires Elias e Enoque e todos os demais, ele já faz secretamente através de seus próprios membros, Nero e seus príncipes, matando através desses príncipes os mártires apostólicos. Assim, o mistério da iniquidade foi iniciado por Nero, que, com seu pai o Diabo secretamente exortando-o, matou os santos mártires em seu zelo pelos ídolos. Assim acontece até Diocleciano e Juliano o Apóstata, que mataram muitos santos. Assim

---

237. HAIMO DE AUXERRE. Exposition of the Second Letter to the Thessalonians, 2.4. *In*: CARTWRIGHT, Steven R.; HUGHES, Kevin L. *Second Thessalonians: two early medieval apocalyptic commentaries*. Kalamazoo: Medieval Institute Publications, 2001, p. 26 (grifo nosso). Sobre Haimo, cf. especialmente HUGHES, Kevin L. *Constructing Antichrist*, p. 144-167.

238. HAIMO DE AUXERRE. *Exposition of the Second Letter to the Thessalonians*, 2.8, p. 28.

como Cristo, que é a cabeça de todos os eleitos, foi prefigurado secretamente e em mistério muito antes de sua vinda na morte de Abel, no sacrifício de Isaac e no Rei Davi, que matou Golias [...] assim também o Diabo que estará no Anticristo é prefigurado secretamente e em mistério em seus membros – obviamente, em reis maus[239].

Quanto ao próprio Anticristo, as palavras de Haimo eram bastante tradicionais. Ele foi chamado de "o homem do pecado", declarou Haimo, porque era "a fonte de todos os pecados", "o filho da condenação" [perdição] porque era "o filho do Diabo, não por natureza, mas por imitação"[240]. Assim, o Anticristo seria moralmente responsável por todos os seus erros. Embora o Diabo o possua completamente, "ele não desistirá de seus sentidos, para que possa dizer tolamente que não conhece a Deus, nem será capturado pelo Diabo como os loucos. Porque, se fosse, não teria pecado em tudo quanto faz, como não o fazem os que padecem loucura, porque não sabem o que fazem"[241]. Em suma, para Haimo, ele era totalmente humano e totalmente responsável, e Haimo foi o primeiro a dizer isso inequivocamente[242].

Como o Anticristo, ele se glorificará acima dos deuses pagãos, "Hércules, por exemplo, e Apolo e Júpiter, que são falsamente chamados de 'deuses'"[243]. Ele também fará de si mesmo senhor sobre os cristãos. Mas, o que é pior, para Haimo, ele se colocará sobre tudo o que é adorado, isto é,

---

239. *Ibid.*, 2.7, p. 27.

240. *Ibid.*, 2.3, p. 25.

241. *Ibid.*, 2.9, p. 29.

242. Cf. HUGHES. *Constructing Antichrist*, p. 161.

243. HAIMO DE AUXERRE. *Exposition of the Second Letter to the Thessalonians*, 2.4, p. 25.

a Santíssima Trindade, "que sozinha deveria ser idolatra-da [*sic*] e adorada por todas as criaturas"[244]. Quanto a "ins-talar-se no templo de Deus e apresentar-se como se fosse Deus" (2 Tessalonicenses 2,4), Haimo entendeu isso de duas maneiras. Por um lado, o Anticristo nascerá na Babilônia da tribo de Dã, virá a Jerusalém e se circuncidará, declara-rá aos judeus ser o seu Messias e será por eles reconhecido como tal, reconstruirá o templo destruído pelos romanos e se declarará Cristo. Ou, por outro lado, tomará um lugar na Igreja como fosse um deus. Haimo não tinha preferência pelo Anticristo como o tirano escatológico exterior à Igreja ou o grande enganador interior a ela.

Haimo também assumiu a perspectiva de Jerônimo em seu contraste de Cristo e do Anticristo: "Assim como toda plenitude da divindade repousa em Cristo, a plenitude do vício e toda iniquidade habitará naquela pessoa chama-da Anticristo, porque ele é o oposto de Cristo"[245]. Dito isso, o Anticristo não tinha os mesmos poderes sobrenaturais que Cristo. A Segunda Carta aos Tessalonicenses (2,9) havia declarado que as ações do iníquo seriam "sinais e prodígios [maravilhas] mentirosos". Mas os sinais e as maravilhas do Anticristo são apenas *aparentemente* milagrosos. Na ver-dade, ele é apenas um grande mago, como Simão Mago, que "iludia os homens por meio da arte da mágica e da ilusão"[246]. Haimo estava, sem dúvida, familiarizado com a história de Simão descrita nos *Atos dos Santos Apóstolos Pedro e Paulo*. O Anticristo, declarou, "enganou aquele que, pensando que

---

244. *Ibid.*
245. *Ibid.*, 2.4, p. 26.
246. *Ibid.*, 2.8, p. 29.

estava matando Simão, decapitou um carneiro em seu lugar"[247]. No entanto, os truques mágicos do Anticristo serão bastantes para persuadir os judeus e pagãos. Pelo fato de terem rejeitado a Cristo, Deus permitiu que o Anticristo os desviasse e fossem finalmente condenados por ambos.

Por fim, como agora aprendemos a esperar, o Anticristo será destruído. Como Gregório Magno, Haimo não sabe ao certo se ele será morto pelo Senhor Jesus ou se pelo Arcanjo Miguel. Em ambos os casos, será "pelo poder do Senhor Jesus"[248]. E, caminhando com Jerônimo, ele faz com que o Anticristo encontre a morte no Monte das Oliveiras. A morte do Anticristo, no entanto, apesar de provocada por Cristo, não é em si a vinda de Cristo no julgamento. Haimo também adotou a tradição de que haveria uma lacuna entre a morte do Anticristo e o Dia do Juízo. "Deve-se notar", escreveu, "que o Senhor não virá imediatamente para julgar quando o Anticristo for morto, mas, como aprendemos no Livro de Daniel, após sua morte, os eleitos receberão 45 dias para penitência"[249]. Mesmo assim, o cronograma de Haimo permaneceu bastante flexível, pois "é completamente desconhecido", acrescentou imediatamente, "quão longo pode ser o período de tempo até que o Senhor venha"[250].

Haimo pode ter estado incerto quanto ao dia preciso do Juízo Final. Adso adia a data (quase) para o dia de são nunca.

---

247. *Ibid.*, 2.8, p. 29. Para a passagem correspondente, cf. Atos dos Apóstolos Pedro e Paulo. *In: ANF*, vol. VIII, p. 482.

248. HAIMO DE AUXERRE. *Exposition of the Second Letter to the Thessalonians*, 2.8, p. 28.

249. *Ibid.*, 2.9, p. 29.

250. *Ibid.*

Contemporâneo de Adso, Thietland de Einsiedeln (fl. 943-965) imaginava que, se não ocorresse imediatamente, levaria pelo menos 80 anos ou mais no futuro. Os pontos de vista de Thietland sobre o Anticristo estão registrados em seu comentário sobre a Segunda Carta aos Tessalonicenses e incluem apartes sobre o significado do Livro do Apocalipse. Nada original sobre o Anticristo aqui – antes uma mistura de Haimo e Agostinho.

Mais crucialmente, porém, ele converteu a escatologia simbólica "suave" de Agostinho em uma escatologia literal e "dura". Ele foi motivado a fazê-lo pelo fato de que pelo menos alguns de seus contemporâneos esperavam o fim do mundo a qualquer momento. Talvez não fosse surpreendente que, usando da autoridade de Agostinho, se não sua intenção, Thietland tenha empurrado a vinda literal do Anticristo e o retorno de Cristo para um futuro não muito distante. Em suma, Thietland esperava a ascensão do Anticristo e a libertação de Satanás em 1033, mil anos após a morte de Cristo. Assim, falando do autor do Livro do Apocalipse, coloca: "Ele chama essa a última parte do mundo, e afirma que ela vai do sofrimento de nosso Senhor e nossa redenção até a vinda do Anticristo. Ele, portanto, fixou o número de mil anos para a conclusão de todo esse tempo"[251].

Bem, como sabemos, Thietland errou, assim como todos os seus contemporâneos que esperavam a vinda do Anticristo, o retorno de Cristo e o julgamento final cerca de mil anos

---

251. THIETLAND DE EINSIEDELN. Sobre 2Tessalonicenses, 2.8a. *In*: CARTWRIGHT, S.R.; HUGHES, K.L. *Second Thessalonians*: two early medieval apocalyptic commentaries. Kalamazoo: Medieval Institute Publications, 2001, p. 56.

depois de Cristo. Adso ganhou essa rodada escatológica em particular. E a relutância de Agostinho em levar a cronologia escatológica cristã muito literalmente foi justificada, pelo menos até o próximo recálculo.

4
Anticristos, presente e futuro

São também sete reis. Cinco já caíram, um existe e o outro ainda não veio. Mas, quando vier, permanecerá por pouco tempo (Apocalipse 17,9-10).

4.1 Muhammad, o Anticristo

No inverno do ano 1190, lemos em os *Anais de Roger de Hoveden* (fl. 1174-1201), o Rei Ricardo Coração de Leão, da Inglaterra, estava a caminho da Terra Santa para lutar contra os muçulmanos, então sob a liderança de Saladino. Em sua passagem pela Itália, ele ouviu falar de um homem religioso na Calábria (Fiore), certo Joaquim, um monge da Ordem Cisterciense. Foi dito que Joaquim tinha um espírito de profecia e predizia as coisas por vir. Ele era um homem versado nas Sagradas Escrituras que "interpretou as visões de São João Evangelista, que São João havia revelado no Livro do Apocalipse"[252].

---

252. RILEY, Henry T. (ed.). *The annals of Roger de Hoveden*: comprising the history of England, and of other countries of Europe from A.D. 732 to A.D. 1201. Londres: H.G. Bohn, 1853, vol. 2, p. 177.

Em conversa com o Rei Ricardo, Joaquim deu-lhe uma interpretação dos sete reis de Apocalipse 17,9-10:

> Destes, cinco pereceram; a saber, Herodes, Nero, Constâncio, Muhammad e Melsermut; um é, a saber, Saladino, que agora está oprimindo a Igreja de Deus; e, junto com ela, o Sepulcro de nosso Senhor, e a cidade santa de Jerusalém, e a terra em que estavam os pés de nosso Senhor são mantidos em sua posse. Mas em breve ele perderá tudo isso[253].

Ricardo então perguntou a Joaquim quando isso aconteceria. Sete anos após a captura de Jerusalém, declarou Joaquim. Este consolou as angústias de Ricardo, de que ele teria chegado cedo demais com as palavras: "Sua chegada é muito necessária: o Senhor lhe dará vitória sobre seus inimigos e exaltará seu nome além de todos os príncipes da terra"[254]. O sétimo rei que ainda não havia vindo era, de acordo com Joaquim, o Anticristo, do qual falaremos mais a seguir. O quarto foi Muhammad ou Maomé, o fundador do islã.

No Ocidente, a visão de que Muhammad estava entre os tipos do Anticristo não era original da parte de Joaquim. Tudo começou na Espanha muçulmana no meio do nono século, quando alguns cristãos começaram a reagir contra a moderação com que seus companheiros cristãos tratavam o islã e a facilidade com que haviam adotado a cultura islâmica[255]. Eles se tornariam conhecidos como os mártires de Córdoba.

---

253. *Ibid.*, vol. 2, p. 178.

254. *Ibid.*

255. Cf. PAUL ALVARUS. Description of Christian youth. *In*: CONSTABLE, Olivia R. (ed.). *Medieval Iberia*: readings from Christian, Muslim, and Jewish Sources. Filadélfia: University of Pennsylvania Press, 2012, p. 61-62.

O movimento dos mártires de Córdoba começou quando esses cristãos da "resistência" deliberadamente se propuseram a provocar seus concidadãos muçulmanos. Um sacerdote cristão chamado Perfeito descreveu Muhammad como um dos falsos cristos e profetas que o Evangelho de Mateus (24,24) predizia. Não chega a causar surpresa que seu público muçulmano ficou indignado com essa descrição de seu profeta: "Seduzido por delírios demoníacos, dedicado à feitiçaria sacrílega, ele corrompeu com seu veneno mortal os corações de muitos idiotas [...]. Sem qualquer sabedoria espiritual, ele os tornou súditos do príncipe Satanás, com quem sofrerá os mais abomináveis castigos no inferno"[256].

As primeiras "vidas de Muhammad" latinas na Espanha muçulmana, adaptando modelos bizantinos, surgiram nesse contexto. Embora essas "vidas de Muhammad" incorporassem detalhes biográficos autênticos, elas, no entanto, fizeram de Muhammad uma paródia de Cristo. Assim, em uma carta do século IX que João de Sevilha enviou a Paulo Álvaro (c. 800-861), lemos:

> Mammet [Muhammad], o herege dos árabes, o selo dos pseudoprofetas, o precursor do Anticristo, nasceu no tempo do Imperador Heráclio, no sétimo ano [de seu reinado], no ano 656 da era atual [618 d.C.] [...]. Os seguidores do profeta ímpio acima mencionado foram informados de que ele brilhava com tantos milagres que, arrebatando a esposa de outro homem por causa do calor de sua luxúria, ele realmente se uniu a ela carnalmente [...]. Quando a morte abateu-se sobre ele, ele prometeu que

---

256. Citado em TOLAN, John V. *Saracens*: Islam in the Medieval European imagination. Nova York: Columbia University Press, 2002, p. 87.

seria ressuscitado no terceiro dia, mas por negligência daqueles que estavam cuidando dele, foi encontrado e devorado por cães. Ele reinou como príncipe por dez anos, e no fim desse período foi enterrado no inferno[257].

Uma vida mais abrangente do Profeta Muhammad foi incluída no *Liber apologeticus martyrum* (*Livro apologético dos mártires*), uma obra escrita por Eulógio de Córdoba para elogiar os cristãos que, como Perfeito (e a seu tempo o próprio Eulógio), foram martirizados entre os anos 851 e 859. O crime deles foi criticar publicamente o profeta e descrevê-lo como um "precursor do Anticristo" (*praevium Antichristi*). Eulógio havia encontrado por acaso essa vida de Muhammad durante uma visita a um mosteiro de Leyre, a sudeste de Pamplona. Ele compreendeu aquela como sua oportunidade de abrir distância entre os cristãos e o islã.

O Muhammad de Eulógio era um falso profeta de inspiração demoníaca – um "homenzinho pestilento e demoníaco, que, tomado por um espírito impuro, exercendo o mistério de sua iniquidade como um verdadeiro precursor do Anticristo, instituiu como lhe agradava uma lei de não sei que novidade, à inspiração de demônios, para a destruição de multidões"[258]. Ele era "um usurário avarento" e "um filho astuto das trevas" que se apresentou como um profeta e ordenou a seus seguidores que matassem seus adversários com a espada. Ele roubou a esposa de um vizinho e

---

257. WASILEWSKI, Janna. The "Life of Muhammad" in Eulogius of Cordóba: some evidence for the transmission of Greek polemic to the Latin West. *Early Medieval Europe*, vol. 16, p. 335, 2008.
258. WOLF, Kenneth B. *Eulogius of Córdoba and his understanding of Islam*, p. 5.

"submeteu-a à sua luxúria". Ele compôs certos ditos sobre o pássaro conhecido pelo nome de poupa e o sapo "para que o fedor de um pudesse emanar de sua boca e o balbucio do outro nunca cessasse de seus lábios". Ele previu que seria revivido no terceiro dia após sua morte pelo Anjo Gabriel, que lhe apareceria na forma de um abutre. Seu corpo, deixado desprotegido, foi comido por cães. Era apropriado, concluiu a história, "que um profeta desse tipo enchesse o estômago dos cães, um profeta que confiou não apenas sua própria alma, mas a de muitos outros ao inferno"[259]. Esse era um Anticristo lascivo e violento.

A visão apocalíptica de Eulógio sobre Muhammad encontrou apoio em *Indiculos luminosus*, a obra de seu amigo e biógrafo Paulo Álvaro. A regra do islã era, em sua opinião, nada mais do que uma preparação para o aparecimento final e iminente do Anticristo. O islã foi a quarta besta do Livro de Daniel que "devoraria toda a terra" (Daniel 7,23). Muhammad, por sua vez, foi um precursor do Anticristo, "o décimo primeiro rei" que subjugaria os três reinos dos gregos, dos romanos e dos godos. Quanto aos famosos dizeres de Daniel (7,25) – "um tempo, dois tempos e meio tempo" –, Álvaro os interpretou como o período de domínio muçulmano, isto é, de três períodos e meio de 70 anos, ou 245 anos. Uma vez que tomou o início da era muçulmana por volta de 618, ele claramente esperava o fim do mundo em um futuro não muito distante. E tomou o então governante de Córdoba, o adequadamente nomeado Maomé I, para ser ele mesmo o "precursor em nosso tempo do homem da perdição"[260]. Como John Tolan coloca

---

259. History of Muhammad. *In*: CONSTABLE. *Medieval Iberia*, p. 58-60.
260. *PL* 121.535.

com precisão, Álvaro e Eulógio "opõem-se à visão triunfalista muçulmana da história mediante uma visão apocalíptica que promete vingança cristã"[261].

Essa identificação de Muhammad com o Anticristo, ou pelo menos com seu precursor, acabaria por se espalhar para o norte da Europa. Pedro o Venerável, o abade de Cluny (c. 1092-1156), encomendou a tradução do Alcorão para o latim para demonstrar "como é uma heresia suja e frívola"[262]. Em seu *Resumo de toda a heresia dos sarracenos*, ele posicionou Muhammad a meio caminho entre o herege Ário e o Anticristo:

> A maior aspiração dessa heresia é que se creia que Cristo, o Senhor, não seja nem Deus, nem o Filho de Deus, mas, não obstante um grande homem e amado por Deus, tão somente um homem, e certamente um homem sábio e um grande profeta. O que uma vez, de fato, foi concebido pelo artifício do Diabo, primeiro disseminado por Ário e depois levado adiante por aquele Satanás, a saber, Muhammad, será cumprido completamente de acordo com o desígnio diabólico através do Anticristo. De fato, uma vez que o bendito Hilário disse que a origem do Anticristo estava em Ário, então o que este começou, ao negar que Cristo é o verdadeiro Filho de Deus e chamá-lo de criatura, o Anticristo finalmente concluirá afirmando que de forma alguma Ele era Deus ou o Filho de Deus, mas também que Ele não era um homem bom; este ímpio Muhammad parece ser devidamente provido e preparado pelo Diabo como o meio entre ambos, como aquele

---

261. TOLAN. *Saracens*, p. 91.

262. PEDRO O VENERÁVEL. *Contra os sarracenos*. Washington: Catholic University of America Press, 2016, p. 50. Sobre Pedro e o islã em geral, cf. KRITZECK, James Aloysius. *Peter the Venerable and Islam*. Princeton: Princeton University Press, 2016.

que se tornou em certo sentido uma extensão de Ário e o maior apoio para o Anticristo que dirá coisas piores diante das mentes dos incrédulos[263].

Muhammad como um tipo de Anticristo teria uma longa história, uma vez que se tornou um elemento-chave no decorrer das lutas geopolíticas entre o Ocidente e os impérios muçulmanos. Como veremos em detalhes mais adiante, o protestantismo o combinaria prolificamente com a visão imaginativa do papa como o Anticristo. A afirmação de Humphrey Prideaux em 1697 sobre os Anticristos duais no Oriente e no Ocidente definiria o padrão para as interpretações britânicas do islã nos 200 anos seguintes: "*Muhammad* começou essa impostura na mesma época em que o *Bispo de Roma* [...] assumiu o título de *Pastor Universal* [...] de modo que o *Anticristo* parece, nesse momento, ter colocado os dois Pés sobre a *Cristandade* juntos, um no Oriente e outro no Ocidente"[264].

4.2 Al-Dajjal o Enganador

Considerando a visão cristã de que o Profeta Muhammad era um tipo do Anticristo, se não o próprio Anticristo, talvez seja irônico que, no século IX, o islã e o judaísmo também tivessem suas próprias figuras apocalípticas do Anticristo – no islã al-Dajjal (o Enganador), no judaísmo Armilo. O Anticristo cristão foi absorvido no início do islã a partir dos relatos do Anticristo siríaco, particularmente aqueles das tradições pseudo-efraínicas e pseudo-metódias, como seria

---

263. *Ibid.*, p. 47.

264. PRIDEAUX, Humphrey. *The true nature of imposture fully displayed in the life of Mahomet.* Londres: William Rogers, 1697, p. 16.

daí em diante pelas tradições judaicas do primeiro medievo. Essa foi, sem dúvida, a consequência do comércio textual pelo qual, como John C. Reeves observa devidamente, "os produtos literários de uma cultura são apropriados, incrementados, adaptados, ajustados e refutados por outros que são eles mesmos produtores e/ou consumidores de apocalipses concorrentes"[265]. Resulta daí que as figuras do Anticristo no cristianismo, no judaísmo e no islamismo encontram seu lugar em cenários apocalípticos semelhantes do fim da história[266].

Somente em um alargamento interpretativo pode-se dizer que o Dajjal aparece no Alcorão[267]. Ele, no entanto, desempenha um papel importante na escatologia islâmica na literatura *hadith* – as coleções posteriores dos ditos e atos de Muhammad. Tal como acontece com o Anticristo cristão, o Anticristo muçulmano era um personagem complicado e ambíguo; não obstante, podemos construir um relato mais ou menos coerente do Anticristo muçulmano, tal como foi interpretado no século IX a partir dos relatos da literatura *hadith*, em particular o *Sahih Bukhari* e o *Sahih Muslim*[268].

---

265. REEVES, John C. *Trajectories in Near Eastern apocalypses*: a postrabbinic Jewish apocalyptic reader. Atlanta: Society of Biblical Literature, 2005, p. 17.

266. Para uma tabela que traça as semelhanças apocalípticas, cf. *Ibid.*, p. 18.

267. Cf. a Sura 108, "Abundância", onde lemos sobre "aquele que foi cortado".

268. O *Sahih al-Bukhari* e o *Sahih Muslim* são as duas coleções de *hadith* mais autorizadas. Sobre o *hadith*, cf. SIDDIQI, Muhammad Zubayr. *Hadith literature*: its origin, development and special features. Cambridge: Islamic Texts Society, 1993. O tópico continua subpesquisado nos estudos islâmicos ocidentais. A abordagem recente mais útil do Dajjal pode ser encontrada em SARITOPRAK, Zeki. *Islam's Jesus*. Gainsville: University Press of Florida, 2014.

De acordo com um *hadith*, Muhammad contou a seus companheiros acerca de um cristão, Tamim Dari, que havia se convertido ao islamismo. Com vários outros, Tamim Dari se abrigou de uma tempestade no mar em uma ilha. Lá eles encontraram uma besta com pelos tão grossos e longos que sua frente e suas costas eram indistinguíveis. A besta lhes contou sobre uma pessoa que desejava encontrá-los em um mosteiro próximo. Lá encontraram um homem de boa compleição física com as mãos amarradas ao pescoço e grilhões de ferro nas pernas. Ele lhes disse que era o Dajjal, e que logo lhe seria permitido deixar o monastério e estar livre para viajar. Também os informou de que ele estava proibido de ir a Meca ou Medina. E não se arriscaria a fazê-lo, uma vez que haveria anjos com espadas em mãos que o impediriam. Muhammad concluiu que aquele homem era provavelmente o Dajjal.

Enquanto Muhammad inicialmente pensou que o Dajjal estava aprisionado em uma ilha no Mediterrâneo ou nos Mares da Arábia, prosseguiu indicando que o Dajjal estava no leste e que era dali que ele um dia mais cedo ou mais tarde apareceria. Embora não haja declaração na literatura *hadith* de que o Dajjal fosse judeu, dizia-se que ele seria seguido por 70 mil judeus de Isfahan no Irã vestindo xales persas[269]. Tradições posteriores reelaborariam esses seguidores do Dajjal. Eles seriam bastardos, alcoólatras e cantores. Cometeriam todos os atos proibidos pelo islã, incluindo adultério e sodomia em público.

---

269. Cf. SIDDIQUI, Abdul Hamid. *Sahih Muslim*: being traditions of the sayings and doings of the Prophet Muhammad. Lahore: Sh. Muhammad Ashraf, 1976-1981, vol. 4, p. 1524.

Como o Anticristo cristão, seria possível reconhecer o Dajjal pelo olhar. Ele era grande e forte, de pele vermelha. Ele também era cego de um olho, que parecia uma uva inchada (embora houvesse incerteza se era seu olho esquerdo ou direito), e tinha cabelos cacheados "grandes". Assim, por exemplo, Muhammad disse que, em um sonho, "eu virei meu rosto para ver outro homem com um corpo enorme, pele vermelha e cabelo encaracolado e cego de um olho. Esse olho parecia uma uva saliente. Eles disseram (para mim), ele é Ad-Dajjal"[270]. Ele seria incapaz de ter filhos. Em uma clara aceitação do Anticristo cristão, sua característica mais distinta era a palavra *Kafir* ("descrente") escrita em sua testa.

Como o Anticristo cristão, ele também viria a enganar os homens com seus poderes milagrosos, muitas vezes invertendo a ordem da natureza. Assim, Muhammad disse a seus seguidores que

> o Dajjal aparecerá e haverá junto com ele água e fogo e o que as pessoas verão como água será fogo e queimará e o que aparecerá como fogo será água e qualquer um de vocês que visse isso deveria mergulhar naquilo que vê como fogo, pois seria água doce e pura[271].

Em uma variação em torno desses elementos, lemos que o Dajjal criará um Paraíso que será de fato infernal e um fogo de fato paradisíaco.

Em outra ocasião, o profeta relatou que o Dajjal mataria um homem e depois o ressuscitaria dos mortos:

---

270. *Sahih Bukhari*, 9.88.242.
271. SIDDIQUI. *Sahih Muslim*, vol. 4, p. 1516.

Ad-Dajjal dirá (para seu público): "Vejam, se eu matar esse homem e depois lhe der a vida, vocês terão alguma dúvida sobre o que afirmo?" Eles responderão: "Não". Então Ad-Dajjal matará aquele homem e o fará viver. O homem dirá: "Por Alá, agora eu o reconheço mais do que nunca!" Ad-Dajjal então tentará matá-lo (novamente), mas ele não terá o poder de fazê-lo[272].

Outro *hadith* tem uma versão muito mais elaborada dessa história. De acordo com ele, um fiel confrontará o Dajjal com as palavras: "Ó povo, ele é o Dajjal sobre quem o Mensageiro de Alá (Muhammad) (que a paz esteja sobre ele) nos falou". O Dajjal então ordenará que seus seguidores o espanquem. Então o Dajjal perguntará se o fiel acredita nele. E este dirá: "Você é um falso Masih [Messias]". O Dajjal então ordenará que ele seja cortado ao meio, "de seus cabelos a suas pernas", com uma serra. Depois disso, o Dajjal andará entre as duas partes e, em seguida, ordenará que ele se levante. Ele então lhe perguntará: "Você não acredita em mim?" E o fiel dirá: "Isso só aumentou minha percepção a seu respeito (de que você é realmente o Dajjal)". O Dajjal tornará, então, a tentar matá-lo, mas sem sucesso. O Dajjal o agarra pelas mãos e pelos pés e o joga ao ar. E "o povo pensará que ele havia sido jogado no fogo do inferno, quando na verdade ele teria sido jogado no paraíso". Ele estaria entre as mais eminentes "pessoas em relação ao martírio", declarou o profeta[273].

Embora o Dajjal fosse, sem dúvida, um homem, era impossível que ele fosse morto por qualquer outro mero mortal. Em certa ocasião em Medina, houve uma discussão entre Muhammad e seus seguidores quanto a um jovem judeu

---

272. *Sahih Bukhari*, 9.88.246.
273. SIDDIQUI. *Sahih Muslim*, vol. 4, p. 1519.

local de nome Ibn Sayyad ser ou não o Dajjal. Quando um dos seguidores de Muhammad sugeriu que ele deveria matar o jovem, o profeta respondeu: "Se ele é o próprio (Dajjal) que apareceria perto da Última Hora, então você não seria capaz de dominá-lo, e se ele não é não lhe fará bem algum matá-lo"[274].

As fontes *hadith* sugerem que Muhammad pensou que o Dajjal, e, portanto, o fim do mundo, era iminente. O Dajjal apareceu particularmente no *hadith* da Oração de Refúgio:

> Ó Alá! Refugio-me convosco da aflição do fogo, do castigo do fogo, da aflição da sepultura, do castigo da sepultura e do mal da aflição da pobreza. Ó Alá! Eu busco refúgio convosco do mal da aflição de Al-Masih Ad-Dajjal. Ó Alá! Limpai meu coração com a água da neve e do granizo, e limpai meu coração de todos os pecados como uma roupa branca é limpa da imundície, e deixai que haja uma distância muito distante entre mim e meus pecados como fizestes o Oriente e o Ocidente longe um do outro[275].

O Dajjal também apareceu entre os sinais do fim dos tempos. Em um *hadith*, por exemplo, Muhammad disse a seus companheiros que o fim não viria até que os dez sinais tivessem sido concluídos. Entre eles, o Dajjal apareceria junto com uma nuvem de fumaça, a besta da terra, o nascer do sol no oeste, a descida de Jesus, filho de Maria, a libertação de Gog e Magog detrás da muralha, e deslizamentos de terra no

---

274. *Ibid.*, 4.1513. Em *Sahih Muslim*, as histórias de Ibn Sayyad podem ser encontradas em 4.1510-1515. Cf. tb. HALPERIN, David H. The Ibn Sayyad traditions and the legend of Al-Dajjal. *Journal of the American Oriental Society*, vol. 96, n. 2, p. 213-225, 1976.

275. *Sahih Bukhari*, 8.75.388.

Oriente, no Ocidente e na Arábia, e um incêndio do Iêmen[276]. Em outros lugares, o Dajjal foi listado como um dos seis sinais do fim, junto com a fumaça, a besta da terra, o nascer do sol do Ocidente, a turbulência geral e a morte de muitos[277].

De acordo com o mais longo dos relatos dos feitos do Dajjal no Sahih Muslim, ele apareceria em algum lugar entre a Síria e o Iraque e espalharia problemas em todas as direções. Ficaria na terra por 40 dias, "um dia como um ano, um dia como um mês e um dia como uma semana, e o resto dos dias seriam como seus dias"; em suma, cerca de um ano e dez semanas. Ele se moveria rapidamente "como uma nuvem impulsionada pelo vento". Para aqueles que o aceitassem, haveria comida abundante. Para aqueles que o rejeitassem, haveria seca e pobreza. Ele caminharia pelo deserto e diria: "Trazei vossos tesouros", e eles apareceriam diante dele como um enxame de abelhas. Então chamaria um jovem, o golpearia com uma espada e o cortaria em pedaços. Esse era o momento da morte do Dajjal. Deus enviaria Jesus Cristo, filho de Maria. Cristo desceria com as mãos apoiadas nos ombros de dois anjos sobre o minarete branco no lado leste de Damasco. Todo não crente pereceria ao respirar. Ele então procuraria o Dajjal; o capturaria no portão da cidade de Ludd (Lida) na Palestina e o mataria[278].

---

276. Cf., p. ex., SIDDIQUI. *Sahih Muslim*, vol. 4, p. 1503-1504. Cf. tb. *Sahih Bukhari*, 9.88.237, em que 11 sinais da Última Hora são mencionados, o segundo dos quais é o aparecimento de "cerca de 30 dajjals".

277. SIDDIQUI. *Sahih Muslim*, vol. 4, p. 1525.

278. *Ibid.*, vol. 4, p. 1516-1517. Em algumas tradições posteriores, Jesus é auxiliado pelo Mahdi, um redentor apocalíptico que governa o mundo. Em outros lugares, é o próprio Mahdi que mata o Dajjal. Nem *Sahih Muslim* nem *Sahih Bukhari* se referem ao Mahdi.

Além da aparência excêntrica, dos poderes fabulosos e da perversidade, a doutrina básica do Dajjal apocalíptico tornou-se parte do credo do islã no século IX. Como resumiu o estudioso muçulmano sunita Ahmad ibn Hanbal (falecido em 855): "E a crença de que o falso Messias se levantará, com a palavra 'incrédulo' escrita entre seus olhos, e [crença] nos *hadiths* que chegaram a isso. E fé de que isso realmente será assim, e que Jesus descerá do céu e o matará no portão de Lida"[279].

4.3 Armilo, o Anticristo judeu

Como o cristianismo e o islamismo, o judaísmo medieval também teve sua figura anticristã – Armilo, absorvida do cristianismo pelo judaísmo[280]. Ele era uma "criatura de Satanás e de pedra", como colocou obscuramente um texto do século XII. O significado fica mais claro (mais ou menos!) em um *midrash* (comentário) do mesmo tempo: "E depois disso, Satanás descerá e irá a Roma ao encontro da estátua de pedra e terá conexão com ela na forma do ato sexual, e a pedra engravidará e dará à luz Armilo"[281]. Outro texto nos

---

279. WILLIAMS, John Alden (ed.). *Themes of Islamic civilization*. Berkeley: University of California Press, 1971, p. 30.

280. As fontes sobre Armilo podem ser acessadas mais facilmente em PATAI, Raphael. *The Messiah texts: Jewish legends of three thousand years*. Detroit: Wayne University Press, 1988, p. 156-164. Eu usei os textos que cobrem o período do sétimo ao décimo segundo séculos. Deixei de fora da discussão dois textos periféricos: um manuscrito iemenita sem data sobre um falso profeta escatológico não nomeado como "Armilo"; e outro texto sem data do "caderno Doenmeh" de uma tradição armiliana distinta. Para uma breve discussão, cf. tb. MCGINN, *Antichrist*, p. 109-111, 314-315. Os principais textos também estão disponíveis em REEVES, John. *Trajectories in Near Eastern apocalypses*.

281. PATAI. *The Messiah texts*, p. 157.

informa que a pedra tinha a forma de uma bela menina que foi criada nos primeiros seis dias da criação. Nesse caso, ela foi engravidada não por Satanás, mas por "pessoas sem valor das nações do mundo"[282].

Armilo era monstruoso na aparência, talvez mais do que os anticristos cristãos ou muçulmanos. Certamente um gigante: 12 côvados de altura e 2 de largura, de acordo com uma fonte; 100 côvados e 11 palmos de altura e 10 palmos de largura, com uma boca de 1 palmo de diâmetro, de acordo com outra. Em várias fontes, relata-se que tinha dois crânios. Uma tradição relata que seu cabelo é tingido, outra que é vermelho e ainda outra que seu rosto é peludo e sua testa leprosa. Várias narrativas o tinham como calvo. Seus olhos eram variadamente malformados – pequenos, profundos, vermelhos e tortos, um olho pequeno e o outro grande. Também foi dito por muitos que era surdo de um ouvido. Se alguém lhe dissesse algo de bom, ele voltaria seu "ouvido tapado", enquanto reservava seu "ouvido aberto" para qualquer coisa má[283]. Seu corpo também era monstruoso. De acordo com a fonte mais antiga, o *Sefer Zorobabel* (séculos VII-IX), suas mãos pendiam até os pés, que, de acordo com outra, eram verdes. Um *midrash* mencionava seu braço direito do mesmo cumprimento da mão, e seu braço esquerdo com 2 côvados e meio de comprimento.

Os feitos de Armilo ganharam contornos ao longo do tempo. Em seus primórdios, no *Sefer Zorobabel*, dizia-se que ele se levantaria e governaria em Imus [Emaús?] e que (talvez não

---

282. *Ibid.*
283. *Ibid.*, p. 160.

153

surpreendentemente) todos aqueles que o vissem ficariam amedrontados. Então Menahem ben Amiel (o Messias) sairia do Vale de Shittim de encontro a ele. Golpearia a cara de Armilo e o mataria. Em meados do século X, ele estava desempenhando um papel na tradição de dois Messias do judaísmo. De acordo com ela, virá um Messias guerreiro que morrerá em batalha (Messias ben Joseph ou Efraim) e um Messias espiritual escatológico (Messias ben Davi) que reunirá os judeus em Israel e inaugurará a era messiânica.

Assim, no *Ma'ase Daniel* (meados do século X), toda a terra se submete a Armilo, que mata os que se recusam a fazê-lo. O exército de Gog e Magog, cujos membros tinham quatro olhos – dois na frente e dois atrás da cabeça –, se une a ele. Então o Messias ben Joseph aparece, e toda a Israel se reúne em torno dele. Todos se aproximam de Armilo, que declara que ele, Armilo, é o Messias. Quando eles veem que ele é incapaz de provar com milagres que é o que afirma ser, o povo de Israel o rejeita e vai para o deserto de Efraim. Furioso com essa rejeição, Armilo ordena que todos sejam mortos. Ele mata o Messias ben Joseph, e os filhos de Israel fogem. Depois de 40 dias de luto, levantam-se e matam Armilo. Então Deus aparece do céu e, no lugar da Jerusalém destruída, traz uma Jerusalém celestial para eles. Messias ben Davi, em seguida, chega e mata o exército de Gog e Magog[284].

Há outra variação final sobre esses temas de Armilo e os messias. De acordo com ela, Armilo mata o Messias guerreiro e é então morto pelo Messias espiritual. Assim, por exemplo, no *Midrash vaYosha'* do século XI, Armilo guerreia contra

---

284. *Ibid.*, p. 162-164.

Israel por três meses antes de ir a Jerusalém e matar o Messias ben Joseph. Armilo é então morto pelo Messias ben Davi antes que Deus reúna o povo disperso de Israel[285]. Da mesma forma, no *Nistarot R. Shim'on ben Yohai* do século XII, depois de o Messias ben Efraim ser derrotado em batalha por Armilo e morrer no exílio em um deserto de pântanos, o Messias ben Davi "brotará lá em cima [...]. E ele soprará sobre aquele ímpio Armilo e o matará"[286]. Deus então destrói Jerusalém e expulsa o estrangeiro, o incircunciso e o impuro. Ele reúne o povo de Israel para habitar em uma nova Jerusalém, na qual estão "72 pérolas que brilharão de um extremo ao outro do mundo"[287].

4.4 O Anticristo de Roger de Hoveden

No ano de 1190, lembremos, o Rei Ricardo I da Inglaterra foi informado por Joaquim de Fiore que, dos sete reis de Apocalipse 17,9-10, seis já haviam chegado e um ainda estava por vir. Que o Anticristo ainda estava por vir não teria sido nenhuma surpresa para o rei. Que aquele que ainda viria seria um perseguidor da Igreja, como seus seis antecessores, também teria ocasionado pouca surpresa entre os ouvintes de Joaquim. Mas então Joaquim os surpreendeu. "Agora, quanto a esse Anticristo", disse Joaquim, "ele já nasceu na cidade de Roma, e será eleito para a Sé Apostólica"[288]. Os seis primeiros reis que Joaquim identificou eram todos perseguidores de

---

285. *Ibid.*, p. 159-160.
286. *Ibid.*, p. 160.
287. *Ibid.*, p. 161.
288. RILEY. *The annals of Roger de Hoveden*, vol. 2, p. 178.

fora da Igreja. Mas o sétimo não estava apenas dentro, como seria o papa de Roma. Na história do Anticristo, essa foi uma ocasião importante. A partir desse momento, o tirano escatológico adsoniano de fora da Igreja seria justaposto a um enganador *papal* de dentro dela. E, pelos 800 anos que se sucederam, a partir do ano 1200 até os dias atuais, a biografia de Adso do Anticristo tirânico seria contraposta à história de Joaquim de um Anticristo papal.

Os *Anais de Roger de Hoveden* "registram" a resposta do Rei Ricardo, que refletia a tradição de Adso. "Eu pensava", disse o rei,

> que o Anticristo nasceria na Antioquia, ou na Babilônia, dos descendentes de Dã, reinaria no templo do Senhor em Jerusalém [...] e reinaria nele três anos e meio, entraria em confronto com Elias e Enoque, e os assassinaria, depois morreria, e depois de sua morte o Senhor daria 60 dias para o arrependimento, durante os quais poderiam se arrepender aqueles que se afastaram dos caminhos da veracidade e foram seduzidos pela pregação do Anticristo e seus falsos profetas[289].

É possível que Roger de Hoveden não tenha ficado tão surpreso quanto o Rei Ricardo, pois ele passou a dizer que a disputa em torno de o Anticristo ser o papa de Roma dentro da Igreja, como Joaquim sugeria, ou um rei de Jerusalém de fora dela, como a tradição adsoniana o consagrara, ainda não havia encontrado bom termo. Roger, em seguida, registra sua perspectiva elaborada e extensa do Anticristo. Em uma declaração da autoridade de sua versão, Roger escreveu que se apoiava em "homens eclesiásticos de gran-

---

289. *Ibid.*, vol. 2, p. 179.

de conhecimento nas Sagradas Escrituras"[290]. Em particular, menciona Walter de Coutances (arcebispo de Rouen e Apamia), Gerardo (arcebispo de Auxienne), João (bispo de Evreaux) e Bernardo (bispo de Bayeux). Ademais, e muito significativamente, ele recebia informações diretamente deles, pois eles também estavam, como Roger, em cruzada com o Rei Ricardo e, sem dúvida, presentes na conversa com Joaquim. Eles lhe disseram ao menos onde procurar um relato oficial[291]. Portanto, a versão de Roger era no início do século XIII a "versão autorizada" episcopal e, podemos concluir, a versão conhecida naquela época, tanto entre a elite quanto entre a população, em toda a Europa.

Na verdade, os *Anais* de Roger continham dois relatos da vida do Anticristo. Eles fornecem-nos um instantâneo perfeito do Anticristo no ano 1200. O primeiro deles era praticamente um relato literal da biografia do Anticristo como Adso o havia criado. Existem apenas duas pequenas diferenças. A primeira delas diz respeito ao lugar onde o Anticristo seria morto – no Monte das Oliveiras, de acordo com Adso, e em uma montanha na Babilônia, de acordo com Roger. A segunda delas diz respeito ao tempo para o arrependimento após a morte do Anticristo – 40 dias de acordo com Adso, 1 dia de acordo com Roger –, embora tanto Adso quanto Roger concordem que ninguém sabe quanto tempo após esse período levará até que Deus venha no fim dos tempos[292].

---

290. *Ibid.*, vol. 2, p. 180.

291. Cf. HEISER, Richard H. The court of the Lionheart on crusade, 1190-2. *Journal of Medieval History*, vol. 43, p. 505-522, 2017.

292. RILEY. *The annals of Roger de Hoveden*, vol. 2, p. 185-186.

Não consigo identificar a fonte do segundo, o mais breve relato da vida do Anticristo oferecido por Roger de Hoveden em seus *Anais*. Basta dizer que segue, com algumas variações, os contornos básicos da tradição adsoniana. Dito isto, ele tem várias características notáveis que o colocam em desacordo com ela. A primeira é a identificação do Anticristo com o Diabo: "O Anticristo, isto é, o Diabo, reinará e operará milagres e grandes sinais no povo"[293]. Em segundo lugar, onde Gregório Magno, Haimo de Auxerre e Adso não tinham certeza se o Anticristo seria morto por Jesus Cristo ou pelo Arcanjo Miguel, o segundo relato de Roger traz Miguel matando o Anticristo. O Deus Todo-Poderoso, lemos, "enviará Miguel, o Arcanjo, com uma espada afiada de dois gumes em suas mãos, isto é, a espada do Espírito Santo, e o matará, e o dividirá em duas partes da cabeça aos pés, para que o mundo não seja destruído, mas possa ser renovado para melhor"[294]. Deixando essas diferenças de lado, era claro que Roger estava mais preocupado em promover o quadro geral da tradição adsoniana do que em esmerilhar as pequenas diferenças nos detalhes.

4.5 Apocalipse talvez?

Embora a história do futuro Anticristo tenha recebido sua forma definitiva em torno do ano 1200, a iminência de sua chegada tornou-se muito menos certa no início do segundo milênio. Isso não quer dizer que a importância do Anticristo tenha diminuído. Mas, como Bernard McGinn observa,

---

293. *Ibid.*, vol. 2, p. 186.
294. *Ibid.*, vol. 2, p. 187.

> resta uma significativa diferença entre uma consciência geral de viver na última era da história e uma convicção de que a última era em si está prestes a começar, entre uma crença na realidade do Anticristo e a certeza de sua proximidade (ou pelo menos da data do advento), entre ver os eventos do próprio tempo à luz do Fim da história e vê-los como os últimos eventos em si[295].

Em ambos os casos, uma visão de mundo apocalíptica na qual o Anticristo tinha um papel central permaneceu predominante, o suficiente para que fosse tão retórico quanto literal acusar os outros de serem o Anticristo. Por mais turvas que fossem, permaneciam em jogo as tensões entre o Anticristo literal e o espiritual, o Anticristo vindouro e o Anticristo já presente, o Anticristo real e o retórico.

Assim, o Anticristo literal ainda estava por vir, mas os anticristos espirituais já estavam presentes. O discurso do Anticristo tornou-se um meio eficaz de "demonizar" os oponentes dentro da Igreja, bem como os inimigos fora dela. Papa Gregório VII (c. 1015-1085), por exemplo, nunca foi de se conter retoricamente em busca da supremacia papal sobre os adversários, seculares ou religiosos. Para ele, a chegada do Anticristo era iminente. Em uma carta escrita a todos os cristãos em 1084, declarou que não era de se admirar que ele tivesse suscitado tanta oposição às suas reformas: "Quanto mais o dia do Anticristo se aproxima, mais ele [Satanás] luta para esmagar a fé cristã"[296]. O Anticristo podia ainda não ter chegado, mas Gregório o via "ocupado em to-

---

295. MCGINN. *Visions of the end*, p. 4.

296. GREGÓRIO VII. *The correspondence of Pope Gregory VII*. Nova York: Columbia University Press, 1932, p. 195.

dos os lugares por meio de seus membros"[297]. Em outro lugar, escreveu sobre "precursores", "arautos" e "membros" do Anticristo[298]. Gregório declarou que Wibert (ou Guibert) de Ravena (c. 1029-1100), eleito papa em 1080 em oposição a Gregório, era "um perjuro contra a Santa Igreja Romana, notório em todo o mundo romano pelo mais baixo dos crimes [...] Anticristo e herege"[299]. O elogio foi devolvido em espadas. O oponente de Gregório, o Cardeal Beno, declarou – se engenhosamente ou não, é difícil de determinar – que Gregório era "ou um membro do Anticristo, ou o próprio Anticristo"[300].

Essa indefinição entre o Anticristo por vir e o Anticristo ou anticristos já presentes não era incomum. Assim, por exemplo, o padre agostiniano Gerhoh de Reichersburg (1093-1169) escreveu suas obras apocalípticas *A investigação do Anticristo* e *A quarta vigília da noite* durante a década de 1160, em meio ao conflito sobre a supremacia papal ou imperial entre o Papa Alexandre III e o Imperador Frederico Barbarossa. Em *A quarta vigília da noite*, Gerhoh leu a história das quatro vigílias da noite, quando os apóstolos lutaram contra águas tempestuosas no Mar da Galileia (Mateus 14,22-33), como uma alegoria da história da Igreja durante quatro tribulações provocadas pelo Anticristo. A primeira vigília correspondia à era do "Anticristo sangrento" da perseguição dos cristãos pelos romanos, que terminou

---

297. *Ibid.*, p. 100.
298. *Ibid.*, p. 9, 11, 188.
299. *Ibid.*, p. 162.
300. MCGINN. *Antichrist*, p. 121.

com Constantino. A segunda foi a do "Anticristo fraudulento" da era da heresia, que terminou com o Papa Gregório Magno. A terceira vigília, a do "Anticristo impuro", culminou na tentativa de Gregório VII de reformar a Igreja de sua corrupção clerical. A quarta vigília, do "Anticristo avarento", então começava: "Nessa quarta vigília, a avareza generalizada, aumentada pelo desejo de ganho, governa todo o Corpo de Cristo da cabeça aos pés"[301]. Em suma, o Anticristo havia sempre estado presente como a soma de todos aqueles que, desde os primórdios do cristianismo, se tinham oposto à verdadeira Igreja.

Certamente, para Gerhoh, o fim dos tempos não estava longe. Gerhoh leu Agostinho mais literal do que figurativamente. Satanás, acreditava ele, havia sido libertado mil anos após a morte de Cristo, desde quando começou tanto a divisão no papado quanto o conflito entre papa e imperador iniciado pelo conflito entre o Papa Gregório VII e o Imperador Henrique IV. "Daquele tempo em diante", escreveu em seu *A investigação do Anticristo,*

> o sacerdócio foi feito como cortina de fumaça através do mal da simonia e da maldade da incontinência, de modo que em muitos era evidente como um medo não das más obras, mas das boas [...]. Sob um disfarce da devoção eles esconderam seu propósito, de modo que o que eles fizeram de uma maneira má e bestial pode parecer ser feito sob a inspiração de Deus[302].

Para Gerhoh, o Anticristo coletivo do passado e do presente não negou o Anticristo final. O Anticristo final

---

301. MCGINN. *Visions of the end,* p. 104.
302. *Ibid.,* p. 100.

surgiria do corrupto "Anticristo avarento" dentro da Igreja. Isso significava que Gerhoh precisava aliviar alguns dos detalhes do Anticristo adsoniano. No entanto, as características gerais da carreira do Anticristo permaneceram estáveis. Ele se enfureceria "contra a Santa Igreja da maneira mais cruel"[303]. Ele se mostraria como Deus, "de fato, é até mesmo elevado acima de tudo o que é chamado de Deus, ou adorado como Deus"[304]. Ainda assim, mesmo durante o tempo do Anticristo final, uma reforma dentro da Igreja ocorreria, e a Igreja "será purificada das poluições da imundície e da simonia e adornada com coroas de ouro"[305]. Antes da vinda final de Cristo, ele escreveu: "A Igreja, que é a verdadeira casa viva do Deus vivo, deve ser reformada para sua antiga prática de perfeição apostólica naqueles que são chamados e devem ser homens espirituais"[306]. O "último imperador romano" não era mais a figura-chave nos preparativos para o retorno de Cristo. Tomando o lado papal contra o lado imperialista na batalha entre papa e imperador, Gerhoh promoveu o papa à posição do topo na hierarquia terrena. Era a Igreja purificada, oposta à corrupção rica, dedicada à pobreza, com o papa à sua frente, que desempenharia o papel fundamental na preparação para o retorno de Cristo e a derrota do Anticristo. Somente quando a Igreja fosse reformada, o Anticristo seria humilhado – "quando o Senhor Jesus o matasse com o sopro de sua boca e o destruísse com o brilho de sua vinda"[307].

---

303. *Ibid.*, p. 106.

304. *Ibid.*, p. 106-107.

305. *Ibid.*, p. 107.

306. Citado em MCGINN. *Antichrist*, p. 124.

307. MCGINN. *Visions of the end*, p. 106.

Esse entrelaçamento de reforma eclesiástica e expectativa escatológica no século XII está exemplificado em Bernardo de Claraval (1090-1153), o principal porta-voz da monástica Ordem Cisterciense. Bernardo não estava convencido de que o Anticristo era iminente. Assim, por exemplo, em uma carta a Godofredo de Chartres, ele relatou uma conversa sobre o Anticristo que teve com seu amigo Norberto de Xanten (c. 1080-1134), o fundador da Ordem Monástica Premonstratense. Norberto "falou da vinda do Anticristo", Bernardo escreveu, "e, ao perguntar-lhe quando achava que isso se daria, ele declarou-se bastante certo de que seria durante a presente geração. Mas quando ouvi as razões que ele tinha para sua certeza, não me senti compelido a concordar com ele"[308].

Dito isto, Bernardo não era avesso a usar o dispositivo retórico do "Anticristo" na crítica de outros, especialmente na rivalidade entre os papas Inocêncio II e Anacleto II, cada um dos quais consagrado como papa no mesmo dia, 23 de fevereiro de 1130. Bernardo se lançou na briga em apoio a Inocêncio e contra Anacleto. Assim, na tentativa de persuadir Hildeberto, arcebispo de Tours, a apoiar Inocêncio, ele escreveu:

> Inocêncio foi preparado para a queda e ascensão de muitos. Aqueles que são de Deus o escolheram livremente, mas aquele que se opõe a ele [Anacleto] é o Anticristo ou seu

---

308. BERNARDO DE CLARAVAL. *Cartas*, Carta 59. Chicago: Henry Regnery Company, 1953, p. 86. Para uma excelente visão geral do pensamento de Bernardo sobre o Anticristo, cf. MCGINN, Bernard. Saint Bernard and eschatology. *In*: PENNINGTON, M. Basil (ed.). *Bernard of Clairvaux*: studies presented to Dom Jean Leclercq. Washington: Consortium Press, 1973, p. 161-185.

seguidor. A abominação desoladora está em pé no Lugar Santo, e para tomar-lhe posse ela ateou fogo ao santuário de Deus[309].

Em outra parte, em uma carta a Geoffrey de Loreto, Bernardo descreve Anacleto como "aquela besta, mencionada no Livro do Apocalipse, a quem foi dado o poder de blasfemar e fazer guerra aos santos"[310]. Do apoiador de Anacleto, Gerard de Angoulême, ele declarou, "dividindo aqueles a quem Cristo salvou pela união, ele se faz não um cristão, mas o Anticristo, culpado da cruz e da morte de Cristo"[311]. Isso era escatologia a serviço da política global.

Como no caso de Gerhoh, as expectativas de Bernardo sobre a iminência, ou não, do Anticristo foram definidas dentro de uma história da Igreja. De acordo com isso, a Igreja passaria por quatro estágios ao longo de sua vida que refletiam as quatro tentações enfrentadas pelos monges durante sua vida diária. Essas tentações monásticas foram derivadas por Bernardo daquelas descritas no Salmo 91,5-6: "Não temerás o pavor da noite nem a flecha que voa de dia; nem a peste que ronda no escuro nem a epidemia que devasta em pleno dia"[312].

---

309. BERNARDO DE CLARAVAL. *Cartas*, Carta 127, p. 188.

310. *Ibid.* Carta 128, p. 190.

311. *Ibid.* Carta 129, p. 194.

312. MCGINN. *Saint Bernard and eschatology*, p. 173; RUSCONI, Robert. Antichrist and antichrists. *In*: MCGINN, Bernard (ed.). *The encyclopedia of apocalypticism*. Nova York: Continuum, 1998, vol. 2, p. 298 – ambos o listam como Salmo 90. Na versão da Vulgata, derivada da Septuaginta grega que Bernardo teria usado, o salmo em questão também é numerado como 90. Traduções inglesas modernas, que eu sigo, o numeram como 91.

As quatro eras da história da Igreja de Bernardo, derivadas do Salmo 91, foram mais claramente expostas, por volta do ano 1139, no trigésimo terceiro de seus sermões sobre o Cântico dos Cânticos. Assim, a Igreja primitiva foi assaltada pelo "terror da noite" (*timor nocturnus*), pois foi então que "todos os que mataram os santos pensaram que estavam oferecendo um serviço a Deus"[313]. Na segunda era, quando a Igreja triunfou, "o terror da noite" foi substituído pela "flecha que voa durante o dia" (*sagitta volans in die*). Essa foi a era das heresias, em que homens vãos famintos da glória terrena "começaram a afligir sua santa mãe ensinando doutrinas diversas e perversas"[314]. Foi remediada pela sabedoria dos doutores, como foi a primeira era pela paciência dos mártires. A segunda era foi seguida pela de Bernardo, "o negócio que perambula no escuro" (*negotium perambulans in tenebris*), exemplificado na doença da hipocrisia e ambição dentro da Igreja:

> Hoje, a doença imunda se espalhou por todo o corpo da Esposa mística de Cristo, tanto mais incurável em proporção à medida que é amplamente estendida, e quanto mais mortal, mais profundamente ela penetra. Se alguém se levantasse contra a santa mãe Igreja, ensinando heresia aberta, este seria cortado como um membro infectado e abandonado para apodrecer. Se um inimigo perseguidor aparecesse contra ela, ela talvez pudesse se esconder de sua violência. Mas agora quem ela levará à frente? De quem se esconderá? Todos são seus amigos e, no entanto, todos são seus inimigos. Todos são seus filhos e, ao mesmo tempo, todos são seus adversários. Todos vivem em

---

313. BERNARDO DE CLARAVAL. *Sermões sobre o Cântico dos Cânticos*. Dublin: Browne and Nolan, 1920, p. 405.

314. *Ibid.*, p. 406.

sua casa, mas nenhum lhe dá paz. Todos são seus vizinhos, enquanto todos buscam as coisas que são suas. Eles são ministros de Cristo, mas servem ao Anticristo[315].

A última e pior era ainda estava por vir, a do demônio do meio-dia (*daemonium meridianum*). Ele apareceria a fim de seduzir o fiel remanescente, persistindo em sua simplicidade de vida: "Este é o Anticristo que simula o dia, sim, e o Meridiano, e 'se levanta contra tudo o que se chama Deus, ou se adora'"[316]. O Anticristo seria destruído por Cristo "com o sopro de sua boca e com o esplendor da sua vinda"[317].

Perto do fim de sua vida, Bernardo parece ter tido mais de uma expectativa de que a quarta idade estava próxima, ou mesmo que já havia chegado. Talvez, como muitos de nós à medida que envelhecemos, ele não tivesse dúvidas de que as coisas estavam piores do que quando era mais jovem. A santidade era rara, a iniquidade abundava, e "nossa era é carente de homens", declarou no prefácio de sua *Vida de São Malaquias de Armagh* em 1149, cerca de quatro anos antes de sua morte[318]. Suponho eu, prosseguiu, que

> ele veio ou está próximo daquele a quem se escreveu: A carestia virá antes de seu rosto. Se não me engano, o Anticristo é aquele a quem a fome e a esterilidade de todo o bem precedem e acompanham. Seja, portanto, o arauto de alguém agora presente, seja o prenúncio de alguém que virá imediatamente, a carestia é evidente[319].

---

315. *Ibid.*, p. 406-407.

316. *Ibid.*, p. 408.

317. *Ibid.*

318. BERNARDO DE CLARAVAL. *St Bernard of Clairvaux's life of St Malachy of Armagh.* Londres: Macmillan, 1920, prefácio.

319. *Ibid.*

4.6 A besta sexy

A monja beneditina Hildegarda de Bingen (1098-1179) trouxe uma nova ênfase à história do Anticristo. Para ela, a Igreja estava profundamente corrompida pela sexualidade. Assim, em sua obra maior, *Scivias* (c. 1151), Hildegarda descreveu sua visão do Anticristo nascido da vagina da Igreja:

> E mais uma vez eu vi a figura de uma mulher que eu já tinha visto na frente do altar que está diante dos olhos de Deus; ela estava no mesmo lugar, mas agora eu a vi da cintura para baixo. E da cintura ao lugar que denota a fêmea, ela tinha várias manchas escamosas; e ali havia uma cabeça negra e monstruosa. Tinha olhos ardentes, orelhas como as de um burro, e narinas e boca como as de um leão; abria bem suas mandíbulas e chocava terrivelmente com seus horríveis dentes de cor de ferro [...]. E veja! Aquela cabeça monstruosa se moveu de seu lugar com um choque tão grande que o corpo da mulher foi sacudido em todos os seus membros[320].

Na mesma visão, ela viu a morte do Anticristo, incorporando em sua visão a tradição pseudo-hipolitana do Anticristo como uma espécie de figura de Simão Mago, tentando ascender ao céu: "E uma grande massa de excrementos aderiu à cabeça; e elevou-se sobre uma montanha e tentou ascender à altura do céu. E eis que veio de repente um raio, que atingiu aquela cabeça com tanta força que caiu da montanha e rendeu seu espírito à morte"[321].

Seu comentário sobre essa visão permaneceu dentro da tradição de Adso. Mas sua sexualização do Anticristo deu-lhe

---

320. HILDEGARDA DE BINGEN. *Scivias*, 3.11. Nova York: Paulist Press, 1990, p. 493.
321. *Ibid.*

um novo sabor. Assim, a mãe do Anticristo tornou-se a Anti-Maria, a prostituta promíscua. Tendo-se separado dos amigos e da família, "ela secretamente se envolverá em fornicação vil com os homens, embora apenas alguns, conspurcando-se com grande apetite por feitos vis [...]. E no calor ardente dessa fornicação, ela conceberá o filho da perdição sem saber que sêmen de homem o gerou"[322]. Assim como o Diabo esteve intimamente envolvido na queda de Eva, ele também estaria na criação do Anticristo. Tendo prazer em sua promessa, o Diabo sopraria no embrião e o possuiria com todo o seu poder em seu ventre, resultando daí que "aquele destruidor sairá do ventre daquela mãe cheia do espírito do Diabo"[323].

O Anticristo será hábil em magia e parecerá realizar milagres, trazendo fogo e relâmpagos do céu, levantando trovões e tempestades de granizo, arrancando montanhas e secando água. Ele fará parecer que os doentes se curaram e que os saudáveis adoeceram, expulsará demônios e até mesmo ressuscitará os mortos. Assim, Deus disse a Hildegarda: "Muitos serão enganados, pois cegarão sua própria visão interior com a qual deveriam ter atentado a mim"[324].

No centro do ensinamento do Anticristo estava seu ataque à virgindade. Assim, no *Livro das obras divinas* de Hildegarda (1163-1173), o Anticristo dirá a seus seguidores que o princípio da castidade é contra a lei natural segundo a qual os corpos humanos devem ser quentes e frios, e que não é natural suprimir o calor corporal. Ele ensinará que "não há

---

322. *Ibid.*, 3.11.25, p. 502.
323. *Ibid.*
324. *Ibid.*, 3.11.27, p. 503.

pecado quando a carne se aquece na carne [...]. O maldito filho da corrupção desviará os seres humanos, ensinando-os a viver de acordo com os impulsos ardentes da carne e a aceder a todo desejo da carne"[325].

Tendo enganado seus seguidores com uma falsa morte e ressurreição, o Anticristo colocará na testa deles uma inscrição. Isso é mais do que simplesmente o "nome da besta ou o número do seu nome" (Apocalipse 13,17). O Diabo tem essa inscrição desde o início. Foi, de fato, a inscrição pela qual Satanás havia sido expulso do céu por Deus por querer tornar-se Deus. Essa marca nunca se havia mostrado a um ser humano. Mas será dado ao Anticristo marcar seus seguidores como o sinal da nova natureza maligna deles:

> Ele terá inscrições marcadas na testa de seus seguidores. Dessa forma, ele vai inscrever todo o mal sobre eles, assim como a antiga serpente fez com os seres humanos, enganando-os e despertando-lhes a paixão [inflamando-lhes a luxúria], a fim de mantê-los em seu poder. Por meio dessa inscrição e em oposição ao Batismo e ao nome de Cristo, o Anticristo capturará os seres humanos com feitiços mágicos de forma que eles não desejarão libertar-se dele[326].

Quando o Anticristo, tendo assassinado Enoque e Elias, tiver cumprido a vontade do Diabo na terra, ele irá, em seu orgulho e presunção, procurar conhecer os segredos do céu. Assim, na tradição de Simão Mago, ele reunirá todos os seus seguidores e os informará de que deseja ir ao céu. Mas o po-

---

325. HILDEGARDA DE BINGEN. *Hildegard of Bingen's book of divine works with letters and songs*, 3.10.30. Santa Fé, Novo México: Bear and Company, 1987, p. 254-255.

326. *Ibid.*, 3.10.32, p. 257.

der de Deus se manifestará e o destruirá, "ferindo-o com tal ciúme que ele cairá violentamente do auge de sua presunção, em todo o orgulho com que se levantou contra Deus. E, assim terminando, vomitará a sua vida na morte da perdição eterna"[327]. O povo, vendo o Anticristo caído e seu corpo apodrecendo e fedendo, se arrependerá de seus erros e voltará à verdade.

Quanto ao tempo do Anticristo, Hildegarda não soube precisá-lo. Ela foi clara em sua crença de que estava vivendo no fim dos tempos: "O assassino insano, o filho da perdição, virá em breve", declarou[328]. Mas não tão cedo! "Mas vocês, ó humanos, têm um tempo de travessia de agora em diante, até a vinda do assassino que tentará perverter a fé católica"[329]. De fato, sua visão do futuro incluía a das cinco eras do fim dos tempos, das quais apenas a última era a do Anticristo: "Então olhei para o Norte e eis que cinco bestas estavam lá. Uma era como um cão, feroz, mas não ardente; a outra era como um leão amarelo; a outra era como um cavalo branco; a outra como um porco preto; e a última como um lobo cinzento"[330]. O clero de seu próprio tempo, a era do cão, foi precursor do Anticristo, mas a era do Anticristo, a do lobo cinzento, estava claramente distante algum tempo.

Ao sustentar que o Anticristo, por mais monstruoso que fosse, nascia da maneira normal, Hildegarda de Bingen alinhava-se à tradição geral sobre seu nascimento. O filho de Satanás nasceu de uma mulher, assim como o Filho de

---

327. HILDEGARDA DE BINGEN. *Scivias*, 3.11.38, p. 507.
328. *Ibid.*, 3.11.25, p. 501.
329. *Ibid.*, 3.11.23, p. 500.
330. *Ibid.*, 3.11, p. 493.

170

Deus. Mas na segunda metade do século XV, imagens do nascimento do Anticristo por cesariana começaram a proliferar em xilogravuras para uma vida alemã do Anticristo, o *Endkrist*, as quais chegaram até mesmo à Espanha. Não havia tradição textual nesse sentido. Mas os ilustradores estavam provavelmente pretendendo que, uma vez que o Anticristo era contrário a Cristo em todas as coisas, ele poderia não nascer exatamente da mesma maneira que Cristo. Sua ignomínia só aumentava pelo fato de sua vida começar com a morte de sua mãe. As ilustrações que acompanhavam os textos do Anticristo representavam demônios presentes em seu nascimento. Assim, por exemplo, uma xilogravura alemã de 1475 retratou um demônio ao pé da cama olhando feliz enquanto o Anticristo nascia de uma grande ferida na barriga de sua mãe. Outro demônio na cabeceira da cama se prepara para levar a alma de sua mãe, retratada na forma de outra criança, embora a presença de um anjo na janela possa sugerir sua salvação em vez de sua condenação. "Ele estava cheio de tudo o que era perverso e mau", lemos[331].

Juntamente com as ilustrações satânicas do nascimento do Anticristo, houve versões obstétricas. Nelas, os demônios estavam ausentes e apenas figuras humanas apareciam. Assim, por exemplo, em uma ilustração de 1498 de uma edição de uma obra de Pseudo-Metódio e intitulada "Sobre o nascimento do Anticristo" (*De nativitate Antichristi*), o Anticristo já havia sido dado à luz, encontrava-se envolto em panos e

---

331. Essa mesma impressão ocorre em uma versão espanhola do *Endkrist* intitulada *El libro del Anticristo*. Cf. BLUMENFELD-KOSINSKI, Renate. *Not of woman born*: representations of caesarean birth in Medieval and Renaissance culture. Ithaca: Cornell University Press, 1990, ilustração 24. Registro minha dívida para com Blumenfeld-Kosinski nesta discussão.

era segurado por uma parteira. A mãe do Anticristo olhava infeliz para o corte em sua barriga. Ao contrário das ilustrações satânicas vernaculares nos livros xilográficos, essas versões obstétricas surgiram nas *xylographicae* tendo por destino um público mais educado. Em ambos os casos, é claro que os ilustradores viram uma simetria entre a "antinaturalidade" do nascimento por cesariana e o mal do nascimento do Anticristo.

4.7 Magnus Antichristus

Joaquim de Fiore, lembremos, surpreendeu o Rei Ricardo e sua comitiva em seu caminho para a Terra Santa em 1190, declarando que, longe da tradição adsoniana do Anticristo como judeu do Oriente, o Anticristo nasceria no centro do Ocidente, em Roma. Ele seria tanto um rei quanto um sacerdote – o último dos sete perseguidores reais da Igreja e um falso papa.

Foi um relato do Anticristo que Joaquim havia dado seis anos antes, em maio de 1184, na cidade de Veroli, em uma aparição perante o Papa Lúcio III (c. 1100-1185). Nessa ocasião, Joaquim disse ao papa que haveria sete perseguições antes que Cristo retornasse no fim dos tempos. A última delas seria a do Anticristo. Como Robert E. Lerner observou: "Qualquer profeta esfarrapado ou grisalho chamado para a ocasião poderia ter dito ao Papa Lúcio mais ou menos o mesmo"[332]. Joaquim, no entanto, colocou seu relato do Anticristo dentro de uma história inovadora e original da Igreja.

---

332. LERNER, Robert E. Antichrists and Antichrist in Joachim of Fiore. *Speculum*, vol. 60, n. 3, p. 555, 1985. Sinto-me especialmente grato a Lerner por esse debate. Cf. tb. REEVES, Marjorie. *The influence of*

De acordo com ela, as sete perseguições aos judeus no Antigo Testamento (um arco que vai da perseguição perpetrada pelos egípcios à levada a cabo por Antíoco) eram paralelas aos sete estágios da história da Igreja desde o início do Novo Testamento: "No Antigo Testamento, quando as sete tribulações tiveram fim, o Salvador que deveria redimir a raça humana veio ao mundo; assim, quando o mesmo número de perseguições contra a Igreja se tiverem cumprido, o Juiz que punirá este mundo fará sua aparição"[333]. As primeiras quatro perseguições da Igreja já haviam ocorrido – as dos judeus, dos pagãos, dos arianos e dos sarracenos, com três ainda por vir. Destas, a última seria a do Anticristo, "visto ser necessário que o Anticristo apareça antes do grande dia do Senhor"[334].

O relato mais desenvolvido de Joaquim sobre o Anticristo como o sétimo rei é elaborado em seu *Livro das figuras* (*Liber figurarum*). Nessa obra, encontramos uma exposição do significado do dragão de sete cabeças de Apocalipse 12, agora alinhado com os sete reis perseguidores de Apocalipse 17. Lemos no *Liber figurarum* que os cristãos conhecerão vitória ante a sexta cabeça do dragão, sobre a qual reina o sexto rei (Saladino). No entanto, depois de alguns anos, a ferida infligida na sexta cabeça do dragão vai desaparecer, e "o rei que estiver sobre ela (seja Saladino, caso ainda esteja vivo, seja outro em seu lugar) vai reunir um exército muito

---

prophecy in the later Middle Ages. Oxford: Clarendon Press, 1969. Para uma excelente visão geral de Joaquim, cf. WHALEN, Brett E. *Dominion of God*: Christendom and Apocalypse in the Middle Ages. Cambridge, MA: Harvard University Press, 2009, cap. 4.

333. MCGINN. *Visions of the end*, p. 131.

334. *Ibid.*, p. 133.

maior do que antes e travará uma guerra geral contra os eleitos de Deus"[335]. Ao mesmo tempo, a sétima cabeça do dragão – o grande Anticristo, *magnus Antichristus* – também surgirá, juntamente com uma multidão de falsos profetas. Ele "fingirá ser rei, sacerdote e profeta"[336]. Enquanto o sexto rei travará guerra a partir do Oriente, o sétimo virá do Ocidente para ajudá-lo. O Anticristo realizará grandes sinais diante do rei oriental, "assim como Simão Mago havia feito aos olhos de Nero"[337]. Joaquim chegou perto de identificar o Anticristo com o papa. "Assim como a besta do mar [Apocalipse 13]", escreve ele,

> é considerada um grande rei de sua seita que é como Nero e quase imperador de todo o mundo, então a besta que sobe da terra [Apocalipse 11] é considerada um grande prelado [*magnum prelatum*] que será como Simão Mago e como um papa universal [*universalis pontifex*] em todo o mundo. Ele é o Anticristo de quem Paulo disse que se levantaria e se oporia a tudo que é divino e sagrado, e que ele se sentaria no templo de Deus mostrando a si mesmo como Deus [2 Tessalonicenses 2,4][338].

Esses dois reis serão ambos derrotados por Cristo: "Esses dois farão uma conspiração para limpar o nome de Cristo da terra. Mas Cristo os vencerá, aquele que é Rei dos reis e Senhor dos senhores"[339].

---

335. *Ibid.*, p. 137.
336. *Ibid.*, p. 138.
337. *Ibid.*, p. 137.
338. Citado em MCGINN. *Antichrist*, p. 141-142.
339. MCGINN. *Visions of the end*, p. 138.

De acordo com a tradição apocalíptica dominante até aquele momento, o julgamento final ocorreria imediatamente após a derrota do Anticristo ou, talvez, após um curto período de descanso para os santos. Joaquim, porém, traz mais uma inovação significativa. Trata-se de uma nova leitura do Livro do Apocalipse, no sentido de que os capítulos 17 a 22 abordam, sim, o futuro. Agostinho, lembremos, acreditava que o aprisionamento de Satanás por (um período figurativo de) "mil anos" (Apocalipse 20,2-3) ocorrera no momento da paixão de Cristo, que tal período coincidia com o reinado de "mil anos" dos santos com Cristo (Apocalipse 20,4-6), e que, no fim desse período, Satanás seria libertado (Apocalipse 20,7). Satanás entraria, então, no Anticristo, que perseguiria os cristãos antes de ser finalmente derrotado.

Joaquim projetava todos esses eventos para o futuro. Ele alinhou o aprisionamento de Satanás não à morte e ressurreição de Cristo, mas à derrota do Anticristo já nascido. Ao contrário de Agostinho, para quem o reinado "milenar" dos santos era espiritual e estava em andamento, Joaquim o declarou terreno, a ter início na derrota do Anticristo e coincidir com o aprisionamento de Satanás. A paz e a justiça reinariam então sobre a terra durante o "milênio", embora "só Deus saiba o número dos anos, dos meses e dos dias daquele tempo"[340].

Para Joaquim, estava próximo o tempo em que o Anticristo, assistido pelo Diabo e seus demônios, daria início a seu ataque. Ele coincidiria com o fim da segunda e o início

---

340. *Ibid.*, p. 140.

da terceira "era" (*status*). A primeira delas, segundo Joaquim, correspondera ao tempo da Lei do Antigo Testamento e do Pai. Durante esse período, as pessoas ainda não conseguiram alcançar "a liberdade do Espírito"[341]. Designava-se a segunda era como a do Evangelho e do Filho. Ela ainda era vigente no próprio tempo de Joaquim. Foi um período de liberdade maior do que aquele sob a Lei do Antigo Testamento, mas não tão completa quanto a da terceira era.

A terceira era, a do Espírito Santo, viria

> com a proximidade do fim do mundo. A terceira era não se encontrará mais sob o véu da letra, mas na plena liberdade do Espírito quando, após a destruição e o cancelamento do falso evangelho do filho da perdição e seus profetas, aqueles que ensinam as gentes sobre a justiça serão como o esplendor do firmamento e como as estrelas para sempre[342].

A sociedade cristã seria espiritualizada sob a orientação de "homens espirituais" (*viri spirituales*). Não tanto o "governo dos santos", esse era para ser o "governo dos monges".

"O governo dos homens espirituais" haveria de começar no ano de 1260. Joaquim poderia ter chegado a essa data de diversas maneiras. Mas ele parece tê-la derivado do emparelhamento das histórias do Antigo Testamento e do Novo Testamento. Assim, em uma passagem do *Livro das figuras*, declara Joaquim:

> Desde os dias de Zorobabel, são contados 1.260 anos sob os quais o Antigo Testamento conhece seu início e fim [...]. Portanto, de acordo com o Novo Testamento, é claro que se concluirá sob o mesmo número, isto é, o de 1.260

---

341. *Ibid.*, p. 133.

342. *Ibid.*, p. 134. Não há necessidade de enfatizá-lo, mas deve-se notar que houve uma sobreposição dessas eras.

anos, após os quais, quando for sua vontade, mas sem demora, o Juiz virá para julgar[343].

Dito isto, a leitura futurista de Joaquim dos capítulos posteriores do Livro do Apocalipse, em sentido contrário à de Agostinho, levou-o a um grave problema interpretativo. Ele tinha lidado com a derrota do Anticristo antes do início do período milenar. Mas como agora lidar com a perda de Satanás, que "sairá a enganar as nações que estão sobre os quatro cantos da terra, Gog e Magog, cujo número é como a areia do mar, para as ajuntar em batalha" (Apocalipse 20,8)? Simples! Ele acrescentou outro Anticristo final: "Entre todos os anticristos que aparecerão no mundo, dois são piores do que os outros: aquele que é denotado pela sétima cabeça [do dragão] e aquele denotado pela cauda [...]. Os santos de Deus falaram especificamente de um Anticristo e, no entanto, haverá dois, um dos quais será o Maior Anticristo"[344].

Esse Anticristo final seria Gog, o comandante do exército satânico. Deus iria julgá-lo, bem como seu exército, com fogo e enxofre derramado do céu. Ele e o Diabo "serão lançados no lago de fogo onde a besta [o primeiro Anticristo] e o falso profeta já estão"[345]. "E com esse golpe", escreve Robert E. Lerner, "o abade efetuou a primeira grande divergência no pensamento medieval sobre o Anticristo desde os dias dos Pais da Igreja"[346]. Ademais, e talvez ainda mais significativamente, Joaquim havia realizado uma importante revisão da

---

343. Citado em RUSCONI. *Antichrist and antichrists*, p. 303-304.

344. MCGINN. *Visions of the end*, p. 140-141.

345. *Ibid.*, p. 140.

346. LERNER. *Antichrists and Antichrist in Joachim of Fiore*, p. 560.

cristologia tradicional. Ele acrescentara uma nova aparição de Cristo na terra. Cristo havia retornado uma segunda vez para destruir o grande Anticristo antes do milênio, mas agora Ele também retorna uma terceira vez no fim do milênio, dessa vez para derrotar Gog, o Anticristo final.

5
De profetas, sacerdotes e reis

Vi, então, subir do mar uma besta com dez chifres e sete cabeças. Sobre os chifres havia dez diademas e sobre as cabeças, nomes blasfematórios (Apocalipse 13,1).

5.1 Anticristos, reais e papais

Em 20 de novembro de 1210, William Aurifex, juntamente com outros nove condenados, foi queimado por heresia. Não se tratava de pessoas comuns, mas, como Cesário de Heisterbach (c. 1180-c. 1240) o colocou, de "homens instruídos", em quem o Diabo incutira entendimento perverso[347]. Tinha-se William, embora fosse clérigo de instrução filosófica, como seu "profeta". Ele era conhecido pela alcunha de "Aurifex", de onde se fez lembrar como William *o Ourives*, embora possa muito bem ter sido um alquimista filosófico.

---

347. CESÁRIO DE HEISTERBACH. *Dialogus miraculorum*, 5.22. In: WAKEFIELD, Walter L.; EVANS, Austin P. *Heresies of the high Middle Ages*: selected sources translated and annotated. Nova York: Columbia University Press, 1969, p. 259.

William e seus colegas eram seguidores de Amalrico de Bena (m. 1204-1207). Amalrico lecionara Lógica e Teologia na Universidade de Paris. Indo bem além dos limites da ortodoxia, ele ensinara que Deus estava em todas as coisas, que o inferno era ignorância, que o céu estava apenas no aqui e agora, e que o homem verdadeiramente "espiritual" não pode pecar. A certa altura, foi denunciado por heresia pelo Papa Inocêncio III e forçado a rejeitar publicamente seus ensinamentos. Humilhado por sua retratação pública, Amalrico adoeceu e morreu logo depois. Em 1215, o Quarto Concílio de Latrão condenou seus ensinamentos. "Também reprovamos e condenamos", declarou o Concílio, "o ensino perverso do ímpio Amaury [Almaric em inglês, Amalricus em latim] de Bena, cuja mente o pai da mentira escureceu tanto que seu ensino deve ser considerado não tanto herege quanto insano"[348].

O ensino de William foi uma interpretação particularmente "otimista" de Amalrico. Ele proclamou que o pão no altar em que o corpo de Cristo estava presente era igual a qualquer outro pão. Ele negou a ressurreição do corpo e disse que não havia céu nem inferno. Aquele que possuía conhecimento de Deus, acreditava ele, tinha o céu dentro de si, assim como aquele que se encontrasse em pecado mortal guardava o inferno dentro de si, "como um dente podre na boca"[349]. Ele e seus seguidores escarneciam daqueles que beijavam os ossos dos mártires e blasfemavam

---

348. Décimo Segundo Concílio Ecumênico: Quarto Concílio de Latrão 1215, *Medieval Sourcebook*, 1996. Cf. tb. COHN, Norman. *The pursuit of the millennium*. Londres: Paladin, 1970, p. 152-156.

349. WAKEFIELD; EVANS. *Heresies of the high Middle Ages*, p. 259.

contra o Espírito Santo. A sua teologia era aparentemente a do libertinismo sexual:

> Se alguém estivesse "no Espírito", diziam eles, ainda que cometesse fornicação ou fosse corrompido por qualquer outra imundície, não teria pecado em si, porque esse Espírito, que é Deus, sendo inteiramente distinto do corpo, não pode pecar. O homem, que não é nada, não pode pecar enquanto esse Espírito, que é Deus, estiver dentro dele, pois Ele "opera tudo em todos"[350].

Não sabemos se William foi diretamente influenciado por Joaquim de Fiore, mas estava claro, a exemplo de Amalrico, sua inspiração, que seu trabalho se constituía sob noções joaquimitas. Disse ele ao Mestre Ralph de Namur (que acabaria por depor contra ele ao bispo de Paris) que o Pai havia trabalhado sob a Lei, e o Filho sob a Eucaristia, o Batismo e os outros sacramentos. Agora, sob o Espírito Santo, os sacramentos não existiam mais, uma vez que Deus falaria através daqueles em quem estava encarnado, ou seja, sete homens, dos quais ele mesmo, William modestamente declarou, era um.

Como a joaquimita, sua profecia era apocalíptica. Ele previa que, em um intervalo de cinco anos, haveria quatro pragas. Na primeira delas, o povo seria destruído pela fome; na segunda, os nobres se matariam uns aos outros pela espada; na terceira, a terra se abriria e engoliria os habitantes da cidade; e na quarta, fogo desceria sobre os prelados da Igreja, que eram os membros do Anticristo. No entanto, ele deu um grande passo à frente em seu apocalipsismo em relação a Joaquim. Este, lembremos, esperava que o Anticristo fosse

---

350. *Ibid.*

um falso papa. William disse que o *verdadeiro* papa era o Anticristo. "O papa é o Anticristo", declara, "Roma é Babilônia; o próprio papa reina sobre o Monte das Oliveiras, isto é, na brutalidade do poder"[351]. E, novamente, ao contrário de Joaquim, que via o Anticristo tanto como sacerdote quanto como rei, William revisita a tradição do último imperador do mundo. Após a derrota do Anticristo, toda a terra ficaria sujeita ao rei da França e ao seu filho, o futuro Luís VIII, ainda delfim à época. Ele viveria "na era do Santo Espírito e não morreria"[352]. De forma bastante misteriosa, o futuro rei receberia 12 pães – "que são o conhecimento e o poder das Escrituras"[353].

Cerca de 40 anos após a morte de William Aurifex, na primavera de 1247, o Imperador Frederico II (1194-1250) marchava com seu exército pela Toscana. Segundo a *Crônica* do frade franciscano Salimbene (1221-1288), um abade idoso e santo, temendo que o imperador destruísse sua abadia, que ficava no caminho de Frederico, de Lucca a Pisa, fugiu para o convento franciscano de Pisa. Ele acreditava que em Frederico II "todos os mistérios da iniquidade devem ser cumpridos"[354]. Ele acreditava, em suma, que o imperador era o Anticristo. O abade era um seguidor de Joaquim de Fiore. E ele levou consigo para Pisa todos os livros de Joaquim de Fiore que possuía – uma "bagagem cheia de catalisadores escatológicos", como Robert E. Lerner coloca com precisão –

---

351. *Ibid.*, p. 260.

352. *Ibid.*

353. *Ibid.*

354. COULTON, G.G. *From St Francis to Dante*: translations from the *Chronicle* of the Franciscan Salimbene, 1221-1288. Filadélfia: University of Pennsylvania Press, 1972, p. 79.

dos quais, sem dúvida, o abade deduziu que Frederico II era o Anticristo real do Ocidente que Joaquim esperava[355].

O impacto do pensamento joaquimita do abade foi imediato. O Irmão Rodolfo da Saxônia, lemos, "um grande lógico, teólogo e debatedor, deixou o estudo da teologia em razão desses livros de Joaquim [...] e tornou-se ferrenho joaquimita"[356]. Salimbene também se uniu à fraternidade joaquimita. Outros franciscanos seguiram os passos do abade de Lucca. O apocaliticismo de Joaquim tornou-se sem demora parte fundamental da teologia franciscana. Embora as maneiras exatas pelas quais o pensamento joaquimita espalhou-se dentro da ordem franciscana, além do incidente da passagem da tocha em Pisa, sejam desconhecidas, não há dúvida de que no espaço de meio a um ano após a primavera de 1247, o joaquinismo guelfo era endêmico entre os Frades Menores [franciscanos][357].

Os franciscanos foram, sem dúvida, incentivados a endossar o pensamento joaquimita pela identificação de si mesmos com aqueles "homens espirituais" (*viri spirituales*) que, de acordo com Joaquim, seriam as lideranças da era do Espírito Santo. Além disso, um dos livros que podem ter sido levados pelo abade e que os franciscanos viriam a absorver foi o chamado *Comentário sobre Jeremias*. Esse trabalho foi atribuído a Joaquim, mas na verdade foi escrito por segui-

---

355. LERNER, Robert E. Frederick II, alive, aloft and allayed, in Franciscan-Joachite eschatology. *In*: VERBEKE, Werner *et al.* (ed.). *The use and abuse of eschatology in the Middle Ages*. Lovaina: Leuven University Press, 1988, p. 364. Deixo registrada minha especial gratidão a Lerner por esse debate.

356. COULTON. *From St Francis to Dante*, p. 79.

357. LERNER. *Frederick II, alive, aloft and allayed*, p. 364.

dores de Joaquim no início da década de 1240. Nessa obra, "Joaquim" prediz a vinda de duas grandes ordens religiosas mendicantes, uma *ordo minorum* e uma *ordo predicancium*. Os franciscanos se viam como a *ordo minorum* esperada por Joaquim, e seu *status* apocalíptico entre os franciscanos cresceu na mesma proporção.

Por outro lado, Frederico II era um candidato mais do que provável a Anticristo. Embora Salimbene o declarasse intrépido e, em determinados momentos, gentil, cortês e agradável, dotado de senso de humor, "de fé em Deus ele nada tinha; era ardiloso, astuto, avarento, lascivo, malicioso, irascível"[358]. Pouco se duvidava de sua crueldade. Salimbene menciona uma ocasião em que o imperador ofereceu a dois homens um excelente jantar, ordenando a um deles que se retirasse para dormir, e ao outro que saísse para caçar. Na mesma noite, desejando saber quem entre os dois tinha feito melhor digestão, "ele fez com que eles fossem estripados em sua presença"[359]. Boa companhia para uma taça de vinho ou duas, talvez, mas não aceite um convite para jantar.

O apocaliticismo de Joaquim pode muito bem ter conhecido influência sobre as primeiras críticas a Frederico II surgidas da corte papal. Seria o caso, por exemplo, do manifesto datado de 1239 do Papa Gregório IX (c. 1170-1241), *Ascendit de Mari Bestia*, que coloca inequivocamente Frederico II no papel do Anticristo. "A besta repleta de nomes da blasfêmia se levantou do mar", declara:

---

358. COULTON. *From St Francis to Dante*, p. 241.
359. *Ibid.*, p. 243.

Cessai de vos deixar surpreender com o fato de aquele que agora se levanta para varrer da terra o nome do Senhor apontar uma espada ofensiva contra nós. Em vez disso, para que possais resistir às suas mentiras com a verdade aberta e refutar suas falácias com argumento puro, tende cuidado e ponderai sobre o começo, o meio e o fim desta besta, Frederico[360].

Em uma carta papal de 1240, *Convenerunt in Unum*, ele escreve em termos igualmente apocalípticos: "Que outro Anticristo devemos esperar, quando, como é evidente em suas obras, ele já veio na pessoa de Frederico? É ele o autor de todo crime, manchado por toda crueldade, e invadiu o patrimônio de Cristo procurando destruí-lo com ajuda sarracena"[361].

Não surpreende que o imperador já estivesse devolvendo fogo apocalíptico. Assim, em julho de 1239, em carta intitulada *In Exordio Nascentis Mundi*, declara:

Aquele que é papa apenas no nome disse que nós somos a besta subindo do mar repleta dos nomes da blasfêmia e manchada como um leopardo. Afirmamos que ele é o monstro sobre o qual lemos: "Saiu outro cavalo, vermelho. E a quem o montava foi concedido tirar a paz da terra, para que os homens se matassem uns aos outros" [Apocalipse 6,4]. Ele escandalizou o mundo inteiro. Interpretando suas palavras no verdadeiro sentido, ele é aquele grande dragão que desvia o mundo [Apocalipse 12], o Anticristo, cujos precursores ele diz que *nós* somos [...]. *Ele* é o anjo que vem do abismo trazendo taças cheias de ira para operar o mal contra o mar e a terra [Apocalipse 16,1-3][362].

---

360. MCGINN. *Visions of the end*, p. 173-174. Esse texto, assim como vários outros da corte dos papas Gregório IX e Inocêncio IV, pode ter sido composto pelo Cardeal Rainer de Viterbo e seu círculo.

361. *Ibid.*, p. 169.

362. *Ibid.*, p. 174-175 (grifo nosso).

O conflito entre o imperador e o papa continuou quando o Cardeal Sinibaldo Fieschi foi eleito Papa Inocêncio IV (c. 1195-1254) em 1243. Em sua carta *Iuxta Vaticianum Isaiae*, ele retratou o imperador como o Anticristo: "Como Frederico tem na testa o chifre do poder e uma boca que produz coisas monstruosas, ele se acha capaz de transformar os tempos e as leis e de deitar a verdade no pó e, portanto, ele blasfemou contra o Altíssimo e proferiu ultrajes contra Moisés e Deus"[363]. Em 1245, no Concílio de Lyon, Inocêncio IV depôs o imperador. Mais uma vez, Frederico devolveu os ataques, desta vez mostrando como o valor numérico do nome "Innocencius papa" significava o número da besta, 666: "Quando o número é totalmente somado, o nome da marca da besta, isto é, do Anticristo que é o Papa Inocêncio, é igual a 666 [...]. Não há dúvida de que ele é o verdadeiro Anticristo"[364].

A crença de que Frederico II era o Anticristo, e a expectativa resultante de que ele e seu exército seriam derrotados quando Cristo voltasse em 1260, viria a dar em nada. O imperador morreu de disenteria em dezembro de 1250. A relutância em acreditar em sua morte, tanto entre aqueles que pensavam bem dele quanto entre aqueles que pensavam mal, era generalizada. Salimbene declarou que "nunca poderia ter acreditado em sua morte de fato, não tivesse escutado [a notícia] dos lábios do Papa Inocêncio IV"[365]. "Pois eu era um joaquimita", continuou ele, "acreditando e esperando que Frederico operasse ainda mais o mal"[366].

---

363. *Ibid.*, p. 169-170.
364. *Ibid.*, p. 176.
365. COULTON. *From St Francis to Dante*, p. 245.
366. *Ibid.*

A morte por disenteria era um fim inglório para quem esperava se envolver na maior batalha escatológica da história com Cristo e seu exército de anjos. Não foi, no entanto, o fim da história de Frederico II como o Anticristo. Como o pior perseguidor do cristianismo desde o Imperador Nero (ao menos assim se acreditava), não chega a surpreender que ele tenha sido modelado, a exemplo do Anticristo Nero, enquanto alguém que ainda estivesse vivo ou que, no momento certo, seria restaurado à vida. Chegou-se a acreditar, por exemplo, que ele estivesse escondido em uma montanha. O cronista inglês Tomás de Eccleston relatou notícias trazidas aos franciscanos em Londres por um Irmão Mansueto. De acordo com Mansueto, certo irmão siciliano teve uma visão, concomitante à morte de Frederico II, de 5 mil cavaleiros mergulhando no mar, que assobiavam como se suas bardas se derretessem. Um dos cavaleiros era "o Imperador Frederico entrando no Monte Etna", a Boca do Inferno[367]. Entre seus apoiadores, ele estava destinado a viver como o último imperador romano que, habitando "em sua fortaleza nas montanhas, [...] um dia retornará, estabelecerá o reino da Justiça, castigará a Igreja e levará o povo de Cristo a Jerusalém"[368].

De outro modo, havia a expectativa de que ele "retornaria" em um de seus filhos. Circulando a partir de meados da década de 1250, com a expectativa do iminente retorno de Cristo, em 1260, uma obra intitulada *O livro das aflições*

---

367. PADRE CUTHBERT. *The friars and how they came to England*: being a translation of Thomas of Eccleston's *De Adventu F.F. Minorum in Angliam*. Londres: Sands & Co., 1903, p. 228.

368. KANTOROWICZ, Ernst. *Frederick the Second, 1194-1250*. Nova York: Frederick Ungar Publishing Co., 1957, p. 506.

dos profetas previa um terceiro Frederico, que aterrorizaria a Igreja. Salimbene conhecia esse trabalho. Certa vez o leu a um amigo, Azzo, marquês de Este, enquanto se reuniam com outro frade sob uma figueira[369].

Com a passagem do ano de 1260, e com o fracasso da previsão de Joaquim de que Cristo voltaria naquele ano, o entusiasmo dos franciscanos joaquimitas diminuiu. Como Robert E. Lerner observa, "supunha-se que os mistérios haviam sido 'revelados' em 1260, mas era evidente que eles ainda estavam envoltos em enigmas"[370]. Salimbene também perdeu a fé no pensamento joaquimita: "Depois da morte do ex-imperador Frederico, e a passagem do ano de 1260, então eu abandonei toda essa doutrina; e estou determinado a crer não mais do que sou capaz de ver"[371].

5.2 O Anticristo místico

Frederico não conseguiu se levantar novamente; o mesmo não se pode dizer do pensamento joaquimita. Quando ele renasceu entre os franciscanos no fim do século XIII, porém, sua atenção dirigia-se mais a um pseudopapa anticristão do que a um imperador anticristão. O debate sobre o Anticristo embutia-se, então, no conflito dentro do franciscanismo sobre a natureza da pobreza dentro de sua tradição. Essa foi uma batalha entre aqueles que, seguindo o exemplo de São Francisco de Assis (1181 ou 1182-1226), afirmavam uma vida de pobreza absoluta em relação àqueles

---

369. COULTON. *From St Francis to Dante*, p. 113.
370. LERNER. *Frederick II, alive, aloft and allayed*, p. 379.
371. COULTON. *From St Francis to Dante*, p. 158.

que adotavam uma visão mais branda que permitia o uso, se não a propriedade, de bens e posses. A partir da década de 1280, os defensores da pobreza absoluta (os "espirituais") começaram a se alinhar com o pensamento joaquimita e a relacionar São Francisco e os "franciscanos espirituais" em uma leitura joaquimita do fim dos tempos. Seu principal porta-voz foi Pedro Olivi (c. 1248-1298), um teólogo escolástico que viria a rejeitar a filosofia escolástica dominante da época como um aristotelismo "carnal" e islamizado e, em seu lugar, abraçar o pensamento joaquimita como um apocaliticismo "espiritual".

Como nos lembramos, Joaquim havia profetizado anticristos duplos – o grande Anticristo, que mais tarde seria sucedido por Gog, o comandante do exército satânico. Em uma variação original em torno do pensamento joaquimita e da tradição do Anticristo em geral, Pedro Olivi fez o grande Anticristo ser *precedido* por outro Anticristo, a saber, o Anticristo *mysticus* – o místico, oculto ou secreto. No nível mais geral, a doutrina de Olivi de anticristos duplos – o grande e o secreto – foi uma consequência de seu princípio fundamental de interpretação das Escrituras. Segundo tal princípio, por trás do significado literal de qualquer passagem, havia um significado secreto ou místico. Ao falar do Livro do Apocalipse, ele declara: "Que se note que em qualquer lugar desse livro em que ele trata do grande Anticristo de forma profética, supõe-se o tempo do Anticristo místico que o precede"[372].

---

372. MCGINN. *Visions of the end*, p. 210. Esse princípio era, em si, parte de outro mais geral, no sentido de que a Escritura profética pode ter múltiplas referências.

Crucial para a interpretação de Olivi do Anticristo foi onde ele localizou *a si próprio* nas páginas da história e, particularmente, a época em que escreveu seu comentário sobre o Livro do Apocalipse nos últimos anos de sua vida, no fim do século XIII. Como Joaquim, Olivi viu a história do mundo até o tempo de Cristo em sete períodos, e desde o tempo de Cristo até o fim da história em mais sete períodos. O primeiro período do segundo conjunto de sete corresponde à fundação da Igreja primitiva sob os apóstolos. Começou com a ressurreição de Cristo e o envio do Espírito Santo. O segundo foi o das perseguições da Igreja e seus mártires, começando com Nero (ou mesmo com o apedrejamento de Estêvão). O terceiro foi o período do estabelecimento doutrinário da fé em oposição às heresias que surgiram. Ele começa com o reinado de Constantino e o Concílio de Niceia. O quarto, tendo início com "Santo Antônio o Anacoreta", foi o período em que os cristãos se retiraram do mundo em favor da solidão e do ascetismo extremo.

O quinto período tem por ponto de partida Carlos Magno e inclui a posse de bens por monges e clérigos. O sexto foi o da reforma das tradições monásticas, a expulsão da seita do Anticristo, a conversão final dos judeus e a reconstrução, na terra, da Igreja no modelo de sua forma mais antiga. Esse sexto período começa, em parte, no tempo de São Francisco, e conhece seu início mais pleno "com a destruição da grande prostituta Babilônia", quando o anjo de Cristo reunirá o exército de Cristo. Finalmente, o sétimo período será o tempo paradisíaco da Igreja na terra, começando com a morte do Anticristo e terminando no julgamento final e geral dos eleitos e dos condenados[373].

---

373. OLIVI, Peter John. *Comentário ao Apocalipse*. Nova York: Franciscan Institute Publications, 2017, p. 5-8, prólogo.

Dá-se em Joaquim como em Olivi. Ele combinou seu padrão de setes duplos com uma divisão da história do mundo nas eras do Pai, do Filho e do Espírito Santo. A era do Pai dura até o tempo de Cristo, a era do Filho se estende de Cristo ao tempo de São Francisco (períodos de um a cinco), enquanto a era do Espírito começa no sexto período e alcança a realização no sétimo. Olivi localizava-se na sobreposição entre o fim do quinto período e o início do sexto, e, portanto, acreditava-se já na terceira era (que começara com São Francisco ou Joaquim de Fiore). Embora a terceira era já tivesse começado, ele, no entanto, via-se em um mundo predominantemente carnal e não espiritual, no fim de um período cada vez mais exemplificado pela aceitação de uma filosofia carnal (aristotelismo) e a rejeição da verdadeira espiritualidade (pobreza franciscana).

Por outro lado, ele também acreditava que, com a ascensão do franciscanismo e seu ideal de pobreza no início do século XIII, seu tempo também era um momento de recuperação e renovação dos ideais cristãos. Assim, em um século em que o quinto e sexto períodos se sobrepunham, era de se esperar a luta entre os "homens espirituais" de Joaquim, do sexto, e os "homens carnais", do quinto. Assim, também, enquanto o grande Anticristo só viria ao fim do quinto período, o Anticristo místico já estava presente nessa sobreposição entre o quinto e o sexto períodos.

Quem então eram os dois anticristos?[374] É claro que, por um lado, o Anticristo místico é uma figura coletiva que já

---

374. Sobre os debates modernos a respeito dessa questão e as dificuldades em determinar o que Olivi pretendia, cf. BURR, David. *Olivi's peaceable kingdom*: a reading of the Apocalypse commentary. Filadélfia: University

trabalha secretamente desde a Queda do homem: "De certa forma, toda a massa bestial de pessoas más sobe do mar, isto é, da profundidade insuperável da malícia ou do profundo e amargo abismo da original e, então, real corrupção da natureza humana"[375].

Esse Anticristo místico coletivo logo seria exemplificado por um indivíduo. Olivi parece incerto quanto a se o Anticristo místico será um rei ou um pseudopapa, ou talvez uma combinação de ambos. Tudo posto, ele parece favorecer o Anticristo místico como um pseudopapa, até porque vê seu próprio tempo como o de uma batalha dentro da Igreja entre franciscanos e o papado em torno da pobreza radical. "Nesse tempo", escreveu, "quase todos deixarão a obediência ao verdadeiro papa e seguirão o pseudopapa, que será de fato 'pseudo' porque erra de maneira herética contra a verdade da pobreza e perfeição evangélica, e talvez também porque ele não será canonicamente eleito, mas cismaticamente introduzido"[376].

De qualquer forma, a ascensão do Anticristo místico provocará uma perseguição aos eleitos. Isso só terminará quando um exército pagão (provavelmente muçulmano) destruir a Babilônia (Roma) e a igreja carnal. Haverá então uma ressurgência da verdadeira Igreja. Outra perseguição não tardará a começar, provocada pelo grande Anticristo e simbolizada tanto pela besta do mar – um poder pagão revivido sob (provavelmente) um governante muçulmano –

---

of Pennsylvania Press, 1993, cap. 6. Sinto-me especialmente grato a Lerner por esse debate.

375. OLIVI. *Comentário ao Apocalipse*, 13.20, p. 413.

376. Citado em BURR. *Olivi's peaceable kingdom*, p. 145.

quanto pela besta da terra – um pseudopapa provavelmente destacado dos próprios franciscanos.

Em contraste com o Anticristo místico, que é tanto coletivo quanto individual, Olivi via o grande Anticristo como um indivíduo. Novamente, se o grande Anticristo era um rei ou um pseudopapa – um tirano ou um herege, ou ambos – não está claro. Olivi parece não se importar: "Eu mesmo não me preocupo muito se aquele que será propriamente o Anticristo, adorado como Deus e autoproclamado Rei dos Judeus, será um rei, pseudopapa ou ambos. Basta-me saber que ele será enganoso e contrário a Cristo"[377]. Em ambos os casos, tamanha seria a calamidade do mundo que Cristo então interviria para acabar com ele.

O calendário de Olivi para o apocalipse é confuso e impreciso. Como David Burr ironicamente coloca, "Olivi parece estar sugerindo que o Espírito Santo fala em números muito aproximados, precisos de forma a abarcar três ou mais séculos"[378]. Via de regra, essa é uma estratégia muito boa para preditores proféticos, embora, em última análise, inútil. E as previsões de Olivi tornaram-se intrincadas sob a inclusão *tanto* do místico *quanto* do grande Anticristo. Ainda assim, dito isso, como vimos acima, o tempo do Anticristo místico *coletivo* já era presente. Olivi parece à espera do Anticristo místico *individual* em um futuro imediato, provavelmente por volta de 1300 ou 1301.

---

377. Citado em *Ibid.*, p. 142.
378. *Ibid.*, p. 175.

Assim, por exemplo, em um cálculo, em seu comentário sobre o número da besta em Apocalipse 13,18, o número 666 representou o número de anos desde o fim do quarto período até o Anticristo místico. A se pressupor que ele vê a ascensão do islã ocorrendo em fins do quarto período, por volta do ano 635, isso colocaria a chegada do Anticristo místico por volta de 1301. Olivi também fala de sete séculos entre a ascensão do islã e a vinda do grande Anticristo. Isso colocaria sua chegada por volta do ano de 1335. Em ainda outro cálculo, Olivi datou a liberação de Satanás mil anos após o início da cristandade com Constantino (digamos, o ano 300), por volta do ano 1300. Olivi podia alinhar essa datação (de maneira aproximada) com os 1.260 dias (anos) de Apocalipse 12,6 e os 1.290 dias (anos) de Daniel 12,11 após a morte de Cristo. Assim, tudo isso reconduzia o tempo dos anticristos a algum momento em torno do fim do século XIII e início do século XIV.

Seja como for, em meados do século XIV, a terceira era do Espírito Santo teria começado, com a expectativa de que ela (e a história) terminaria em algum momento por volta do ano 2000. Como David Burr comenta em 1993: "Estamos entrando na reta final e podemos esperar pouco para além de nosso encontro com Gog"[379]. Esse tempo já passou. Então, *neste* momento em que escrevo – nem mesmo isso se pode esperar!

Seja como for, tanto Joaquim de Fiore quanto Pedro Olivi hesitaram em apontar o dedo apocalíptico para qualquer papa *específico*, identificando-o como o Anticristo – ou pelo menos não estavam dispostos a nomeá-lo. Não é assim com

---

379. *Ibid.*, p. 176.

o colega de ensino franciscano de Olivi em Florença, Ubertino de Casale (1259-depois de 1325). Ele deu sequência à combinação de compromisso de Olivi com o ideal da pobreza radical, seu apocaliticismo e sua crítica à Igreja. Suspenso das atividades docentes em razão de seus ataques à igreja "carnal", retirou-se para Monte Alverne (onde São Francisco havia recebido os estigmas) e escreveu seu *A árvore da vida crucificada de Jesus* em 1305.

Como Olivi, Ubertino se viu em um período de decadência mitigado apenas pelas ordens monásticas franciscana e dominicana. "Em fins do quinto *estágio (período)* da peregrinação da Igreja", declarou, "os autoindulgentes reuniam-se como gado, os avarentos rastejavam como répteis, os arrogantes revelavam-se tão ferozes quanto bestas, trazendo uma influência profanadora sobre sua vida e fazendo com que fosse roída por uma horda enganosa, ímpia e herética"[380]. Assim, o próprio período de Ubertino, o sexto, viu a renovação da verdadeira vida do Evangelho e o ataque aos seguidores do Anticristo por homens pobres que não possuíam nada.

Ubertino identificou o Papa Bonifácio VIII (c. 1230-1303) com a besta do mar de Apocalipse 13,1 e seu sucessor, o Papa Bento XI (1240-1304), com a besta da terra de Apocalipse 13,11. Assim, em Ubertino não havia apenas dois anticristos, o místico e o grande Anticristo, mas também dois anticristos místicos – Bento XI e Bonifácio VIII, tendo este último o nome cuja numeração era 666. Ambos os anticristos, o grande e o místico, tinham duas possibilidades

---

380. ARMSTRONG, Regis J. *et al. Francis of Assisi*: early documents. Nova York: New City Press, 2001, vol. 3, p. 146.

malignas dentro de si: "Um temível mal às claras, destrutivo para além da crença em todas as coisas, e uma tremenda hipocrisia e falsidade"[381]. No grande Anticristo, esses papéis eram consecutivos, o último a ser sucedido pelo primeiro. Mas "nas duas figuras que são o Anticristo místico eles são cumpridos ao contrário, porque o primeiro foi o destruidor aberto, o segundo o enganador astuto e covarde"[382].

As apostas na batalha entre os franciscanos espirituais e o papado foram intensificadas pelo Papa João XXII (1234-1334), quando este declarou que os pontos de vista sobre a pobreza tanto dos espirituais, que exigiram a pobreza absoluta, quanto de seus adversários, os conventuais, que endossavam uma versão menos restritiva, estavam incorretos, e que continuar a sustentá-los era uma heresia. Tornaram-se, então, alvo da Inquisição e foram incluídos como heresia no *Manual do inquisidor* de Bernard Gui (1324). Gui observou que eles variavam em suas expectativas acerca da chegada do grande Anticristo, indo de 1325 a 1350. Mas obteve sólida "informação" daqueles que interrogou sobre sua compreensão dos anticristos duplos:

> Eles ensinam que o Anticristo é dual, que seja: há um que é espiritual ou místico, e outro, o real, maior Anticristo. O primeiro prepara o caminho para o segundo. Eles dizem, também, que o primeiro Anticristo é aquele papa sob o qual ocorrerá e, em sua opinião, sob o qual está ocorrendo agora a perseguição e condenação de sua seita[383].

---

381. MCGINN. *Visions of the end*, p. 214.
382. *Ibid*.
383. WAKEFIELD; EVANS. *Heresies of the high Middle Ages*, p. 425.

Os papas Bonifácio VIII e Bento XI tinham sido, a essa altura, substituídos pelo Papa João XXII como o Anticristo místico.

Parecia importar pouco para os franciscanos quando as datas esperadas para a chegada do Anticristo iam e vinham. Aborrecido como deve ter sido ver o tão aguardado tempo do Anticristo passar sem qualquer sinal dele, o apocaliticismo tornou-se parte central de sua autoidentidade. Salimbene, lembremos, perdeu sua fé no pensamento joaquimita quando a esperada chegada do Anticristo em 1260 não aconteceu. Sua perda de fé, porém, era rara exceção. Via de regra, a compreensão que os franciscanos tinham de seu papel fundamental no apocalipse cristão e sua capacidade de identificar as figuras-chave transcenderam sua decepção com o fracasso ante a chegada do Anticristo. Como Leigh Penman observa, "o mundo mental que gerou a profecia é [...] normalmente muito mais amplo e mais resiliente do que a profecia em si"[384]. Ironicamente, a visão de mundo é sustentada, até mesmo reforçada, por seus fracassos na previsão profética – uma espécie de "reforço" escatológico.

5.3 Profetas místicos e um papa angélico

O alquimista franciscano João de Rupescissa (c. 1310-c. 1368)[385] permaneceu comprometido com seu apocaliticismo franciscano, apesar de, ou talvez por causa de, suas

---

384. PENMAN, Leigh T.I. A seventeenth-century prophet confronts his failures: Paul Felgenhauer's Speculum Poenitentiae, Buß-Spiegel (1625). *In*: COPELAND, Clare; MACHIELSEN, Jan (ed.). *Angels of light?* Sanctity and the discernment of spirits in the early Modern Period. Leiden: Brill, 2013, p. 190.

385. Também conhecido como "Jean de Roquetaillade".

dificuldades pessoais. Durante uma audiência perante a cúria papal em 1354, quando perguntado por que ele presumia conhecer o futuro, quando tantos doutores da Igreja não o conheciam, respondeu que seus anos de perseguição e prisão o haviam preparado para receber dons divinos: "Por quase 12 anos eu fui cozido em celas de prisão, e as fervuras ardentes não cessam, mas queimam continuamente mais quentes contra mim [...]. E, portanto, agrada a Deus revelar-me – 'fantástico' e insano – o segredo"[386].

O segredo que lhe havia sido revelado era a natureza do apocalipse que estava por vir e o milênio que o seguiria. Um escritor prolífico, seus pensamentos finais sobre esses assuntos estiveram contidos em seu *Vade mecum in tribulatione* [Caminhe comigo na tribulação] em fins de 1356. Trata-se de um trabalho que expôs a série esperada de eventos entre 1356 e 1370. Foi traduzido para sete línguas vernáculas. Além disso, foram realizadas várias versões do texto em inglês, francês, italiano, alemão, castelhano, catalão e tcheco. Uma versão muçulmana tinha a intenção de confortar as minorias muçulmanas sob o domínio cristão, assegurando-lhes que o alívio apocalíptico de suas dificuldades era iminente. Era, em suma, "um texto fundamental da tradição apocalíptica europeia"[387].

Vade mecum in tribulatione, composto de 20 "intenções", destinava-se a permitir que seu detentor "se precavesse con-

---

386. Citado em DEVUN, Leah. *Prophecy, alchemy, and the end of time*: John of Rupescissa in the late Middle Ages. Nova York: Columbia University Press, 2014, p. 2.

387. KAUP, Matthias. *John of Rupescissa's* Vade Mecum in Tribulatione. Londres: Routledge, 2017, prefácio.

tra os perigos iminentes e liderasse a si mesmo e aos outros no que deve ser feito"[388]. Rupescissa começa seu relato do tempo final na primeira intenção anunciando que, antes do ano 1370, era intenção de Deus unir o mundo inteiro em uma fé católica sob o papa romano, não apenas para converter os judeus, sarracenos, turcos e tártaros, mas também para varrer da terra todos os cismáticos, hereges e maus cristãos. Para esse fim, seria necessário que todo o clero, começando no topo com os cardeais, fosse trazido de volta ao modo de vida dos apóstolos. Essa reforma da Igreja só ocorreria depois de perseguições tão severas à Igreja que, até cerca de 1365, esta quase pereceria. Essa perseguição seria o resultado inevitável da maldade da maioria do clero, "endurecido em detestável arrogância para com Cristo, em riquezas e ganância, no culto do estômago glutão e de Vênus"[389].

Nos anos entre 1360 e 1365, a natureza seria virada de cabeça para baixo: "Primeiro, os vermes da terra terão tanta coragem e ousadia que devorarão cruelmente quase todos os leões, ursos, leopardos e lobos. Tanto as cotovias quanto os melros, pássaros muito pequenos, rasgarão os falcões e gaviões vorazes"[390]. A hierarquia humana também seria posta abaixo. Haveria "uma aflição entre os nobres além do que é possível acreditar"[391]. As ordens monásticas, e também os franciscanos, seriam duramente afligidas, embora a Ordem Franciscana, passada a tribulação, fosse restaurada e acabasse por se espalhar por todo o mundo.

---

388. *Ibid.* Prefatory Letter, p. 8.
389. *Ibid.* Intention 3.23.
390. *Ibid.* Intention 5.29.
391. *Ibid.*

Desastres a desafiar a imaginação humana aumentariam, tempestades dos céus jamais vistas, inundações monstruosas, inéditas em muitas partes do mundo – além do dilúvio geral –, fome severa além de qualquer medida, epidemias, doenças letais e inflamações do esôfago e outros males ulcerosos[392]. A maior parte da população seria morta, e "os réprobos endurecidos" exterminados.

Durante esse período, o primeiro dos anticristos surgiria no Oriente. Seus discípulos pregariam em público em Jerusalém, com sinais e presságios para seduzir todos aqueles que os vissem ou ouvissem. Os judeus seguiriam seu falso Messias – o Anticristo oriental – e atacariam a cristandade, acompanhados de sarracenos, turcos e tártaros. Em muitos lugares, as igrejas seriam destruídas, e dificilmente um em cada dez cristãos permaneceria fiel à Igreja. Antes de 1365, o exército do Anticristo oriental estaria em marcha, devastando em 42 meses (três anos e meio) toda a Hungria e Polônia, juntamente com partes da Alemanha e Itália.

Na mesma época, surgiria um Anticristo ocidental, "um Nero moderno, um falso imperador romano e herege que traria a morte, que em breve parecerá afligir duramente a Igreja em geral"[393] por cerca de 42 meses. Ele seria a "besta que se levanta do mar" de Apocalipse 13. Esse Anticristo cegaria seus seguidores mentalmente para que acreditassem sem qualquer hesitação que ele era o verdadeiro Messias. Desde o tempo da Queda, o Diabo havia conservado certas palavras que, escondidas em sua mente, ele então revelaria ao Anticristo ocidental. O Anticristo oci-

---

392. *Ibid.* Intention 5.31.
393. *Ibid.* Intention 8.46.

dental então as escreveria em pergaminhos e as colocaria na testa ou na mão de seus seguidores. Essa era a marca da besta de Apocalipse 13,16-17. Quem levasse essas palavras em seu corpo não duvidaria "do Anticristo e de sua lei, e acreditará firmemente que ele é o Messias, e não duvidará que Jesus Cristo era um sedutor"[394]. Por fim, todos os que abraçassem tais inscrições seriam condenados, e os que resistissem seriam salvos.

No entanto, em meados de 1362, Deus enviaria dois profetas, "dois frades franciscanos muito pobres, cingidos e humildes". Eles eram as "duas testemunhas" de Apocalipse 11 e profetizariam pelos próximos três anos e meio. O mais novo dos dois era o "Elias místico", o outro o "Enoque místico", precedendo em mil anos o retorno do Elias e Enoque originais. Cristo faria com que o místico Elias fosse eleito como o papa que restauraria a Igreja:

> Ele certamente como Cristo expulsará do templo todos os sacerdotes corruptos, lascivos e avarentos com este flagelo – literalmente feito de cordas dos pobrezinhos, dos humildes cingidos – para que eles não o sirvam em sacrifício, e ele dispensará os simoníacos [aqueles que venderam bens espirituais] de seu ofício clerical, e entregará aqueles que ofendem a natureza ao braço secular, para serem sacrificados no fogo e, assim, a natureza seja purificada. Ele castigará o adultério. Confinará a arrogância do clero em excrementos. Restaurará aos bispados a antiga liberdade de eleger seus prelados. Expulsará os lobos vorazes do rebanho. Ele colocará os homens santos em um castiçal e esconderá os indignos sob um alqueire[395].

---

394. *Ibid.* Intention 17.95.
395. *Ibid.* Intention 12.63.

O papa restaurador de Rupescissa era uma versão do "papa angélico" que, acreditava-se, ainda estava por vir nos Últimos Dias. Esse papa angélico foi o contraponto à ideia do papa como Anticristo. Como Bernard McGinn aponta, "o lugar do papado nas esperanças apocalípticas deve ser sempre visto de um ponto de vista dialético, uma antítese entre a esperança de um Messias papal vindouro e o medo de um papa que seria o inimigo final do homem"[396]. Tratava-se de um sinal de profundo desapontamento com o mundanismo de muitos dos ocupantes da Sé de Roma, aliado a uma afirmação otimista do papel fundamental que um papado verdadeiramente espiritual tinha de desempenhar em qualquer programa apocalíptico cristão.

Foi Joaquim de Fiore quem primeiro apresentou a noção de um papa ideal ainda por vir. O papa ideal de Joaquim teria um papel fundamental na terceira era do Espírito Santo. Em 1267, 65 anos após a morte de Joaquim, o franciscano inglês Roger Bacon (c. 1219/20-c. 1292) profetizou a vinda de um papa escatológico, cuja bondade, verdade e justiça teriam por resultado o retorno dos gregos "à obediência da Igreja Romana", enquanto "a maior parte dos tártaros será convertida à fé, e os sarracenos destruídos. Eles ouvirão a minha voz, e haverá um só rebanho e um só pastor"[397].

Foi, no entanto, na década de 1290 que o papa angélico e o Anticristo papal foram combinados em uma visão do fim dos tempos. Assim, por exemplo, em *O oráculo angélico de Cirilo*, lemos sobre um futuro conflito entre o verdadeiro

---

396. MCGINN, Bernard. Angel pope and papal Antichrist. *Church History*, vol. 47, n. 2, p. 155, 1978.

397. MCGINN. *Visions of the end*, p. 190.

papa (*orthopontifex*) e o falso papa, mau e perverso (*pseudopontifex*), talvez refletindo a substituição do santo e pró-franciscano Papa Celestino (1215-1296) após sua abdicação pelo político mundano e antifranciscano Bonifácio VIII em 1294. Da mesma forma, Ubertino de Casale olhou para a vinda de um papa angélico após a derrota de ambos os anticristos, o místico e o grande Anticristo. Ele era o anjo que desceria do céu em Apocalipse 18,1 – "Talvez esse Anjo seja o mesmo Sumo Pontífice mencionado acima ou outro sucessor de sua perfeição"[398]. Talvez não seja surpresa, como veremos, que os reformadores protestantes enfatizarão o Anticristo papal, enquanto os católicos continuarão a olhar para um futuro papa angélico.

Só restou à ideia do papa angélico estar unida à do último imperador do mundo para que tanto a Igreja quanto o Estado tenham papéis cruciais no fim da história. O primeiro relato detalhado dessa combinação estava em João de Rupescissa. Seu papa angélico também restauraria o mundo para durar até o seu fim. Para ajudá-lo, ele ergueria o rei francês à dignidade do último imperador do mundo, um rei cristão ideal de "uma santidade tão grande que nenhum imperador ou rei desde o início do mundo jamais se igualará a ele em santidade, exceto o Rei dos reis e Senhor Jesus Cristo"[399].

Rupescissa previa que os conflitos entre os franciscanos e o papado, por um lado, e a Igreja e o Estado, por outro, seriam resolvidos escatologicamente. O papa angélico franciscano e o último imperador do mundo se uniriam para restaurar o mundo e destruir "toda a lei e poder tirânico de

---

398. *Ibid.*, p. 215.

399. KAUP. *John of Rupescissa's* Vade Mecum in Tribulatione, Intention 12.65.

Muhammad"[400]. Tanto o imperador quanto o papa "visitariam pessoalmente a Grécia e a Ásia, extinguiriam o cisma, libertariam os gregos dos turcos, subjugariam os tártaros à fé, restaurariam os reinos da Ásia"[401]. O papa angélico e o último imperador do mundo reinariam por nove anos e meio e dez anos e meio, respectivamente.

De acordo com Rupescissa, Cristo desceria e derrotaria os anticristos no início do milênio em 1365. Com a morte dos anticristos, Satanás também seria preso por mil anos. Ao mesmo tempo, aqueles que morreram como mártires sob os anticristos ressuscitariam, e a conversão dos judeus e dos demais incréus teria início. No momento anterior à conversão total do mundo, os seguidores finais dos anticristos ("Gog e Magog") seriam expulsos até o fim do milênio.

Por volta do ano 2000, passados cerca de 700 anos do milênio, haveria novamente um tempo de crescente frouxidão. Seriam necessários, porém, outros 300 anos, por volta do ano 2365, até que Gog e Magog retornassem. Com eles, ou pouco depois, o Anticristo final chegaria. Para resistir a ele, o Elias e o Enoque originais viriam do Paraíso terrestre. Em algum tempo não especificado depois disso, os sinais do fim do mundo apareceriam, e o mundo acabaria – embora em uma data conhecida apenas por Deus.

5.4 O Anticristo radical

No ano de 1400, havia duas perspectivas concorrentes do Anticristo – a tradição adsoniana e a tradição joaquimita.

---

400. *Ibid*. Intention 12.66.
401. *Ibid*.

Como observamos, a primeira via o Anticristo como um *outsider* para a Igreja, a última seu próprio pináculo. Isso refletia a polaridade entre o Anticristo como tirano externo e o Anticristo como herege interno e hipócrita. Portanto, é interessante ver essas duas tradições em competição uma com a outra exatamente naquela época nos escritos de Walter Brut (?-1402). Ele se descrevia como um pecador, um leigo, um fazendeiro e um cristão de origem galesa. Mas também podemos acrescentar a isso cavalheiro de Herefordshire, soldado, pregador, lutador galês livre, latinista e, finalmente, um *lollard* – seguidor do radical religioso inglês John Wycliffe (c. 1329-1384)[402]. Por suas opiniões teológicas *lollardas* foi chamado perante John Trefnant, bispo de Hereford, em 15 de outubro de 1391, para responder a inúmeras acusações de heresia[403]. Entre outras coisas, foi acusado de sustentar que "o papa é o Anticristo, e um sedutor do povo e totalmente contra a lei e a vida de Cristo"[404]. Brut foi dispensado para fazer respostas escritas às acusações, o que devidamente fez em janeiro de 1392.

Brut rejeitava completamente a tradição adsoniana. "Mas na medida em que muitas histórias e fábulas são contadas sobre o Anticristo e sua vinda", escreveu ele, "e muitas coisas que

---

402. Sobre a vida de Walter Brut, cf. JURKOWSKI, Maureen. Who was Walter Brut? *The English Historical Review*, vol. 127, n. 525, p. 285-302, 2012. Cf. tb. BOSTICK, Curtis V. *The Antichrist and the Lollards*: apocalypticism in late Medieval and Reformation England. Leiden: Brill, 1998.

403. Para o julgamento e documentos, cf. CAPES, William W. (ed.). *The register of John Trefnant, Bishop of Hereford (A.D. 1389-1404)*. Hereford: Wilson and Phillips, 1914. Para uma tradução em inglês, cf. CATLEY, S.R.; PRATT, J. (ed.). *The acts and monuments of John Foxe*. Nova York: AMS Press, 1965, vol. 3, p. 131-188.

404. CATLEY; PRATT. *The acts and monuments of John Foxe*, p. 132.

antes seduzem do que instruem os ouvintes [...] mostraremos que a mesma fábula surgiu do erro das pessoas e seus pensamentos, e de nenhuma verdade das Escrituras e da profetização"[405]. Assim, de acordo com Brut, o Anticristo não nasceria na Babilônia da tribo de Dã, nem viria como adversário ou rei. Os judeus não seriam seduzidos por ele. Ele não mataria Enoque e Elias, nem seria morto por um raio. Além disso, os "1.290 dias" previstos de Daniel não se refeririam aos três anos e meio durante os quais o Anticristo reinaria, mas sim ao número de anos a contar do tempo da desolação de Jerusalém "à revelação do Anticristo"[406].

Tendo eliminado o Anticristo adsoniano, Brut foi capaz de encontrar o verdadeiro Anticristo nos bispos de Roma, que, ao não seguirem a lei do amor de Cristo, mostraram sua verdadeira natureza: "Portanto, vendo que eles dizem que são Cristo e os principais amigos de Cristo; se eles fazem e justificam muitas leis contrárias ao Evangelho de Jesus Cristo, então é claro que eles mesmos na terra são os principais anticristos, porque não há pior praga e peste do que um inimigo familiar"[407]. Usando a mesma evidência bíblica de seus oponentes adsonianos, Brut fez uma série de referências para provar que o bispo romano era "o principal Anticristo sobre a terra, e deve ser morto com a espada da palavra de Deus, e lançado, com o dragão, a besta cruel e o falso profeta que seduziu a terra, no lago de fogo e enxofre para ser atormentado até o fim dos tempos"[408].

---

405. *Ibid.*, p. 144.
406. *Ibid.*, p. 146.
407. *Ibid.*, p. 147.
408. *Ibid.*, p. 138.

A acusação de Brut não se referia a qualquer papa individual, mas ao papado em geral. O epítome de todo o mal humano, o Anticristo, estava agora encarnado não em qualquer papa individual, mas em todos eles. Os papas eram todos inimigos de Cristo. Mais amplamente, era o papado como uma instituição que se identificava ao Anticristo. Tal como as acusações eram vistas naquele tempo, elas eram de incomensurável monta. A instituição à qual Cristo havia confiado as chaves do Reino dos Céus era agora o Anticristo. O resultado foi que "todo o mundo está infectado e seduzido [...] sem saber que dentro de pouco tempo chegará o dia de sua destruição e ruína"[409]. Infelizmente para Brut, sua própria destruição e ruína vieram mais cedo. Em 3 de outubro de 1393, Walter Brut renegou as 37 conclusões heréticas pelas quais havia sido condenado e submeteu-se humildemente ao bispo de Hereford. Nada mais é ouvido sobre Brut até os registros de sua morte em 1402. Tendo salvado a si mesmo da morte por heresia, foi executado por traição por participar dos levantes galeses contra Henrique IV.

Ao ver a instituição do papado como o Anticristo, Brut estava seguindo os passos de John Wycliffe. Que "o Anticristo" poderia se referir a um "coletivo" tanto quanto a um indivíduo tinha sido uma parte da história do Anticristo desde Ticônio. Mas o movimento genuinamente inovador feito por Wycliffe foi restringir o Anticristo "coletivo" ao papado e à hierarquia da Igreja em geral. Embora Wycliffe rejeitasse a visão do Anticristo adsoniano de que ele seria um judeu da tribo de Dã, ele, no entanto, aceitou que haveria um Anticristo individual que se destacaria por sua

---

409. *Ibid.*

vileza. Por fim, ele acabaria por refinar a candidatura a tal posição a alguém que, fosse papa ou imperador ou qualquer outra coisa, agisse mais veementemente contra a "lei de Cristo" (*lex Christi*).

Não obstante, a ênfase de Wycliffe não estava na iminência apocalíptica do Anticristo, tampouco ele estava particularmente interessado em prever o tempo do fim. "É certo", declarou, "que o tempo do Juízo Final se aproxima, como foi demonstrado pelos muitos sinais e provas que reunimos das Escrituras. Mas quão perto e precisamente quando isso ocorrerá não ocupa ansiosamente ninguém, exceto os tolos [...] pois nunca alcançaremos essa resposta"[410]. Consequentemente, Wycliffe foi capaz de se concentrar nas partes da Igreja contemporânea que ele pôde identificar como o Anticristo.

Para Wycliffe, o Anticristo estava em toda parte na Igreja. E ele havia estado desde o tempo da chamada Doação de Constantino, em 315. O documento – na realidade, uma falsificação do século VIII – pretendia registrar a outorga de autoridade do Imperador Constantino sobre Roma e a parte ocidental do Império Romano ao papa e seus sucessores[411]. Para Wycliffe, a partir daquele momento em que os papas e o clero obtiveram bens mundanos e poder temporal e rejeitaram a pobreza e a humildade de Cristo, eles se tornaram clérigos de César, não de Cristo. E, portanto, não ser "de Cristo" era ser "do Anticristo":

---

410. Citado em BOSTICK. *The Antichrist and the Lollards*, p. 71.

411. Foi demonstrado ser uma falsificação medieval por Valenzo Valla no início do século XV.

Pois o papa pode obviamente ser o Anticristo, e ainda não apenas aquele único indivíduo, que além de qualquer outra pessoa proclama leis antitéticas à lei de Cristo; mas sim a multidão de papas que ocupam essa posição desde a Doação de Constantino, juntamente com os cardeais e bispos da Igreja, além de seus cúmplices [são o Anticristo][412].

Na verdade, ele passou a concluir, "a pessoa do Anticristo é um composto monstruoso"[413].

Até sua morte em 1384, as heresias de Wycliffe eram "meramente acadêmicas". Ele era, afinal, apenas um acadêmico de Oxford. Após sua morte, porém, seus ensinamentos "heréticos" ganharam força significativa além dos muros da Universidade de Oxford, o suficiente para o Concílio de Constança em 4 de maio de 1415 condenar cerca de 45 de suas afirmações. Lê-se, entre elas, a de número 20: "O papa é o Anticristo manifesto. Não apenas essa pessoa em particular, mas também a multidão de papas, desde o tempo da investidura da Igreja, dos cardeais, dos bispos e de seus outros cúmplices, compõem a pessoa composta e monstruosa do Anticristo"[414]. O Concílio de Constança também ordenou que todas as obras de Wycliffe fossem queimadas publicamente e declarou que ele "era um herege notório e obsessivo que morreu

---

412. Citado em BOSTICK. *The Antichrist and the Lollards*, p. 72.

413. WYCLIFFE, John. *Iohannis Wyclif: Operis evangelici liber tertius et quartus sive de Antichristo liber primus et secundus*. Londres: Wyclif Society, 1896, p. 107, linhas 25-30 (tradução nossa).

414. Concílio de Constança 1414-18, *Papal Encyclicals Online*. Wycliffe não era considerado um devoto da educação universitária. O número 29 de seus ensinamentos condenados diz: "Universidades, locais de estudo, faculdades, os títulos e exercícios acadêmicos nessas instituições foram introduzidos por um espírito pagão estúpido e beneficiam a Igreja tão pouco quanto o Diabo".

em heresia" e que "seu corpo e ossos devem ser exumados, se puderem ser identificados entre os cadáveres dos fiéis, e espalhados longe de um local de sepultamento da Igreja"[415].

O Concílio de Constança foi convocado por três razões: primeiro, acabar com o cisma dentro da Igreja, resultante de ter três papas diferentes; segundo, reformar a moral corrupta da Igreja; e terceiro, erradicar as heresias espalhadas por John Wycliffe na Inglaterra, e Jan Hus (c. 1370-1415) e Jerônimo de Praga (1379-1416) na Boêmia. Hus, Jerônimo e a vida intelectual em Praga em geral foram significativamente influenciados pelos escritos de Wycliffe. Estes chegaram à Boêmia logo após a morte de seu autor em 1384. Embora nunca tenha sido um wycliffita, Jan Hus, no entanto, "bebeu muito do poço dos escritos de Wycliffe"[416].

Como Wycliffe, Hus acreditava que o início do declínio da Igreja de sua pureza original foi a Doação de Constantino. Ele recuou, porém, da afirmação de Wycliffe de que o próprio papado como instituição era o Anticristo. Em vez disso, em sua obra mais importante, o *Tratado sobre a Igreja* (1411), não apenas os papas e aqueles que pertenciam à Igreja, mas todos aqueles que viviam em contrariedade a Cristo eram anticristos. Assim, a autoridade só devia ser concedida àqueles que agiam de acordo com os preceitos de Cristo. "Pelos seus frutos os conhecereis" (Mateus 7,16), declarou[417]. Além disso, escreveu, aqueles que se tornaram papas nem sempre foram

---

415. *Ibid.*

416. FUDGE, Thomas A. *Jerome of Prague and the foundations of the Hussite Movement.* Nova York: Oxford University Press, 2016, p. 40-41.

417. HUSS, John. *The Church*, 133. Nova York: Charles Scribner's Sons, 1915, p. 47.

modelos da virtude. Não só leigos iletrados e hereges se tornaram papas, mas até mesmo uma mulher[418]. Quanto a um Anticristo ocupando o trono papal, declarou ele,

> é evidente que um papa que vive de forma contrária a Cristo, como qualquer outra pessoa pervertida, é de comum acordo chamado anticristo. De acordo com lJoão 2,22, muitos se tornaram anticristos. E os fiéis não se atreverão a negar persistentemente que é possível ao homem de pecado sentar-se no lugar santo. A seu respeito, o Salvador profetizou ao dizer: "Quando, pois, virdes que a abominação da desolação, de que falou o Profeta Daniel, está no lugar santo"[419].

A sugestão de Hus de que um papa poderia ser o Anticristo foi um dos 30 ensinamentos pelos quais foi condenado no Concílio de Constança. Seus escritos foram queimados, assim como ele, em 6 de julho de 1415. O Anticristo estava agora em transição do apocalipse à política. A chamada Revolução Hussita foi a resistência religiosa, política e social ativa à determinação do papado de erradicar as heresias de Wycliff e Hus na Boêmia[420].

Se Hus sempre foi um pouco cauteloso na identificação do Anticristo, seus discípulos não eram. Para seus seguidores mais radicais, não apenas qualquer papa, e não apenas o papado como um todo, "mas todo o tecido da cristandade

---

418. Cf. *Ibid.*, p. 127. Hus está se referindo à lenda da Papisa Joan. Cf. BOUREAU, Alain. *The myth of Pope Joan.* Chicago: University of Chicago Press, 2000.

419. HUSS. *The Church*, p. 128-129.

420. Cf. KAMINSKY, Howard. *A history of the Hussite Revolution.* Berkeley: University of California Press, 1967. Cf. tb. HABERKERN, Philip N. *Patron saint and prophet*: Jan Hus in the Bohemian and German reformations. Nova York: Oxford University Press, 2016.

medieval tardia cheirava ao fedor do Anticristo"[421]. Esse foi o contexto dentro do qual Nicolau de Dresden (fl. início dos anos 1400) escreveu suas *Tábuas da velha e da nova cor* em Praga por volta de 1411. Consistia em nove "tábuas", ou nove "grupos de citações de autoridades", destinadas a contrastar a Igreja primitiva e a moderna, ou, como o subtítulo coloca: "O modo de vida de Cristo contrastado com o modo de vida do Anticristo"[422]. Destinado a uma leitura popular, provavelmente vinha acompanhado de faixas ou imagens para serem carregadas em procissões ou penduradas nas paredes da igreja.

A partir dessas tábuas, podemos construir os pontos de vista de Nicolau a respeito do papa, começando com o contraste entre o papa montado em um cavalo e Cristo carregando a cruz, e entre o papa receber a Doação de Constantino e Cristo não ter onde recostar a cabeça[423]. O papa e seus administradores na cúria romana eram vistos como os detentores do poder, da propriedade e da riqueza, movidos pela ganância e pela luxúria:

> Dinheiro é o de que a Cúria mais gosta,
> Esvazia muitas bolsas e baús.
> Se você é cioso de suas terras,
> Fique longe de papas e patriarcas.
> Mas dê-lhes as terras, e uma vez que seus baús estejam cheios
> Você será absolvido do fardo de toda a sua culpa[424].

---

421. MCGINN. *Antichrist*, p. 185.

422. KAMINSKY, Howard *et al.* (ed.). Master Nicholas of Dresden, the old color and the new: selected works contrasting the Primitive Church and the Roman Church. *Transactions of the American Philosophical Society*, vol. 55, n. 1, p. 38, 1965. As tábuas podem ter sido originalmente acompanhadas por imagens. Cf. tb. KAMINSKY. *A history of the Hussite Revolution*, p. 40-49.

423. KAMINSKY. *A history of the Hussite Revolution*, p. 39.

424. *Ibid.*, p. 61.

A tábua final foi dedicada a 18 citações mostrando que o que fora dito sobre o Anticristo pelas autoridades bíblicas e antigas era aplicável ao papa, e que o reino do Anticristo era a Igreja Romana[425].

Esse não foi tanto um grito de guerra para a reforma da Igreja quanto um toque de clarim para a revolução escatológica. "Ó Senhor", brandiu Nicolau em outro lugar, "viverei para ver aquela hora abençoada em que a Prostituta das Revelações será despida e sua carne consumida pelo fogo da tribulação?"[426]. Foi um chamado ouvido por Jakoubek de Stříbro (c. 1370-1429), o fundador do movimento hussita. Para ele, a batalha entre a Boêmia e Roma se dava entre uma Igreja renovada na Boêmia e o Anticristo papal agora governando Roma, que havia se infiltrado na Igreja na época da Doação de Constantino. "O Anticristo é um falso Cristo ou cristão", escreveu ele, "contrário à verdade, à vida e ao ensino de Cristo de maneira fraudulenta, superabundante no mais elevado nível de malícia, coberto de maldade totalmente ou em grande parte, possuindo o mais alto nível na Igreja e reivindicando a mais alta autoridade sobre cada pessoa, clerical e leiga, da plenitude do poder"[427]. Que o Anticristo papal precisava ser derrubado estava no centro da teologia revolucionária hussita. Eis o manifesto de uma congregação hussita em Bzi Hora em 17 de setembro de 1419:

> Declaramos nesta carta, publicamente e a todos, que nosso encontro nas montanhas e nos campos não tem outro propósito senão ouvir livremente a mensagem fiel

---

425. *Ibid.*, p. 62-65.

426. Citado em *Ibid.*, p. 48.

427. Citado em MCGINN. *Antichrist*, p. 331, n. 44.

e salutar baseada na Lei de Deus [...]. Também pedimos a Deus, agora que reconhecemos a sedução astuta e prejudicial de nossas almas por falsos profetas e hipócritas, guiados pelo Anticristo contra a Lei de Deus, que possamos estar cientes deles e diligentemente estar em guarda contra eles [...]. Pois agora vemos claramente a grande abominação que ocupa o lugar santo, conforme profetizado pelo Profeta Daniel: o ridículo, a blasfêmia, a supressão e o repúdio de toda a Verdade de Deus e a enorme glorificação de todo o mal hipócrita anticristão, sob o nome de santidade e benevolência[428].

No entanto, na década de 1430, a borda radical estava desaparecendo do movimento hussita. Com uma acomodação alcançada entre os hussitas mais moderados e Roma, o "Anticristo papal" silenciosamente recuou para o pano de fundo retórico. Ele voltaria um século depois, quando a reforma e a revolução novamente ameaçaram a Igreja Romana. Enquanto isso, as expectativas da chegada iminente do Anticristo deveriam agora ser ouvidas, não tanto no norte europeu quanto no sul – em meio ao Renascimento italiano. Como Marjorie Reeves observa: "Pressentimento e grande esperança viviam lado a lado nas mesmas pessoas [...]. O conceito de uma era humanista de ouro teve de ser colocado em relação com a expectativa arraigada do Anticristo"[429].

---

428. Citado em KAMINSKY. *A history of the Hussite Revolution*, p. 300.
429. REEVES. *The influence of prophecy in the later Middle Ages*, p. 431.

6
O Anticristo dividido

Vi uma mulher sentada sobre uma besta escarlate [...].
Tinha na mão um cálice de ouro, cheio de abomina-
ções e imundícies da sua prostituição. Na fronte trazia
escrito um nome enigmático: "Babilônia, a grande, a
mãe das prostitutas e das abominações da terra" (Apocalipse 17,3-5).

6.1 O retorno do Anticristo de Adso

Juntamente com a tradição joaquimita do Anticristo papal, a do Anticristo adsoniano continuou. Deveria receber sua representação pictórica mais significativa no fim do século XV em "Sermão e feitos do Anticristo" de Luca Signorelli (c. 1450-1523), provavelmente o retrato mais importante do Anticristo na história da arte ocidental. O afresco do Anticristo fazia parte da representação de Signorelli do Apocalipse na Capela da Madonna di San Brizio na Catedral de Orvieto. Cercado por uma grande multidão, o Anticristo prega em um pedestal em frente ao qual se encontram prata e ouro que ele daria para corromper os fiéis. Ele poderia facilmente ser confundido com Cristo, uma vez que se assemelha a retratos renascentistas de Cristo, exceto pelo fato de que está recebendo suas instruções do Diabo. Esse é um Anticristo que engana seus ouvintes de modo a acreditarem que ele é o verdadeiro Cristo.

À esquerda, um judeu seguidor do Anticristo corrompe a virtude de uma mulher, dando-lhe dinheiro, enquanto outro corta a garganta de um cristão que rejeita as alegações do Anticristo. No centro, um grupo de seus convertidos observa como o Anticristo parece ressuscitar um homem dentre os mortos. À direita do Anticristo, franciscanos vestidos de cinza, beneditinos vestidos de preto e um dominicano de branco consultam seus textos do Anticristo, enquanto alguém gesticula na direção do Anticristo que supervisiona uma falsa ressurreição. O cenário geral é Jerusalém, pois no fundo há um templo judaico de estilo renascentista recentemente erguido, diante do qual as duas testemunhas, Enoque e Elias, estão sendo executadas. No topo da imagem, o Arcanjo Miguel faz despencar o Anticristo, que tentou ascender ao céu à maneira de Simão Mago, do céu ao chão, enquanto multidões de seus seguidores são destruídos por raios vindos de cima. Essa foi a vida do Anticristo, segundo Adso, em forma pictórica.

Tem sido sugerido que, em "Sermão e feitos do Anticristo", Signorelli estava fazendo referência ao frade dominicano Girolamo Savonarola (1452-1498). Bem, provavelmente não[430]. A sugestão, porém, aponta para o papel que Savonarola desempenhou na política italiana como o pregador apocalíptico de maior destaque naquela época. O apocaliticismo de Savonarola fazia parte de uma efervescência escatológica mais geral que estava em ponto de ebulição na

---

430. Cf. RIESS, Jonathan B. *The Renaissance Antichrist*. Princeton: Princeton University Press, 1995, p. 136-138.

Europa por volta de 1480[431]. Savonarola, por sua vez, tornou-se o governante efetivo da cidade de Florença de 1494 a 1498, um ano antes de Signorelli começar seu trabalho em Orvieto. Durante esses anos, a população de Florença aceitou a visão de Savonarola de que o invasor francês, o Rei Carlos VIII, era o último imperador mundial, que viera punir uma Igreja corrupta e que Florença, desde que se arrependesse, seria a nova Jerusalém[432].

Para o próprio Savonarola, o fim estava próximo, e agora era a hora de os florentinos se arrependerem. "Declarei-vos", disse em um sermão em janeiro de 1495, "que a adaga de Deus atacará, e logo [...]. Acreditai em mim, será em breve [...]. Portanto, eu vos digo: agora é a hora da penitência. Não façais piada desse *cito* [*em breve*], pois vos digo: se não fizerdes o que vos disse, ai de Florença, ai do povo, ai dos grandes e pequenos!"[433]. Um ano depois, em seu *Compêndio das revelações*, ele elaborou sua visão do fim do mundo e do futuro para Florença:

> Eu vi uma tempestade escurecendo no ar com nuvens, ventos, relâmpagos, raios, granizo – todos misturados com fogo e espada. Uma multidão inumerável de homens era destruída, de modo que aqueles que sobreviveram na terra eram poucos [...]. A partir daquele momento [...] a cidade [de Florença] seria mais gloriosa, mais poderosa e mais rica do que tinha sido anteriormente[434].

---

431. Cf. CROUZET, Denis. Millennial eschatologies in Italy, Germany, and France: 1500-1533. *Journal of Millennial Studies*, vol. 1, n. 2, p. 1, 1999.

432. Para um bom resumo de Savonarola, cf. a introdução em SAVONAROLA, Girolamo. *Selected writings of Girolamo Savonarola*: religion and politics, 1490-1498. New Haven: Yale University Press, 2006, p. xv-xxxvi. Cf. tb. WEINSTEIN, Donald. *Savonarola and Venice*: prophecy and patriotism in the Renaissance. Princeton: Princeton University Press, 1970.

433. SAVONAROLA. *Selected writings of Girolamo Savonarola*, p. 74-75.

434. MCGINN. *Visions of the end*, p. 281-282.

Seus pontos de vista sobre o Anticristo são um tanto indeterminados; em parte adsonianos, em parte joaquimitas. No estilo joaquimita, Savonarola visava o futuro, uma idade de ouro com Florença no centro. Isso fazia parte da atração de Savonarola por seus contemporâneos humanistas renascentistas. Também divisava um "papa angélico" mais abaixo na linha escatológica. Não obstante, estava no centro de sua mensagem de fortalecimento que Roma, o papa e seu clero eram todos corruptos. No entanto, ele parece nunca ter chamado o papa de "o Anticristo", como os joaquimitas tendiam a fazer. De fato, em seu *Diálogo sobre a verdade profética* (1496-1497), rejeitou a noção joaquimita de um Anticristo oculto, papal ou não. "Quem poderia acreditar", perguntou Savonarola, "que o Anticristo [...] já veio e está escondido de todos os cristãos? Pois sua vinda não será escondida, nem é razoável que a Igreja universal dos fiéis, que pensa que ele ainda está por vir, esteja sendo enganada"[435]. Ele também não aceitou a noção de que o Anticristo já havia chegado nas figuras de Muhammad ou Nero.

Assim, o Anticristo de Savonarola encontrava-se demasiado no futuro. Ele não tinha dúvida de que o Anticristo surgiria em Jerusalém e somente no momento em que houvesse cristãos naquelas partes – "cristãos capazes de resistir ao Anticristo ou de suportar firmemente as aflições mais abomináveis"[436]. O Anticristo acabaria por ser destruído na quinta era do mundo, após a qual, em estilo joaquimita, o mundo seria renovado.

---

435. SAVONAROLA. *Selected writings of Girolamo Savonarola*, p. 106.
436. *Ibid.*, p. 107.

Na "fogueira das vaidades", em fevereiro de 1497, Savonarola ordenou que todos os objetos que configurassem prováveis ocasiões de pecado deveriam ser queimados. Isso cobria um horizonte bastante largo. Assim, espelhos, cosméticos, roupas, cartas de baralho, instrumentos musicais, livros de adivinhação, magia e astrologia, manuscritos de canções, pinturas e esculturas foram todos entregues às chamas na Piazza della Signoria. Por fim, acusado de heresia e sedição pelo Papa Alexandre VI (Rodrigo Borgia, 1431-1503), ele e dois de seus seguidores se juntaram às "vaidades" e foram queimados até a morte na mesma praça em maio de 1498, condenados pela Igreja e pelo Estado florentino.

Ironicamente, o próprio Savonarola passou a ser considerado uma figura demoníaca do Anticristo. Seus poderes, antes considerados angelicais, passaram então a ser percebidos como demoníacos. Assim, por exemplo, Giovanni Francesco Poggio Bracciolini (1447-1522), um membro da catedral de Florença, descreveu-o como "outro Anticristo", insanamente entregue ao poder de Satanás[437]. O agostiniano Frei Leonardo da Fivizzano (c. 1450-1526) acreditava que o Anticristo estava vivo em Savonarola, até porque sua promoção da discórdia civil entre os florentinos revelou seu ódio secreto pela cidade[438]. O filósofo e sacerdote humanista Marsilio Ficino (1433-1499) a princípio pensou que Savonarola era o escolhido de Deus, mas passou a vê-lo como um príncipe de hipócritas liderados por um espírito diabólico. Acerca disso, declarou ele, havia muitas provas: "Uma certa astúcia totalmente incomparável nesse

---

437. Citado em WEINSTEIN. *Savonarola and Venice*, p. 229.
438. *Ibid.*, p. 239.

Anticristo fingindo persistentemente virtudes enquanto na verdade disfarçava o vício, uma vasta paixão, uma audácia selvagem, uma ostentação vazia, um orgulho luciferino, a mentira mais descarada sustentada em cada argumento com imprecações e juramentos"[439]. A inspiração divina agora era lida como possessão demoníaca. Pois muitas vezes, enquanto falava, Ficino nos diz, "ele de repente gritava, pegava fogo e trovejava, sendo levado exatamente como aqueles possuídos por demônios"[440].

A morte de Savonarola não significou o fim do fervor escatológico italiano. No fim do ano 1500, o pregador Martino di Brozzi, em roupas esfarrapadas e com cabelos emaranhados, apareceu, prevendo a condenação iminente e anunciando que Deus "ia punir a Itália, Roma e Florença pela morte de Savonarola"[441]. Na mesma época, 20 dos discípulos de Savonarola fundaram uma sociedade e elegeram "papa" um homem analfabeto, chamado Pietro Benardino, que havia aprendido a Bíblia quase de cor. A Igreja, declarou Benardino, tinha que ser purificada pela espada, já que não restava um só homem justo na terra[442]. Em 1508, o eremita Jerônimo de Bérgamo apareceu em Florença, proclamando que a Itália seria devastada, e Roma, Veneza e Milão destruídas[443].

Cinco anos depois, o fervor escatológico em Florença ainda não tinha diminuído. Em 10 de dezembro de 1513, Ni-

---

439. SAVONAROLA. *Selected writings of Girolamo Savonarola*, p. 355-356.
440. *Ibid.*, p. 356.
441. PASTOR, Ludwig. *History of the popes*: from the close of the Middle Ages. Londres: Kegan Paul, Trench, Trübner, & Co., 1901, vol. 5, p. 213.
442. *Ibid.*, p. 215.
443. *Ibid.*, p. 217.

colau Maquiavel (1469-1527) disse a seu patrono, Francesco Vettori, que ele tinha "acabado de escrever uma obra breve sobre os principados". Uma semana depois, em 19 de dezembro, escreveu a Vettori sobre um sermão pregado no dia anterior na Igreja de Santa Croce por um pregador franciscano apocalíptico, Francesco da Montepulciano, sobre o qual todos em Florença falavam[444]. Francesco havia profetizado que, em um futuro muito próximo, haveria um papa injusto, com seus próprios falsos profetas e cardeais, contra um papa justo. Francesco também previu que o rei da França seria aniquilado, que Florença seria saqueada e queimada, que suas igrejas seriam abandonadas e arruinadas, e que a praga e a fome destruiriam seu povo. "O sangue estará em toda parte", declarou ele. "Haverá sangue nas ruas, sangue no rio; as pessoas navegarão em barcos através de sangue, lagos de sangue, rios de sangue [...] 2 milhões de demônios são libertados do inferno [...] porque mais mal foi cometido nos últimos 18 anos do que nos 5 mil anos anteriores"[445]. Um contemporâneo de Francesco observou que muitos acreditavam que ele era um santo e que "milhares de pessoas o seguiam"[446].

Em 1516, as autoridades católicas já estavam fartas da sermonística apocalíptica e da capacidade da pregação radical de agitar a ralé de forma mais geral. Assim, a 11ª sessão do Quinto Concílio de Latrão, em dezembro de 1516, tratou

---

444. MAQUIAVEL, Nicolau. *The letters of Machiavelli*: a selection of his letters. Nova York: Capricorn Books, 1961, p. 142, 147.

445. Citado em WEINSTEIN. *Savonarola and Venice*, p. 348-349.

446. Citado por NICCOLI, Ottavia. *Prophecy and people in Renaissance Italy*. Princeton: Princeton University Press, 1990, p. 101, n. 42.

de colocar a pregação profética, e especialmente apocalíptica, sob o controle eclesiástico. Ordenou que toda pregação devia estar de acordo com a exposição e interpretação tradicionais da Bíblia sem qualquer acréscimo contrário ou em conflito com o seu verdadeiro significado. Em particular, aqueles que foram autorizados a pregar

> foram de modo algum orientados a ensinar ou declarar um tempo fixo para males futuros, a vinda do Anticristo ou o dia preciso do Juízo; pois a verdade diz que não cabe a nós conhecer tempos ou estações que o Pai fixou por sua própria autoridade. Que seja sabido que aqueles que até agora se atreveram a declarar tais coisas são mentirosos, e que por causa deles não pouca autoridade foi tirada daqueles que pregam a verdade[447].

Parecia, como consequência, que ao preceituar que Deus traria calamidades contra os pecadores, os pregadores tomariam cuidado e não se arriscariam em abordagens mais ousadas do Anticristo e do Dia do Juízo[448].

6.2 O Anticristo magisterial

No intervalo de um ano, a Igreja estava sob um novo desafio quando, como diz a lenda, um jovem padre agostiniano chamado Martinho Lutero (1483-1546) pregou suas 95 Teses na porta da Igreja do Castelo em Wittenberg em 31 de outubro de 1517. E, com esse ato, a Reforma e um novo capítulo na vida do Anticristo começou. A tradição católica romana,

---

447. Quinto Concílio de Latrão 1512-17 A.D., *Papal Encyclicals Online.* Cf. especialmente MINNICH, Nelson H. Prophecy and the Fifth Lateran Council (1512-1517). *In:* MINNICH, Nelson H. (ed.). *Councils of the Catholic Reformation*: Pisa I (1409) to Trent (1545-63). Aldershot: Ashgate Variorum, 2008, p. 63-87.

448. NICCOLI. *Prophecy and people in Renaissance Italy*, p. 104.

seguindo as palavras de Adso, continuou a aguardar um futuro Anticristo individual e, de um modo geral, quanto mais distante no futuro, melhor.

A tradição protestante, tendendo com hesitação um pouco para um lado ou para o outro, sabia que o Anticristo já estava individual e coletivamente presente, e deveria ser identificado com o papa e a instituição do papado. Pelos 300 anos seguintes, esses diferentes entendimentos do Anticristo estariam profundamente enraizados nos conflitos confessionais entre católicos e protestantes.

Em dezembro de 1536, o eleitor saxão John Frederick encomendou a Lutero a elaboração de uma declaração de seu programa de reforma. Lutero levou sua declaração final a uma reunião de príncipes luteranos em Smalcald, Hesse, e ela foi endossada pela maioria dos teólogos presentes como um resumo de sua fé coletiva. Entre os chamados Artigos de Smalcald estava a opinião ponderada de Lutero sobre o Anticristo. O "Quarto Artigo" começa declarando que "o papa não é cabeça de toda a cristandade 'por direito divino' ou com base na Palavra de Deus, porque isso pertence apenas àquele que é chamado Jesus Cristo. Em vez disso, o papa é apenas bispo, ou pastor, da Igreja em Roma"[449]. Como consequência, tudo o que o papa fez com base em "tal poder falso, ofensivo, blasfemo e arrogante foi e ainda é um assunto e um negócio puramente diabólico"[450].

Lutero estava convencido de estar vivendo o fim dos tempos. O resultado disso foi que ele foi capaz de igualar o

---

449. LULL, Timothy; RUSSELL, William R. (ed.). *Martin Luther's basic theological writings*. Minneapolis: Fortress Press, 2012, p. 348.
450. *Ibid*.

Anticristo final e o Anticristo papal. Tudo isso mostra esmagadoramente, declarou, "que ele [o papa] é o verdadeiro Anticristo [Widerchrist] do fim dos tempos [Endchrist] que se levantou e se pôs contra Cristo"[451]. Além disso, o papa condena, mata e atormenta todos os cristãos que se recusam a exaltá-lo e honrá-lo. Assim como os cristãos não adorariam o Diabo como Deus, "não podemos permitir que seu apóstolo, o papa ou o Anticristo, governe como nossa cabeça ou senhor"[452].

Dezenove anos antes, no fim de 1517, os pontos de vista de Lutero sobre a relação entre o papado e o Anticristo já estavam se desenvolvendo. Assim, por exemplo, em 11 de dezembro de 1517, ele estava flertando com a ideia. "Vou enviar-lhe minhas observações lúdicas", escreveu ao companheiro agostiniano Wenceslaus Link, "para que você possa ver se estou certo em adivinhar que o verdadeiro Anticristo, de acordo com Paulo, reina na corte romana – eu acho que sou capaz de provar que ele [o papa] é agora pior do que os turcos"[453]. Alguns meses depois, Lutero transmitiu a ideia para seu amigo Georg Spalatin. "Cá entre nós", escreveu, "eu não sei se o papa é o próprio Anticristo, ou seu apóstolo: tão miseravelmente é Cristo (isto é, a verdade) corrompido e crucificado por ele nos decretos"[454].

O "papado imperial" foi a consequência da Doação de Constantino. Esse documento, lembremos, destinava-se a

---

451. *Ibid.*, p. 349.

452. *Ibid.*, p. 350.

453. O'CONNOR, Henry. S.J. *Luther's own statements concerning his teaching and its results.* Nova York: Benziger Brothers, 1885, p. 9.

454. *Ibid.*, p. 10.

registrar a outorga de autoridade do Imperador Constantino sobre Roma e a parte ocidental do Império Romano ao papa e seus sucessores[455]. Em 1440, o humanista italiano Lorenzo Valla (c. 1407-1457) demonstrou em seu *Sobre a Doação de Constantino* que esta era uma falsificação do século VIII. Lutero encontrava-se debruçado sobre a obra de Valla em fevereiro de 1520. Ele escreveu a Spalatin que estava consternado que "tais mentiras sem qualquer autenticidade, grosseiras, impudentes não só sobreviveram como prevaleceram por tantos séculos". Isso o levou à sua convicção de que o papa era o Anticristo. "Estou em tamanha exasperação", escreveu, "que não duvido que o papa seja o Anticristo esperado pelo mundo, tão intimamente concordam seus atos, vidas, ditos e leis"[456].

Lutero logo viria a público com essa convicção recém-descoberta. Foi motivado a fazê-lo por um ataque aos seus ensinamentos pelo dominicano Silvestre Prierias (c. 1456-1527), o primeiro adversário literário italiano de Lutero, conselheiro teológico do Papa Leão X (1475-1521) e censor de livros. Em seu *Epítome de uma resposta a Martinho Lutero* em 1519, Prierias declarou que um papa não poderia ser julgado ou deposto, mesmo que seu comportamento fosse tão escandaloso a ponto de levar as pessoas com ele à posse do Diabo no inferno. Em junho de 1520, em seu *Discurso à nobreza cristã*, Lutero acusou Prierias de ser o principal demônio de Roma por dizer que o papa não poderia ser deposto. "Em Roma", declarou, "eles constroem sobre este fundamento

---

455. Cf. o capítulo 5.

456. SMITH, Preserved. *The life and letters of Martin Luther.* Boston: Houghton Mifflin, 1911, p. 73.

amaldiçoado e diabólico e pensam que devemos deixar todo o mundo ir para o Diabo, em vez de resistir à sua canalhice [...]. Deve-se temer que este seja um jogo do Anticristo, ou pelo menos que seu precursor tenha aparecido"[457]. Além disso, ao aceitar dinheiro para dissolver juramentos, votos e acordos, o papa estava se exaltando acima de Deus:

> Se não houvesse outro truque básico para provar que o papa é o verdadeiro Anticristo, este bastaria para prová-lo. Escuta isto, ó papa, não de todos os homens o mais santo, mas de todos os homens o mais pecaminoso! Oh, que Deus do céu logo destrua teu trono e o afunde no abismo do inferno! [...] Assim, por meio de tua voz e pena, o ímpio Satanás mente como nunca mentiu antes. Forças e distorces as Escrituras para que se adequem à tua fantasia. Ó Cristo, meu Senhor, olhai para baixo; que o dia do vosso julgamento irrompa e destrua esse ninho de demônios em Roma. Ali está sentado o homem de quem São Paulo disse: "Ninguém vos engane de modo algum. Porque primeiro deve vir a apostasia e manifestar-se o homem da iniquidade, o filho da perdição, o adversário, aquele que se levanta contra tudo que é divino e sagrado, a ponto de instalar-se no templo de Deus e apresentar-se como se fosse Deus" (2 Tessalonicenses 2,3-4). Que mais é o poder papal senão simplesmente o ensino e o aumento do pecado e da maldade? O poder papal serve apenas para levar as almas à condenação em seu nome e, segundo todas as aparências externas, com sua aprovação![458]

Alguns meses depois, em outubro de 1520, Lutero pareceu ampliar seu ataque ao papa como o Anticristo para a

---

457. LUTERO, Martinho. To the Christian nobility of the German nation. *In*: WENGERT, Timothy J. (ed.). *The annotated Luther*. Minneapolis: Augsburg Fortress, 2015, vol. 1, p. 386-387.

458. *Ibid.*, p. 441-442.

instituição do papado. Assim, em *O cativeiro babilônico da Igreja*, declarou que o papado era "verdadeiramente o reino da Babilônia e do próprio Anticristo"[459].

Por sua vez, o papa também estava elevando a aposta teológica. Em 10 de dezembro de 1520, Lutero recebeu a bula papal *Exsurge Domine* condenando 41 de seus "erros", exortando-o a se retratar e pedindo que seus livros fossem queimados "pública e solenemente na presença de clérigos e do povo"[460]. Lutero foi rápido em responder, em sua *Defesa e explicação de todos os artigos*. A retórica do "Anticristo" de Lutero agora atingiu seu ápice. "O Anticristo" e "o papa" são agora praticamente sinônimos:

> Agora queima e condena livros, papa. Assim Deus te derrubará e te entregará à loucura, para que possas receber a recompensa que mereces, porque lutas sempre contra a verdade divina. Que ele duvide que o papa, que espalha mais do que o suficiente desses erros em todo o mundo e recebe em troca a riqueza das nações, seja o verdadeiro, principal e final Anticristo. Graças a Deus, eu o conheço[461].

Em sua *Defesa e explicação* de 1521, Lutero via a si como parte de uma tradição de reforma que remontava a John Wycliff, John Hus, Jerônimo de Praga e Girolamo Savonarola. Hus e Jerônimo, escreveu ele, eram bons cristãos "queimados por hereges e apóstatas e anticristãos – os papistas –

---

459. LUTERO, Martinho. The Babylonian captivity of the church. *In*: ROBINSON, Paul W. (ed.). *The annotated Luther*. Minneapolis: Augsburg Fortress, 2016, vol. 3, p. 75.

460. *Exsurge Domine*: sobre os erros de Martinho Lutero, 1520.

461. LUTERO, Martinho. *Works of Martin Luther*: translated with introductions and notes. Albany: Ages Digital Library, 1997, vol. 3, p. 48.

por causa do santo Evangelho"[462]. Outros bons cristãos, como Savonarola, foram queimados "de acordo com a profecia sobre o Anticristo de que ele lançará os cristãos no forno [...]. É assim que a santa Igreja dos papistas presta serviço a Deus"[463]. Dessa posição sobre o Anticristo papal, Lutero nunca se afastaria.

Os partidários de Lutero deveriam fazer o mesmo. Assim, por exemplo, o reformador luterano Andreas Osiander (1498-1552) pregou abertamente sobre o Anticristo papal já em 1524. "Eu provei aos meus ouvintes, unicamente a partir das Sagradas Escrituras", escreveu, "quem esse Anticristo é [...] e não precisei tecer quaisquer comentários adicionais sobre elas [...]. Quando Constantino saiu de Roma, o Anticristo entrou"[464]. O objetivo de suas *Coniectures of the ende of the world* era dar uma exposição clara e breve das Escrituras "quanto a essa última monarquia de Roma, a descrição e a imagem viva daquela prostituta anticristã com chifres, de sua queda e fim deste mundo, que está por vir"[465].

Durante a maior parte do século XVI, no entanto, a Europa se sentiu ameaçada pelos turco-otomanos. Com os turcos às portas de Viena em 1529, Lutero passou a vê-los como um exército demoníaco e uma parte do Anticristo. "O Anticristo é o papa e a Igreja juntos", disse ele, "uma besta cheia de vida deve ter corpo e alma; o espírito ou alma do Anticristo é o

---

462. *Ibid.*, p. 91.

463. *Ibid.*

464. Citado em FROOM, Le Roy Edwin. *The prophetic faith of our fathers.* Washington: Review and Herald, 1948, vol. 2, p. 295-296.

465. OSIANDER, Andreas. *The coniectures of the ende of the world.* Antuérpia, 1548, sigs. A.3.r–v.

papa, sua carne ou corpo é o turco. Este último assola, ataca e persegue a Igreja de Deus corporalmente; o primeiro espiritualmente e corporalmente também, com enforcamento, fogueira, assassinato etc."[466]. Lutero acreditava que os turcos faziam parte das forças demoníacas que se engajariam na batalha escatológica final: "Como o fim do mundo está próximo, o Diabo deve atacar a cristandade com ambas as suas forças"[467].

No entanto, em seus escritos, e não em relatos de suas conversas, embora reconhecendo que tanto o papado quanto os turcos eram demoníacos, Lutero pareceu não identificar o turco com o Anticristo. Assim, em seu *Sobre a guerra contra os turcos* em 1529, ele declara:

> O papa, como um verdadeiro Anticristo, juntamente com seus seguidores, faz guerra, comete assassinato e rouba não apenas seus inimigos, mas também queima, condena e persegue os inocentes, os devotos e os ortodoxos. E ele faz isso enquanto está sentado no templo de Deus [2Tessalonicenses 2,4] como chefe da Igreja, algo que o turco não faz. Mas assim como o papa é o Anticristo, o turco é o próprio Diabo encarnado. Nossa oração, e a oração da cristandade, se dirige contra ambos – que eles acabem no inferno, mesmo que só sejam enviados para lá no Último Dia, um dia que eu espero que não esteja longe[468].

---

466. LUTERO, Martinho. *The table talk of Martin Luther*. Londres: George Bell and Sons, 1909, p. 193, n. 429.

467. Citado em FRANCISCO, Adam S. *Martin Luther and Islam*: a study in sixteenth-century polemics and apologetics. Leiden: Brill, 2007, p. 84.

468. LUTERO, Martinho. On war against the Turk. *In*: HILLERBRAND, Hans J. (ed.). *The annotated Luther*. Minneapolis: Augsburg Fortress, 2017, vol. 5, p. 363-364.

A posição de Lutero sobre o duplo Anticristo era suficientemente ambivalente para que os luteranos se dividissem sobre o assunto. Que os turcos fossem uma parte do Anticristo, isso provavelmente se correlacionava com o imediatismo de qualquer ameaça militar otomana. Também se alinhava com as visões tradicionais de que o Anticristo viria do Oriente e seria um tirano de fora da Igreja. O amigo e defensor de Martinho Lutero, Nicholas von Amsdorf (1483-1565), estava determinado a enfatizar apenas o Anticristo papal. Contra a possibilidade de que o turco fosse o Anticristo, ele argumenta

> que o Anticristo será revelado e reduzido a nada antes do Último Dia, para que todo homem compreenda e reconheça que o papa é o verdadeiro Anticristo, e não o vigário de Cristo [...]. Portanto, aqueles que consideram o papa e seus bispos pastores cristãos estão profundamente errados, mas ainda mais aqueles que acreditam que o turco é o Anticristo[469].

Amsdorf rejeitou o Anticristo adsoniano. O Anticristo era o hipócrita oculto dentro da Igreja, e não o tirano aberto fora dela. Assim, o turco não poderia ser o Anticristo: "Porque o turco governa fora da Igreja e não se senta no lugar santo, nem procura levar o nome de Cristo, mas é um antagonista aberto de Cristo e sua Igreja. Isso não precisa ser revelado, mas é claro e evidente porque ele persegue os cristãos abertamente, e não como o papa faz, secretamente sob a forma de devoção"[470].

---

469. FROOM. *The prophetic faith of our fathers*, p. 305.
470. *Ibid.*

A posição luterana padrão era a de que o papado era o Anticristo. Ela se tornaria dominante dentro do protestantismo de forma mais geral. Como Lutero, o reformador francês João Calvino (1509-1564) acreditava que o fim do mundo estava próximo. Mas Calvino foi mais claro do que Lutero em sua crença de que o islã era parte do Anticristo. O Anticristo, de acordo com Calvino, não era um indivíduo. Em vez disso, não apenas os turco-otomanos, mas a religião do islã desde o seu início, juntamente com a instituição do papado, eram o Anticristo – uma parte da "queda" e a revelação do homem do pecado e do filho da perdição que tinham de ocorrer antes que Cristo voltasse (2 Tessalonicenses 2,1-3):

> Não era melhor do que história da carochinha a que foi inventada a respeito de Nero, segundo a qual ele fora levado do mundo, destinado a voltar para assediar a Igreja com sua tirania; e, no entanto, as mentes dos antigos estavam tão enfeitiçadas que imaginavam que Nero seria o Anticristo. Paulo, no entanto, não fala de um indivíduo, mas de um reino, que era para ser tomado por Satanás, para que ele pudesse estabelecer um trono de abominação no meio do templo de Deus – o que vemos realizado no papado. A revolta, é verdade, espalhou-se mais amplamente, pois Muhammad, uma vez que era um apóstata, afastou os turcos, seus seguidores, de Cristo [...]. Paulo, no entanto, quando deu aviso de que haveria tal dispersão, que a maior parte se revoltaria afastando-se de Cristo, acrescenta algo mais sério: que haveria tal confusão, que o vigário de Satanás teria poder supremo na Igreja, e a presidiria no lugar de Deus[471].

---

471. CALVINO, João. *Commentaries on the Epistles of Paul the Apostle to the Philippians, Colossians, and Thessalonians*. Grand Rapids, MI: Christian Classics Ethereal Library, 1851, p. 297-298. Cf. tb. MCNEILL, John T. *Calvin*: institutes of the Christian religion, 7.7.25. Louisville: Westminster John Knox Press, 2006, vol. 2, p. 1144-1145.

O Anticristo papal, com ou sem os "turcos", foi fundamental para a tradição calvinista ou reformada. Assim, por exemplo, o reformador suíço Ulrich Zwingli (1483-1531) declarou: "Eu sei que em suas obras a força e o poder do Diabo, isto é, do Anticristo [...]. O papado deve ser abolido"[472]. O sucessor de Zwingli, Heinrich Bullinger (1505-1575), rejeitou a leitura do chifre pequeno de Daniel como o islã em favor do papado. "Por chifre pequeno", declarou ele, "muitos entendem o reino de Muhammad, dos sarracenos e dos turcos [...] mas quando a profecia apostólica em 2 Tessalonicenses 2 é examinada com mais cuidado, parece que a profecia do Apóstolo pertence mais corretamente ao reino do papa romano"[473].

A identificação do papado com o Anticristo rumou na direção da Escócia e Inglaterra quando o calvinismo ganhou força na ilha. O líder da Reforma escocesa, John Knox (1505-1572), começou sua história da Reforma na Escócia com as palavras:

> Não é desconhecido, leitor cristão, que a mesma nuvem de ignorância, que por muito tempo obscureceu muitos estados sob este maldito reino daquele Anticristo romano, também dominou este pobre estado. Mas esse mesmo Deus que fez com que a luz irrompesse das trevas [...] abriu os olhos de alguns mesmo dentro deste Reino, para ver a vaidade daquilo que então era universalmente abraçada como a verdadeira religião[474].

---

472. VICCHIO, Stephen J. *The legend of the Antichrist*: a history. Eugene: Wipf and Stock, 2009, loc. 4387.

473. *Ibid.*, loc. 4387.

474. KNOX, John. *The works of John Knox*. Edimburgo: James Thin, 1895, vol. 1, p. 3.

Por seu "calvinismo leve", o reformador inglês Arcebispo Thomas Cranmer (1489-1556) foi queimado na fogueira pela rainha católica Maria. Mas antes de enfiar a mão no fogo que o consumiria, suas últimas palavras foram: "E, na medida em que minha mão cometeu ofensa por ter escrito em contrariedade com o meu coração, minha mão será primeiro punida. Pois se devo ir ao fogo, ela será queimada primeiro. E quanto ao papa, eu o recuso, como inimigo de Cristo e Anticristo com toda a sua falsa doutrina"[475].

6.3 De volta ao Livro do Apocalipse

Como sabemos, desde o tempo de Irineu, a história do Anticristo estava intimamente entrelaçada com a interpretação do Livro do Apocalipse, embora não haja menção ao Anticristo nesse livro. No período da Reforma, novas leituras do Apocalipse viriam a reforçar o julgamento de que o Anticristo deveria ser encontrado na instituição do papado e ali havia estado presente desde o seu início.

Os reformadores magisteriais, Lutero e Calvino em particular, tinham sérias reservas sobre o Livro do Apocalipse. Ao longo de sua carreira, Calvino evitou escrever um comentário a seu respeito. Em seu prefácio ao livro na edição de 1522 da Bíblia, Lutero declarou: "Minha mente não pode encontrar-se em bom termo com esse livro e para mim essa razão basta para não valorizar seu pensamento [do autor] quando vejo que Cristo não é ensinado nem reconhecido

---

475. CRANMER, Thomas. Thomas Cranmer's final speech, before burning (21.3.1556). *Luminarium*, 2009.

nesta obra"[476]. Não obstante, na época do prefácio de 1530 ao mesmo livro, Lutero havia mudado de ideia. Ele havia reconhecido a essa altura que, embora não conseguisse ensinar sobre Cristo, o Apocalipse parecia ter muito a dizer sobre o Anticristo e fornecia munição para sua artilharia antipapal.

O Anticristo tinha sido identificado com o papado em um sem-número de comentários radicais dos séculos XIV e XV sobre o Livro do Apocalipse. E foi quando um deles veio à tona em Wittenberg na década de 1520 – o anônimo *Commentarius in Apocalypsin ante centum annos aeditus* – que Lutero percebeu que não estava sozinho em sua interpretação do papado enquanto reinado do Anticristo e escreveu um prefácio arrebatado nesse sentido. O fator-chave nesse comentário não foi apenas que ele forneceu a Lutero um esquema que lhe permitiu identificar o Anticristo com o papado, mas também que o fez no contexto de um esquema interpretativo que viria a ser o elemento central das leituras protestantes do Apocalipse.

Esse elemento central era que o Apocalipse não deveria ser lido meramente ou apenas alegórica ou espiritualmente, mas historicamente – no sentido mais amplo – como um livro sobre o passado, o presente e o futuro. Como Lutero colocou em seu prefácio de 1530 ao Livro do Apocalipse: "Este livro contém coisas que Deus revelou a João e que João revelou à Igreja; ele nos fala quão grandes são as tribulações que a Igreja sofreu em seus primeiros dias e sofre agora e sofrerá no tempo do Anticristo"[477]. E o que importava para Lutero

---

476. BACKUS, Irena. *Reformation readings of the Apocalypse*: Geneva, Zurich, and Wittenberg. Oxford: Oxford University Press, 2000, p. 7. Reconheço-me em dívida com Backus por esse debate sobre Lutero.

477. Citado em *Ibid.*, p. 9.

era que Satanás, aprisionado desde os primeiros dias da Igreja, estava a ponto de ser libertado e prestes a marchar pela terra com Gog e Magog (agora identificados com os turcos), e que o Juízo Final se seguiria pouco depois. Assim, dentro do protestantismo, como nas leituras joaquimitas do Apocalipse, este tornou-se um texto que, corretamente decodificado, era capaz de fornecer aos leitores uma compreensão de seu passado, um entendimento de seu presente na história da salvação e uma previsão de seu futuro.

No contexto do apocaliticismo protestante, portanto, o Livro do Apocalipse assumiu uma importância desconhecida de outrora. Como colocou o bispo inglês John Bale (1495-1563) em 1545, em seu comentário ao livro *The image of both churches*:

> Nenhum ponto necessário de crença se encontra em todas as outras Escrituras que não esteja aqui também em um lugar ou outro. A soma muito completa e todo o enredo é este livro celestial das verdades universais da Bíblia. Quem não conhece este livro não sabe o que é a Igreja da qual é membro. Pois aqui estão os seus limites desde a ascensão de Cristo até o fim do mundo[478].

O livro de Bale era uma enciclopédia de fontes apocalípticas – de Irineu e Hipólito a Joaquim, Wycliff, Valla e Savonarola, e daí a Lutero e Calvino. E estava repleto de referências ao Anticristo papal[479]. A respeito da "besta que sobe do abismo" (Apocalipse 11,7), por exemplo, ele escreve: "A besta que sobe do abismo é a geração cruel, maldita e ardilosa do Anticristo, o papa com seus bispos, prelados, sacerdotes e

---

478. CHRISTMAS, H. (ed.). *Select works of John Bale, D.D.* Cambridge: Cambridge University Press, 1849, p. 252.

479. Segundo minhas contas, cerca de 83 referências.

religiosos na Europa, Muhammad com seus lascivos 12 pares de África, e assim por diante na Ásia e na Índia; todos bestiais, carnais e perversos em seus feitos"[480]. O assassinato das duas testemunhas (Apocalipse 11,7-8) agora se tornou o tormento dos reformadores protestantes e seus seguidores quando "eles [os papistas] os odeiam, os amaldiçoam, lançam-lhes blasfêmias e os perseguem"[481]. Em suma, o Livro do Apocalipse tornou-se o manifesto protestante contra a intolerância católica à Reforma.

O comentário de John Napier (1550-1617), *A plaine discovery of the whole Revelation of Saint John*, publicado em 1593, era tudo menos "simples". Trazia, contudo, uma vantagem política semelhante. A razão imediata para a publicação do trabalho, a toque de caixa e em inglês, em lugar do latim originalmente programado, foi o chamado *Spanish blanks plot* de 1592. A descoberta de cartas e documentos em branco mostrou que vários nobres católicos (entre eles o sogro de Napier) estavam conspirando com a Espanha para derrubar o Rei Jaime VI (1566-1625) da Escócia (a partir de 1603, também Jaime I da Inglaterra). Napier estava sem dúvida interessado em mostrar que, diferentemente de seu sogro, ele era leal ao seu governante protestante. O trabalho foi dedicado ao Rei James e a "*Epistle Dedicatory*", em que lia o Apocalipse como um livro sobre reinos para reis, não deixa dúvidas do fato de que o rei precisava limpar sua própria casa, família e corte de todos aqueles que não confessavam apaixonadamente o protestantismo:

---

480. CHRISTMAS. *Select works of John Bale*, p. 392.
481. *Ibid.*

Que seja do estudo contínuo de Sua M. [...] reformar todas as monstruosidades universais do seu país, e primeiramente [...] começar pela própria casa de Sua M., família e corte, e purgá-la de todas as suspeitas de papistas, e ateus ou pessoas que afetam neutralidade, sobre os quais a Revelação prevê que seu número há de aumentar muito nestes tempos últimos. Pois algum príncipe será capaz de ser um dos destruidores daquele grande assento, e um expurgador do anticristianismo no mundo, se não expurga antes seu próprio país? Expurgará ele todo o seu país, se não expurgar sua própria casa? Ou há de expurgar sua casa aquele que não expurga a si mesmo mediante meditações privadas com seu Deus?[482]

Napier, é claro, sabia muito bem que James (de forma especulativa) já havia feito seu próprio expurgo pessoal em seu trabalho sobre o Apocalipse, *Ane fruitfull meditation* (sobre Apocalipse 20,7-10), em 1588. E ele sabia que o rei havia feito uso da prerrogativa do direito divino para interpretar o texto. Napier também sabia que o rei seria solidário à sua leitura. Pois James, como outros leitores protestantes, via o Livro do Apocalipse como um "canhão especial contra a muralha herética de nossos adversários comuns, os papistas"[483]. Portanto, a obra de Napier não era uma liminar para aguardar passivamente o fim, por mais iminente que fosse,

---

482. NAPIER, John. *A plaine discovery of the whole Revelation of Saint John*: set down in two treatises: the one searching and proving the true interpretation thereof: the other applying the same paraphrastically and historically to the text. Edimburgo: Robert Waldegrave, 1593, sigs. A.3. v–A.4.r. Napier é mais lembrado hoje como o inventor dos algoritmos. Sobre Napier, cf. ALMOND, Philip C. John Napier and the mathematics of the "middle future" apocalypse. *Scottish Journal of Theology*, vol. 63, n. 1, p. 54-69, 2010.

483. JAMES I, King of England. *The workes of the most high and mightie Prince, James, by the grace of God King of Great Britaine, France and Ireland*. Londres: Robert Barker and John Bill, 1616, p. 2.

mas uma incitação aos reis cristãos para continuar a obra dos reformadores e expurgar o mundo do Anticristo.

Para Napier, o papado era idêntico ao Anticristo. Ele reinaria por 1.260 anos, começando no ano 300 no mínimo ou 316 no máximo, sendo esse o tempo em que a Igreja se tornou uma religião tolerada e o poder do papado foi estabelecido. Nesse cálculo, o reinado do Anticristo estava, portanto, terminando entre 1560 (o ano em que, não por coincidência, poderíamos dizer, a Escócia se declarou "reformada") e 1576. Napier também sustentava que Satanás encontrava-se aprisionado no mesmo período em que o Anticristo tomava o poder em Roma. Assim, entendia-se que Deus equilibrava habilmente, por assim dizer, a quantidade de mal no mundo, à medida que aprisionava Satanás ao mesmo tempo em que permitia o reinado do Anticristo nas pessoas dos papas. Satanás foi então solto por volta do ano 1300 para agitar os exércitos de Gog e Magog – os exércitos "papístico e maomético" – naqueles idos.

Aos olhos de Napier, ele estava vivendo tempos de glória. Já era chegado o tempo da revelação e do conhecimento, e ele estava vivendo os Dias Finais: era possível que o fim estivesse a apenas cem anos de distância. Não havia, portanto, na leitura do Apocalipse de Napier, nenhum sentido de que o mundo precisasse de uma reforma social e política radical. Pelo contrário, como seu comentário mostrava, Deus estava realizando seus propósitos: o reinado do Anticristo havia terminado e a verdadeira Igreja em uma verdadeira sociedade tinha espaço, então, para vir à tona.

Essa era uma visão de esperança, não de desgraça. O fim estava próximo – era evidente o aumento do conhecimento, da sabedoria e da verdade. Ele não estava, porém, tão próximo a ponto de todos poderem deixar o trabalho de lado e esperá-lo passivamente. Tampouco se deveria apressar o tempo virando o mundo de cabeça para baixo. A importância de Napier reside em sua leitura do Apocalipse em termos de um conservadorismo monárquico. Sua visão coincidia com uma perspectiva social e política moderada do fim dos tempos. No entanto, era ainda uma perspectiva socialmente ativa. Espalhar a palavra do Evangelho, introduzir a religião reformada e combater o Anticristo eram obrigações escatológicas. E isso cabia ao rei e ao povo.

6.4 O império contra-ataca

Não surpreende que a Igreja Católica Romana tenha retaliado a alegação protestante de que o papado era o Anticristo. Ela o fez relendo o Livro do Apocalipse para distanciá-lo do presente. E o fez de duas maneiras bem diferentes. Por um lado, leu Apocalipse como um texto que cobria apenas os primeiros séculos da era cristã, embora algum lugar tenha sido deixado aqui e ali para os últimos três anos e meio de história (preterismo). Por outro lado, lia-o como um texto relevante principalmente para os últimos três anos e meio do Anticristo, precedendo o fim do mundo (futurismo)[484].

A primeira dessas leituras é exemplificada por obra do jesuíta Luis de Alcazar (1554-1613), um comentário de 900 páginas sobre o Apocalipse intitulado *Vestigatio arcani sensus in Apocalypsi* [Uma investigação sobre o sentido oculto do Apocalipse]. De acordo com Alcazar, as profecias do

---

484. Cf. NEWPORT, Kenneth G.C. *Apocalypse and millennium*: studies in biblical eisegesis. Cambridge: Cambridge University Press, 2000, cap. 1.

Apocalipse descreveram a vitória da Igreja primitiva, como cumprida na queda da nação judaica e na derrubada da Roma pagã. Em tal cenário, o Anticristo foi equiparado ao imperador original Nero[485]. Para aqueles preteristas mergulhados na tradição adsoniana, esse era um passo ousado demais. Um lugar precisava ser encontrado para um futuro Anticristo. Assim, por exemplo, embora o bispo católico francês Jacques Bossuet (1627-1704) tenha compreendido que os primeiros 19 capítulos do Apocalipse se cumpriam na Igreja primitiva, ele ainda encontrou um lugar para o futuro Anticristo que surgiria no fim do mundo em Apocalipse 20,7-10. Da mesma forma, o monge beneditino francês Augustin Calmet (1672-1757) julgou que "deve-se considerar a maior parte do Livro do Apocalipse realizada nos primeiros séculos da Igreja"[486]. Ele admitiu que Antíoco Epifânio e Nero eram anticristos no sentido de serem precursores do Anticristo. Mas definiu o Anticristo como um futuro indivíduo – "aquele homem do pecado que se espera que preceda a segunda vinda de nosso Salvador"[487]. Essa posição preterista teria uma influência limitada no protestantismo, resultante de sua adoção pelo historiador e teólogo holandês Hugo Grotius (1583-1645) e seu seguidor inglês Henry Hammond (1605-1660)[488]. Era clara a tentativa de Grotius de promover alguma aproximação entre católicos

---

485. Cf. FROOM, *The prophetic faith of our fathers*, p. 506-509.

486. TAYLOR, Charles (ed.). *Calmet's dictionary of the Holy Bible*. Boston: Crocker and Brewster, 1832, p. 80.

487. *Ibid.*, p. 70.

488. Sobre Grotius e Hammond, cf. FROOM. *The prophetic faith of our fathers*, p. 521-525.

e protestantes, mas os católicos o viam como pouco mais do que um fantoche protestante.

Como dissemos anteriormente, não há menção específica ao Anticristo no Livro do Apocalipse. Desde o tempo de Irineu no segundo século, porém, o Anticristo tinha sido lido nele como peça-chave no drama escatológico cristão. Assim, os inclinados a uma leitura fortemente preterista do Apocalipse, como a de Alcazar, estavam lendo em grande medida contra a tradição dominante do Anticristo, constituída não apenas pela leitura predominante do Apocalipse até o tempo da Reforma, mas reforçada a partir do fim do primeiro milênio pela biografia do Anticristo produzida por Adso. Portanto, talvez não seja surpreendente que, em sua reação contra o Anticristo papal protestante, os intérpretes católicos do livro olhassem para uma leitura futurista e para um Anticristo fora da Igreja.

Entre os intérpretes futuristas, o mais influente foi o cardeal jesuíta italiano Roberto Belarmino (1542-1621). Ele é mais lembrado por seu conflito com Galileu sobre a questão do heliocentrismo[489]. Sua crítica à ideia de um Anticristo papal, porém, fazia parte de suas *Disputationes de Controversiis Christianae Fidei adversus hujus temporis Haereticos* (1581-1593), uma obra que se tornaria um padrão para a doutrina católica romana contemporânea. Foi uma reafirmação veemente do Anticristo adsoniano.

Sua estratégia básica era simples. Um exame minucioso das Escrituras lidas à luz dos Pais da Igreja primitiva,

---

489. Cf. BLACKWELL, Richard J. Galileo Galilei. *In*: FERNGREN, Gary B. (ed.). *Science & Religion*: a historical introduction. Baltimore: Johns Hopkins University Press, 2002, p. 105-116.

juntamente com uma crítica detalhada aos argumentos protestantes particulares sobre o papado como o Anticristo, não poderia deixar de mostrar que o Anticristo não poderia ser o papado no passado ou no presente. Em vez disso, ele seria um único indivíduo que reinaria apenas pelos três anos e meio antes do fim do mundo. O consenso dos Pais, declarou Belarmino, era que o Anticristo reinaria até o fim do mundo. Consequentemente,

> se o mundo vai acabar imediatamente após a morte do Anticristo, e o Anticristo não estará vivo três anos e meio depois de seu aparecimento, então está claro que ele não aparecerá ou começará a reinar senão por três anos e meio antes do fim do mundo. Mas o papa, de acordo com nossos adversários, reinou com ambas as espadas por mais de 500 anos e mesmo assim o mundo ainda perdura[490].

Belarmino reforçou esse argumento-chave declarando que vários dos componentes essenciais dos tempos antes e durante o tempo do Anticristo ainda não estavam em evidência – a desolação do Império Romano, a chegada de Enoque e Elias, as perseguições pelo Anticristo, os três anos e meio do reinado do Anticristo e a iminência do fim do mundo. Quanto ao número da besta e ao nome do Anticristo, "a opinião mais verdadeira sobre esse assunto é daqueles que confessam sua ignorância e dizem que ainda não conhecem o nome do Anticristo"[491].

A partir dos detalhes concatenados no texto de Belarmino, podemos construir sua vida do Anticristo, que se-

---

490. ROBERTO BELARMINO. *Antichrist*. Post Falls: Mediatrix Press, 2016, loc. 894.

491. *Ibid.*, loc. 979.

gue essencialmente as linhas adsonianas. Ele não era o próprio Diabo, nem o Diabo encarnado, nem nasceria de uma virgem por uma obra do Diabo como Cristo nasceu de uma virgem por uma obra do Espírito Santo. Tampouco era Nero, fosse ressuscitado, fosse reaparecido. É provável, declarou ele, que o Anticristo nasceria de uma mulher mediante fornicação. É extremamente provável que ele nascesse como um judeu da tribo de Dã e fosse circuncidado. Também seria provável que viesse em benefício dos judeus e fosse recebido por eles como o Messias. Ele governaria os judeus mediante fraude e traição. Longe de Roma ser a sede do Anticristo, seu governo se instalaria em Jerusalém, no trono de Davi, no templo de Salomão.

Quando viesse, o Anticristo negaria que Jesus fosse o Cristo e se oporia a todas as coisas que Cristo estabeleceu – Batismo, Confirmação, e assim por diante. Ele ensinaria que o sabá, a circuncisão e outras cerimônias da antiga Lei ainda eram válidas. Também afirmaria ser o verdadeiro Cristo, declararia que era Deus e exigiria ser adorado como tal. E realizaria milagres como ressuscitar os mortos e curar os doentes, mas seriam ilusões dos demônios.

O Anticristo se engajaria na guerra contra os reis de Egito, Líbia e Etiópia, e chegaria a matá-los e a ocupar seus reinos. Os sete reis restantes se submeteriam a ele, que governaria sobre todos eles. Por fim, haveria a última batalha do Anticristo (Gog) e seu exército (Magog) contra a Igreja. A Igreja se sairia vitoriosa dessa batalha final. Cristo derrotaria o Anticristo; e Deus, o Diabo.

Belarmino não deu nenhuma indicação de quando tudo isso poderia acontecer. Ele não tinha interesse em aritmética apocalíptica e criticou aqueles que tinham[492]. Não obstante, era simpático à ideia de que o mundo duraria 6 mil anos a partir de sua criação, por volta de 4000 a.C., e que, portanto, ainda havia 400 anos pela frente. No entanto, escreveu: "Santo Agostinho repreendeu amargamente aqueles que afirmavam que o mundo acabaria em determinado momento, pois o Senhor disse: 'Não nos cabe saber o tempo e a hora que o Pai colocou em seu poder'"[493]. Essa foi, sem dúvida, uma estratégia deliberada. A estabilidade da Igreja Católica Romana dependia de minimizar as expectativas quanto à proximidade do fim do mundo e empurrá-lo para um futuro distante. Somente assim o iminente Anticristo dos radicais protestantes poderia ser intelectualmente contido.

6.5 O Anticristo da Reforma Radical

Lutero e Calvino eram reformadores, não revolucionários. Eles eram antipáticos aos grupos de dissidentes radicais dentro da Reforma, que ficariam conhecidos como os Reformistas Radicais[494]. A Reforma Radical viria a ampliar a compreensão protestante do Anticristo. Para os radicais, o Anticristo era um termo coletivo para todos aqueles que, desde os dias dos apóstolos, haviam perseguido a Igreja. Assim, por exemplo, Sebastian Franck (c. 1499-c. 1542) considerou o Anticristo como o responsável pela ruína da obra de Cristo e seus apóstolos imediatamente após seu tempo. Desde então, a verdadeira Igreja se havia recolhido ao céu.

---

492. Cf. *Ibid.*, loc. 309.

493. *Ibid.*

494. Cf. WILLIAMS, George Huntston. *The Radical Reformation*. Filadélfia: Westminster Press, 1962.

"Eu acredito, portanto", escreveu ele em uma carta em 1531 ao radical luterano John Campanus, "que a Igreja externa de Cristo [...] por causa da invasão e destruição pelo Anticristo logo após a morte dos apóstolos, subiu ao céu e jaz oculta no Espírito e na verdade. Estou, portanto, certo de que há 1400 anos não existe nenhuma igreja reunida nem nenhum sacramento"[495]. Em suma, a história do cristianismo fora, em verdade, a história do *anticristianismo*.

Talvez não surpreendentemente, e seguindo os reformadores magisteriais, a instituição do papado foi incluída no Anticristo pelos reformadores radicais. Assim também os seguidores de Muhammad. Mas quando os radicais se opuseram aos reformadores magisteriais, eles os incluíram também sob a figura do Anticristo. Assim, por exemplo, Conrad Grebel (c. 1498-1526) identificou Ulrich Zwingli com a besta de Apocalipse 13 e o Anticristo. Caspar Schwenckfeld (c. 1489-1561) incluiu os luteranos como uma parte do Anticristo[496]. Melchior Hoffman (c. 1495-c. 1543) dividiu em três o cristianismo de seu tempo – a Igreja romana sob o Anticristo papal, seus cúmplices luteranos e zwinglianos e os verdadeiros cristãos espirituais, ele e seus seguidores[497].

A tendência de usar o termo "o Anticristo" em contextos sociais, políticos e teológicos altamente carregados com o intuito de descrever toda a oposição atingiu seu pico

---

495. WILLIAMS, George Huntston (ed.). *Spiritual and Anabaptist writers:* documents illustrative of the Radical Reformation. Londres: SCM Press, 1957, p. 149.

496. Cf. KLAASSEN, Walter. *Living at the end of the ages:* apocalyptic expectations in the Radical Reformation. Lanham: University Press of America, 1992, p. 58-59.

497. Cf. MCGINN. *Antichrist*, p. 214-215.

na Revolução Inglesa nos anos 1640-1650. Assim, como Christopher Hill observa apropriadamente, "os teólogos ortodoxos viam o papa como o Anticristo. Puritanos mais radicais passaram a considerar os bispos e, na verdade, toda a Igreja da Inglaterra como anticristãos, e a guerra civil como uma cruzada por Cristo contra o Anticristo"[498]. O líder dos "Verdadeiros *Levellers*" (também conhecidos como "*Diggers*"), Gerrard Winstanley (1609-1676), deu um passo além e asseverou que a posse de propriedade era, em si, "anticristã". "Aquele governo que dá liberdade à nobreza", escreveu ele, "para dispor de toda a terra e impede os pobres plebeus de desfrutar de qualquer parte [...] é o governo do retratado Anticristo, capaz de perseguir unicamente seus próprios interesses"[499]. Para Winstanley, Cristo habitava apenas entre os pobres e oprimidos. O resto era o Anticristo.

"O Anticristo" tornou-se assim um termo para descrever qualquer tipo de poder – o da Igreja, do governo local e nacional, da monarquia, dos bispos, do clero e de qualquer um entre aqueles que os apoiavam, o rei, Oliver Cromwell, e assim por diante. Os radicais também tinham inclinações "anti-intelectuais". O aprendizado em geral e as universidades em particular eram o Anticristo. Essa era uma crítica corriqueira à erudição feita por radicais europeus e ingleses, embora não tão frequentemente, como no caso do clérigo de Cambridge William Dell (c. 1607-1669), docente do Gonville & Caius College, vinda de dentro. É evidente, ele declarou, "que essa prática das Universidades e *Colleges* de

---

498. HILL, Christopher. *The world turned upside down*. Harmondsworth: Penguin, 1975, p. 148-149.

499. Citado em *Ibid.*, p. 149.

dar aos homens Graus em Divindade [Teologia], como eles chamam, e Títulos, Hábitos e Dignidades à altura, é contrária ao comando expresso de Jesus Cristo, e assim é uma mera Invenção do Anticristo para colocar Honra e Reputação em seus Ministros"[500].

Então, em verdade, "o Anticristo" ou "Anticristo" ou "Anticristão" tornaram-se termos de ofensa retoricamente disponíveis para o uso de todos contra quem não gostassem. Nada é tão familiar aos dias de hoje, disse o Arcebispo James Ussher (1581-1656), "como atribuir ao Anticristo o que quer que não sirva a nossos humores no que toca aos assuntos da Igreja"[501]. Da mesma forma, Joseph Sedgwick (fl. 1650), membro do Christ's College, de Cambridge, desejava vivamente que

> o termo ofensivo do *Anticristo* e do *Anticristão* tivesse sua circunscrição ilimitada de algum modo contida, de forma que se lhe atribuísse uma Concepção que nos poderia dizer em que consiste a natureza do Anticristianismo. Parece-me uma daquelas palavras cujos sentidos conheceram desgaste por sua frequência de uso; ou então apenas um apelativo para censurar qualquer opositor de nossas opiniões ou projetos privados.

"Tudo", prossegue ele, "é anticristão em algumas ou outras bocas"[502]. O apelo de Sedgwick encontrou ouvidos moucos. Os radicais continuaram a ver os conservadores como

---

500. DELL, William. *A testimony from the word against divinity degrees in the university*. Londres, 1653, p. 3.

501. ELRINGTON, Charles Richard. *The whole works of the Most Rev. James Ussher*. Dublin: Hodges, Smith, and Co., 1864, vol. 7, p. 45.

502. SEDGWICK, Joseph. *Episkopos Didaskalos*: learnings necessity to an able minister of the Gospel. Londres, 1653, p. 39.

o Anticristo. E vice-versa. Os radicais também se viraram uns contra os outros. Lodowick Muggleton (1609-1698), por exemplo, viu o *ranter* John Robins (que modestamente afirmou ser Deus Pai e que sua esposa carregava Cristo) como o último grande Anticristo ou homem do pecado. Mais tarde, ele acrescentou os quacres à lista. O fundador do movimento quacre, George Fox (1624-1691), pensava que os homens (radicais) da Quinta Monarquia, "lutadores com armas carnais", eram servos da besta e da prostituta[503]. Sua esposa, Margaret Fell (1614-1702), chamou o ensinamento dos *ranters* de "a Besta que tem sete cabeças e dez chifres"[504].

Sempre inventivos, os radicais ingleses fizeram outra inovação. O Anticristo não estava apenas dentro do mundo exterior, mas dentro de cada indivíduo. A política ativista do Anticristo como o inimigo externo recebia aqui a contraposição do misticismo quietista do Anticristo como o inimigo interno. Assim, por exemplo, o *ranter* radical Joseph Salmon (fl. 1647-1656), em seu *Antichrist in man*, comentando a controvérsia que houve acerca da identidade dessa "grande prostituta, aquele espírito do Anticristo", escreveu:

> [Há] alguns que afirmam que essa grande prostituta é o papa; alguns o presbítero, alguns o episcopado [...]. Portanto, conhece, ó homem, quem quer que sejas! Que julgues a prostituta por suas concepções carnais, és muito enganado por ela, em suas aparências carnais para ti [...]. Conhece-te primeiro, então, ó homem! Que essa grande prostituta está em ti, enquanto tu procuras vê-la fora

---

503. SOCIEDADE DOS AMIGOS, A (ed.). *The journal of George Fox*. Londres: Headley Brothers, 1902, vol. 1, p. 517.

504. Citado em HILL, Christopher. *Antichrist in seventeenth-century England*. Londres: Verso, 1990, p. 133. Faço uso do termo "*ranter*" neste ponto ciente de que a existência de tal grupo foi recentemente posta em questão.

> de ti, enquanto tu a vês em outros homens, ela está, entretanto, operando um *mistério* em ti [...]. Agora, então, olhando para essa prostituta espiritualmente, não carnalmente; *em nós*, e não fora de nós; no mistério, e não na história: mais uma vez vamos levar a inquisição atrás dela, e nos esforçar para encontrá-la em todos os seus recantos sutis e reservados[505].

Com a restauração da monarquia inglesa em 1660 e o declínio do sectarismo radical, o Anticristo entrou em declínio. Isso sem dúvida porque, com o fim da guerra civil, a retórica do "Anticristo" não era mais necessária. Em parte, também, o termo havia perdido o poder intelectual. Quando o Anticristo estava por toda a parte, tanto dentro como fora, era fácil vê-lo em nenhum lugar em particular.

Além disso, o apocaliticismo em geral estava envelhecendo intelectualmente. Embora o apocaliticismo da elite à maneira de Joseph Mede (1586-1638) continuasse a ter algum peso acadêmico, para muitos cheirava à turba não lavada. O filósofo de Cambridge Henry More (1614-1687) estava seguindo os passos de Joseph Mede. Ele reconheceu, contudo, que, em seu próprio tempo, o apocaliticismo não tinha mais força "social"[506]. Assim, teve de começar sua consideração da "verdadeira ideia do anticristianismo" defendendo-se contra aqueles

> que o pensavam ignóbil, inglório e desprezível, para desse modo tingir seu estilo e sujar sua pena com os nomes do Anticristo e do anticristianismo, nos quais o hálito do rude e ignóbil vulgo geralmente cheira tão forte

---

505. SALMON, Joseph. *Antichrist in man*. Londres: Giles Calvert, 1649, p. 1-3.

506. Cf. ALMOND, Philip C. Henry More and the Apocalypse. *Journal of the History of Ideas*, vol. 54, n. 2, p. 189-200, 1993.

quanto a cebolas e alho, vulgo que conspurcou tanto essas palavras por suas falas indelicadas sem qualquer objetivo, que as tornou agora impróprias aos lábios de qualquer pessoa civilizada[507].

Em suma, se a ideia do Anticristo viesse a ser mantida, o apocaliticismo teria que recuperar sua integridade intelectual. E se o apocaliticismo tivesse alguma credibilidade, teria de ser resgatado de um mundo virado de cabeça para baixo e compatível com a possibilidade de uma política religiosa estável e duradoura. Precisava de respeitabilidade social. E precisava dos meios intelectuais para se encaixar na "nova ciência".

---

507. MORE, Henry. *A modest enquiry into the mystery of iniquity*. Londres: J. Flesher, 1664, sig. A.3.v.

7
Anticristos – papais, filosóficos, imperiais

Muitos andarão perplexos, para que cresça o saber (Daniel 12,4).

7.1 O Anticristo "científico"

Com o surgimento da ciência experimental moderna na última metade do século XVII, havia uma consciência de viver em uma nova era. Para o platonista de Cambridge Henry More, isso era de se esperar. O Profeta Daniel havia predito:

> Aquilo que alguns notaram, se não se queixaram a seu respeito [...] que a Era em que vivemos é *Seculum Philosophicum*, uma Era Examinadora, Investigativa, Racional e Filosófica, é uma verdade tão clara que não podemos ignorá-la; mas foi prevista há muitos e muitos anos pelo Profeta Daniel, ou melhor, predita por aquele anjo sombrio que lhe apareceu nas margens do grande Rio *Hidequel, que muitos correrão de uma parte para outra, e o conhecimento se multiplicará* – que isso deve acontecer *no tempo do Fim.* E eu acho que é manifesto que estamos mesmo no fim desse tempo[508].

---

508. MORE. *A modest enquiry into the mystery of iniquity*, p. 482.

Durante o século XVII, o apocaliticismo e o avanço do conhecimento em geral, e da ciência em particular, andaram de mãos dadas. Como Charles Webster sugeriu, o apocaliticismo "levou a uma maior confiança na capacidade do intelecto humano; avanços espetaculares poderiam ser antecipados em todos os campos do saber", e isso com base no texto citado por More na passagem acima, a saber, Daniel 12,4[509].

More era herdeiro da expectativa de um aumento radical no conhecimento como presságio do fim dos tempos. Seus escritos apocalípticos foram dominados pela busca de uma chave racional e "científica" para o desbloqueio dos segredos dos livros de Daniel e Apocalipse. Para More, as profecias de Daniel e o Livro do Apocalipse foram poderosos por causa de seu papel entre os radicais durante o período da Revolução Inglesa (1642-1660). Mas eles haviam sido poderosos demais precisamente porque eram *proféticos*. Quando devidamente analisada, declarou More, a profecia "é um dos argumentos mais irrefutáveis para a religião natural, a saber, para a existência de Deus e dos anjos, e para a Divina Providência sobre os assuntos dos homens, e uma recompensa após esta vida"[510]. A exemplo da nova ciência, que sugeria a regularidade da Natureza, a profecia implicava a regularidade da história. Assim, para More, o Livro do Apocalipse, como o livro da Natureza, poderia ser lido usando os mesmos métodos.

---

509. WEBSTER, Charles. *The Great Instauration*: science, medicine, and reform. Londres: Duckworth, 1975, p. 8.

510. MORE, Henry. *Paralipomena prophetica*. Londres: Walter Kettilby, 1685, p. 3.

Como observamos no último capítulo, a chave para a leitura protestante do Apocalipse estava em determinar o futuro localizando o presente por meio de uma interpretação sistemática do passado. More assentava-se solidamente nessa tradição. Dito isto, ele nunca esteve excessivamente preocupado com a precisão das datas, acreditando que o autor do Apocalipse fornecia apenas datas aproximadas. No entanto, More estava certo de que a Igreja não havia se tornado "anticristã" até por volta do ano 400. Esse foi o momento em que as "duas testemunhas" (Apocalipse 11,7) foram mortas. More foi capaz, então, de calcular que a ressurreição das duas testemunhas aconteceu três dias e meio (Apocalipse 11,11), ou 1.260 anos depois[511]. Isso permitiu que ele estabelecesse o vínculo entre a ressurreição das duas testemunhas e a restauração da monarquia e do episcopado em 1660 (e mais geralmente com a Reforma inglesa).

Mil duzentos e sessenta anos também foi o período do governo do Anticristo (o papado) que começou por volta da mesma época: "Uma espécie de *Paganocristianismo* em vez do cristianismo puro será claramente dominante por 42 meses de anos, ou seja, 1.260 anos"[512]. Em 1681, More confessou que seu propósito na interpretação de Daniel e do Livro do Apocalipse era anticatólico: "Meu envolvimento com o *Apocalipse* ou *Daniel* não tem por fundo qualquer curiosidade de me intrometer em coisas difíceis e obscuras; trata-se apenas de um esclarecimento mais pleno do

---

511. Três dias e meio são três anos e meio, que são 40 meses, que são 42 vezes 30 anos de dias, num total de 1.260 anos.

512. MORE, Henry. *Apocalypsis Apocalypseos, or, The Revelation of St John the divine unveiled.* Londres: J.M., 1680, p. 102.

grande Conflito entre nós e os papistas, que não deixam pedra sobre pedra para perverter as almas e levá-las para sua Igreja Idólatra"[513].

A derrota do Anticristo papal era, portanto, iminente. Assim também era o reinado de mil anos de Cristo com os santos (Apocalipse 20,4). Isso, no entanto, se daria no céu e não na terra. O curso da história na terra continuaria normal. O mundo não poderia esperar o seu fim até mil anos no futuro. Só então o julgamento final aconteceria. Aquelas almas que já estão no céu reinando com Cristo estariam isentas da conflagração. Os justos seriam resgatados, enquanto os ímpios seriam eternamente atormentados em uma terra ardente:

> Pois quem pode imaginar o horror, o fedor, a confusão, o crepitar das Chamas de Fogo, aqueles murmúrios e roncos tremendos dos Mares em tumulto trabalhando e fumando como água fervente em um caldeirão, os uivos temerosos e grunhidos terríveis daqueles Fantasmas rebeldes [...] naquele dia todos os Fiéis renovarão suas forças, e subirão com Asas como Águias, e serão levados muito acima do alcance deste Destino sombrio; isto é, eles subirão naqueles *Carros Celestiais* ou *Veículos Etéreos* [...] e assim entrarão na Imortalidade e no descanso Eterno[514].

Como seu amigo Henry More, Isaac Newton via seu método para interpretar os textos apocalípticos como científico, buscando simplicidade e harmonia[515]. Como na Natureza, nos textos proféticos:

---

513. MORE, Henry. *A plain and continued exposition of the several prophecies or divine visions of the Prophet Daniel*. Londres: M.F., 1681, p. 267-268.

514. MORE, Henry. *An explanation of the grand mystery of godliness*. Londres: J. Flesher, 1660, p. 41.

515. Cf. ILIFFE, Rob. *Priest of nature*: the religious worlds of Isaac Newton. Nova York: Oxford University Press, 2017, cap. 7.

A verdade é sempre encontrada na simplicidade, e não na multiplicidade e confusão das coisas. Como o mundo, que a olho nu exibe a maior variedade de objetos, parece muito simples em sua constituição interna quando examinado por um entendimento filosófico, e tanto mais simples quanto é mais bem entendido, o mesmo ocorre no caso dessas visões. É da perfeição das obras de Deus que todas sejam feitas com a maior simplicidade. Ele é o Deus da ordem, não da confusão. E, portanto, como aqueles que querem entender a estrutura do mundo devem se esforçar para reduzir o conhecimento a toda a simplicidade possível, assim se deve fazer na busca do entendimento dessas visões[516].

É importante ressaltar que, para entender a profecia, era necessário reconhecer o Anticristo. Se Deus estava zangado com os judeus por não examinarem cuidadosamente as profecias pelas quais poderiam reconhecer a Cristo, Newton perguntou: "Por que devemos pensar que ele nos desculpará por não inquirirmos as profecias que ele nos deu para conhecer o Anticristo? [...] E, portanto, é tanto o nosso dever empenharmo-nos para sermos capazes de conhecê-lo de modo a evitá-lo como era o deles conhecer a Cristo de modo a segui-lo"[517]. Assim, para Newton, entender os textos apocalípticos era um dever moral e uma obrigação religiosa. "Portanto, diz respeito a ti", declarou, "olhar ao teu redor atentamente, sob o risco de, em uma idade tão degenerada, seres perigosamente seduzido e não te perceberes. O Anticristo seduziria todo o mundo cristão e, portanto, poderia facilmente seduzir-te, caso não estejas bem-preparado para discerni-lo"[518].

---

516. MANUEL. *The religion of Isaac Newton*, apêndice A, p. 120.

517. *Ibid.*, apêndice A, p. 109.

518. Citado em *Ibid.*, p. 89.

Newton estava de acordo com More quanto ao fim dos tempos começarem com o fim dos 1.260 anos do governo do Anticristo. Como More, ele então esperava o governo de mil anos dos santos, embora (seguindo Joseph Mede) na terra, não no céu. Ele também concordou com More quanto ao início dos 1.260 anos, que começaram quando a Igreja ou o papado atingiram o poder e o domínio mundanos.

> E agora chegando a um domínio temporal e a um poder acima de toda a magistratura humana, ele [o papa] reinou *com um olhar mais robusto do que seus companheiros, e tempos e leis* foram doravante *entregues em suas mãos, por um tempo, tempos e metade de um tempo*, ou três vezes e meia; isto é, por 1.260 anos solares, contando um tempo para um calendário de 360 dias e um dia para um ano solar. Após o qual *o julgamento se mostrará adequado, e eles tirarão seu domínio*, não de uma só vez, mas aos poucos, *para consumi-lo e destruí-lo até o fim*[519].

Não obstante, Newton nunca foi particularmente claro quanto à data. Em seus primórdios, tratava-se do início do século IV, quando Constantino legitimou o cristianismo e a Igreja foi invadida por uma enxurrada de convertidos insinceros do paganismo. A partir de então, acreditava Newton, a Igreja foi progressivamente corrompida: "Foi então que a honra, as riquezas, o poder e as vantagens temporais dessa religião começaram a tentar os pagãos diariamente para que se transformassem em cristãos; e com tais convertidos que por interesse mundano assim fluíram para a Igreja, o Diabo chegou então em meio ao povo cristão dos impérios oriental

---

519. NEWTON, Isaac. *Observations upon the prophecies of Daniel, and the Apocalypse of St John.* Londres: J. Darby and T. Browne, 1733, p. 113-114.

e ocidental chamados habitantes da terra e do mar"[520]. No mais tardar, tudo se deu em 841[521]. Mas ele também sugeriu, doutros vários modos, 381, 607, 609, 788 e 800.

De maneira geral, Newton estava insatisfeito com o estabelecimento de datas para o fim dos tempos. "A insensatez dos intérpretes", declarou, "é predizer tempos e coisas por essa Profecia, como se Deus pretendesse torná-los Profetas. Por essa imprudência, eles não apenas se expuseram, mas também desprezaram a Profecia"[522]. Informações sobre o tempo do fim só poderiam ser obtidas quando o fim estivesse sobre nós. Em suma, as profecias poderiam ser lidas para trás, mas não para a frente. Deus deu as profecias "não para satisfazer as curiosidades dos homens, capacitando-os a conhecer as coisas de antemão, mas para que, depois de cumpridas, pudessem ser interpretadas pelo evento, e sua própria Providência, não os Intérpretes, fosse então manifestada ao mundo"[523]. Em suma, interpretar os livros de Daniel e Apocalipse era uma maneira bastante complicada de fazer história.

William Whiston (1667-1752) foi o sucessor de Isaac Newton como professor de matemática na Universidade de Cambridge. Ele seguiu Newton em sua abordagem "científica" do Livro do Apocalipse. Sua abordagem sobre a questão da profecia, ele escreveu em 1725, "me foi sugerida pela

---

520. NEWTON, Isaac. Fragment on the history of apostasy. *The Newton Project*, 2011, 1r.

521. Cf. SNOBELEN, Stephen D. "A time and times and the dividing of times": Isaac Newton, the Apocalypse, and 2060 A.D. *Canadian Journal of History*, vol. 38, n. 3, p. 537-551, 2003.

522. NEWTON. *Observations upon the prophecies of Daniel*, p. 251.

523. *Ibid.*

primeira vez quando eu era jovem, e foi na opinião comum, por um grande homem [ou seja, Newton], que tinha muito exatamente estudado os escritos sagrados"[524]. Whiston, porém, era muito menos hesitante do que Newton em fazer previsões sobre o futuro com base em cálculos apocalípticos – ou, pelo menos, em não as projetar em um futuro distante. De acordo com os movimentos protestantes comuns, em seu *An essay on the Revelation of Saint John* em 1706, Whiston identificou o papado com a "besta que se levanta do mar" em Apocalipse 13. Aqui, declarou Whiston, "temos um relato claro da Ascensão *do próprio Anticristo*, estritamente assim chamado; ou do *Papa de Roma e sua Hierarquia subordinada*"[525]. O papa pode ter a aparência de um cordeiro, mas fala como um dragão, "exaltando-se acima de tudo o que é chamado Deus; excomungando e destruindo príncipes; absolvendo súditos de sua lealdade; introduzindo doutrinas e práticas novas, falsas e perniciosas; comandando a idolatria na adoração de anjos, santos, imagens e relíquias; tiranizando as consciências dos homens; e anatematizando todos os que não se submetem às suas ações ímpias"[526].

Para identificar o tempo da ascensão do Anticristo, Whiston voltou-se ao Livro de Daniel, relacionando a "besta do mar" papal com "o chifre pequeno" que surgiu entre os dez chifres (Daniel 7,8). Isso ocorreu no ano 606, quando o Papa Bonifácio III assumiu os títulos de "Cabeça da Igreja" e

---

524. Citado em FORCE, James E. *William Whiston*: honest Newtonian. Cambridge: Cambridge University Press, 2002, p. 76.

525. WHISTON, William. *An essay on the Revelation of Saint John, so far as concerns the past and present times*. Cambridge: Cambridge University Press, 1706, p. 243.

526. *Ibid.*

"Bispo Universal". Assim começou a época da "tirania eclesiástica" dos papas[527]. Quanto ao tempo de duração do reinado do Anticristo, Whiston apresentou uma leitura única de "um tempo e tempos e a divisão do tempo" (Daniel 7,25): "Assim, também *tempo, tempos e uma divisão ou parte do tempo*, que seja, três anos, e uma divisão ou parte de um ano, deve significar *três anos e um mês*, porque a divisão mais eminente e notável, ou parte de um ano, é um *mês*"[528]. Isso foi então tomado como um período de 37 meses a 30 dias por mês, ou 1110 anos.

Whiston era um defensor da visão de que, a partir da criação do mundo até o seu fim, transcorreriam cerca de 6 mil anos. Pressupondo que ele levou a criação do mundo para cerca de 4 mil anos a.C., ele esperava que seu fim se desse em torno de 300 anos no futuro, por volta do ano 2000. Mas o reinado do Anticristo terminaria no futuro *imediato*, em 1110 anos a partir de 606, ou seja, em 1716:

> [A]ssim nesta *Epocha, Anno Domini* 606, seu Poder atingiu abundante grandeza, o bastante para ensejar a Data de seu acachapante Domínio e Tirania sobre a Igreja Cristã: que, assim sendo, e sua Duração de apenas 1110 anos [...] temos grandes razões para esperar o Término de sua *Grandeza* e *Tirania* no intervalo desses 1110 anos, ou seja, concomitante ao dos dez reis de 1716 d.C., e sua Destruição total, com a de todo o Império *Romano*, na vinda de nosso Salvador[529].

---

527. *Ibid.*, p. 245.

528. *Ibid.*, p. 4.

529. *Ibid.*, p. 248. Cf. tb. p. 270-272 para uma lista completa por Whiston de razões para o ano de 1716.

Tudo isso dito, como muitos profetas fracassados antes dele, Whiston parecia intocado pela hesitação quando 1716 passou sem qualquer mudança notável na ordem estabelecida das coisas.

7.2 Céticos e fiéis

Como sabemos, não há menção ao Anticristo no Livro do Apocalipse. Esse personagem foi "retroinserido" nele por Irineu no segundo século. A partir de então, as histórias do Anticristo e do Livro do Apocalipse entrelaçaram-se em uma infinidade de maneiras complexas. Em virtude desse entrelaçamento, o destino do Anticristo passou a depender da credibilidade contínua do Apocalipse como fonte de eventos que se desdobrariam no futuro e que se haviam cumprido no passado. O bispo de Bristol, Thomas Newton (1704-1782), em suas *Dissertations on the prophecies* (1754), como outros antes dele (e muitos depois dele), reconheceu as dificuldades inerentes à interpretação de um livro tão obscuro quanto o Apocalipse. Esse foi um trabalho, escreveu, "tão envolto e envolvido em figuras e alegorias, tão louco e visionário, tão lúgubre e obscuro, que qualquer coisa ou nada, pelo menos nada claro e certo, pode ser provado e coligido a partir dele"[530].

Mas o que antes era visto como um desafio à interpretação agora era considerado como um motivo de rejeição. Assim, no momento em que Thomas Newton publicava seus pensamentos e reafirmava que o papado era o Anticristo, a mudança estava no ar, pelo menos entre uma crescente elite

---

530. NEWTON, Thomas. *Dissertations on the prophecies*: which have been remarkably fulfilled in the world. Londres: J.F. Dove, 1825, p. 440.

cética. Thomas Newton sabia disso. Ele havia lido o ensaio de Voltaire (1694-1778) sobre Isaac Newton e fez referência ao humor de Voltaire sobre as *Observações* de Newton no sentido de que "Sir Isaac Newton escreveu seu comentário sobre o Apocalipse para consolar a humanidade pela grande superioridade que tinha sobre eles em outros aspectos"[531]. Na verdade, Voltaire fez seu comentário em 1734, apenas um ano após o comentário de Isaac Newton ter sido publicado postumamente. Na melhor das hipóteses, foi um comentário sobre o fato de que não havia nada particularmente novo no trabalho de Isaac Newton. Mas também foi um reconhecimento de que, mesmo na década de 1730, esse tipo de trabalho havia se tornado objeto de ridículo, pelo menos para alguns.

A expectativa de Whiston sobre o fim iminente do mundo também havia se tornado intelectualmente fora de moda e objeto de zombaria entre a inteligência londrina. Por volta de 1731 ou 1732, por exemplo, John Gay (1685-1732), um membro do Scriblerus Club dos satiristas, compôs "*A true and faithful narrative of what pass'd in London during the general consternation of all ranks and degrees*". O texto "relatava" uma palestra supostamente realizada por William Whiston a uma audiência que tinha pagado um xelim por sessão para ouvi-lo discorrer sobre um assunto apenas para descobrir que ele havia mudado o tópico de seu discurso. Depois de uma breve pausa, como se estivesse perdido em devoção e oração mental, Whiston falou:

---

531. *Ibid.*, p. 440. Cf. tb. VOLTAIRE. *The works of Voltaire*: a contemporary version. Nova York: Dingwall-Rock, 1927, vol. 19, parte 1, p. 172-176.

Amigos e Concidadãos, toda a Ciência especulativa está no fim; o Término de todas as coisas está próximo; na próxima *sexta-feira* este Mundo não existirá mais. Não ponhais vossa confiança em mim, irmãos, pois amanhã de manhã, cinco minutos depois das cinco, a verdade será evidente; naquele instante aparecerá o cometa, do qual vos avisei. Como ouvistes, crede. Ide daqui e preparai vossas esposas, famílias e amigos para a mudança universal[532].

O público ficou surpreso, embora Whiston permanecesse calmo o suficiente para devolver um xelim a vários jovens desapontados por ele ter mudado de assunto sem aviso prévio.

Dentro de duas ou três horas, a notícia se espalhou por toda a cidade. Tornou-se rapidamente o assunto de todas as conversas. De fato, a crença se fez logo universal "de que o Dia do Juízo estava próximo"[533]. Quando o cometa de fato chegou, até os céticos estavam convencidos de que o fim viria no prazo previsto de dois dias. Mas quando o segundo dia passou sem o fim do mundo, o ceticismo inevitavelmente entrou em ação:

O assunto de toda a brincadeira e conversação era ridicularizar a profecia e provocar uns aos outros. Toda a aristocracia e o distinto público estavam *absolutamente constrangidos*, ou melhor, alguns foram de todo repudiados por terem manifestado sinais de religião. Mas no dia seguinte, até mesmo as pessoas comuns, bem como seus melhores, apareceram em seu estado habitual de indiferença. Eles beberam, eles se venderam, eles

---

532. SWIFT, Jonathan; POPE, Alexander. *Miscellanies*. Londres, 1732, vol. 3, p. 241. Sobre Whiston e os céticos, cf. ROUSSEAU, George. "Wicked Whiston" and the Scriblerians: another ancients-modern controversy. *Studies in Eighteenth-Century Culture*, vol. 17, p. 17-44, 1987.

533. *Ibid.*, p. 246.

imprecaram, eles mentiram, eles trapacearam, eles saquearam, eles caçaram, eles brigaram, eles assassinaram. Em suma, o mundo prosseguiu no velho caminho[534].

A nova ciência experimental estava comprometida com a síntese entre Deus e natureza, por um lado, e profecia e história, por outro. Na década de 1740, no entanto, as fendas estavam aparecendo. William Stukeley (1687-1765), o antiquário anglicano, era amigo de Isaac Newton e Whiston. Ele lamentou o fato de que, com a eleição de Martin Folkes para a presidência da Royal Society, os filisteus haviam adentrado a cidadela. Folkes, disse ele, tinha "uma grande quantidade de cultura, filosofia, astronomia: mas não sabe nada de um estado futuro, da Escritura, do Apocalipse"[535]. Em 1720, continuou, Folkes havia criado um "Clube dos infiéis" em sua casa, onde os da "laia pagã" se reuniam. Daquele momento em diante, ele declarou, "[Folkes] tem propagado o sistema infiel com grande assiduidade, e o tornou até moda na Sociedade Real, de modo que quando qualquer menção é feita a Moisés, ao dilúvio, à religião, às Escrituras etc., geralmente é recebida com uma risada alta"[536].

Whiston, junto com alguns da velha guarda, não se deixava intimidar por ter se tornado o alvo de ironias. Quando dois terremotos sacudiram Londres em 8 de fevereiro e 8 de março de 1750, ele os viu como avisos de um terremoto maior por vir. Em 10 de março, dedicou uma palestra pública ao tema: "*Of the horrid wickedness of the present age,*

---

534. *Ibid.*, p. 260.
535. Citado em FORCE. *William Whiston*, p. 128. Expresso minha dívida para com Force por essa discussão.
536. *Ibid.*

highly deserving such terrible judgments". Aqueles eram, em sua opinião, sinais do fim. Um outro terremoto previsto para 5 de abril por um guarda chamado "o profeta militar" não se materializou. Um erudito, escrevendo como se o evento tivesse ocorrido, escreveu sobre certo "Sr. W-n, o astrônomo", que "no começo imediato do tremor, partiu a pé para Dover, em seu caminho para Jerusalém, onde cercou-se do necessário para encontrar o Milênio: pensa-se que, se ele seguir a boa velocidade, chegará lá primeiro"[537].

Mesmo assim, ainda que as expectativas iminentes do apocalipse se tornassem objeto de sátira e escárnio entre uma elite cética, ainda existia um mercado para leituras mais conservadoras do Livro do Apocalipse. As *Dissertations on the prophecies* de Thomas Newton estavam em sua vigésima edição em 1835. Mais de 120 livros foram publicados em inglês entre 1750 e 1850 sobre o Apocalipse ou partes dele[538].

Como resultado, o Anticristo papal permaneceu na agenda teológica protestante durante todo esse período. Assim, por exemplo, o arquiteto Matthew Habershon (1789-1852) em sua *A dissertation on the prophetic Scriptures* (1834) viu-se na tradição de Joseph Mede, Isaac Newton e Thomas

---

537. *A full and true account of the dreadful and melancholy earthquake*: which happened between twelve and one o'clock in the morning, on Thursday the fifth instant. With an exact list of such persons as have hitherto been found in the rubbish. Londres, 1750, p. 6.

538. Cf. a bibliografia em PATRIDES, C.A.; WITTREICH, J. (ed.). *The Apocalypse in English Renaissance thought and literature*: patterns, antecedents and repercussions. Manchester: Manchester University Press, 1984. Surpreende que, embora o trabalho de Isaac Newton sobre o Livro do Apocalipse tenha sido com muita frequência mencionado, com sua inclusão na *Opera Omnia* de Newton, de Samuel Horsley, na década de 1780, a edição seguinte dessa obra coube a Sir William Whitla em 1922. Destaco minha dívida para com Robert Iliffe por esta nota.

Newton. Ele identificou o Anticristo com o papado e também com "maometanismo e a incredulidade"[539]. Tratava-se, por assim dizer, de anticristos sucessivos. Para resolver os problemas de cronologia relativos aos 1.260 anos, propôs um duplo início em 533 e 583 e, consequentemente, um duplo término deles em 1793 e 1843. A primeira terminação do papado ocorreu, portanto, quando a França revolucionária desferiu "os golpes mais mortais àquela superstição que Voltaire e outros escritores ateus há muito haviam exposto ao desprezo e escárnio do mundo"[540]. A queda final do papado ocorreria em 1843, e o Império Otomano logo depois.

Por fim, o trabalho de Habershon foi, talvez, nada mais do que outro acréscimo ao que eram então 300 anos de polêmicas protestantes contra o Anticristo papal. A importância histórica do trabalho de Matthew Habershon reside na influência que teve sobre um jovem naturalista inglês chamado Philip Gosse (1810-1888). Em junho de 1842, Habershon enviou-lhe uma cópia de sua *A dissertation on the prophetic Scriptures*. Ele começou a lê-lo uma tarde, "devorando avidamente as páginas", e terminou o livro antes que a escuridão se instalasse. Aquilo mudaria sua vida:

> Da Restauração dos Judeus [a Israel], eu já havia recebido alguma vaga notícia, talvez do *Salatiel* de Croly; mas da destruição do Papado, do fim do Gentilismo, do reino de Deus, da ressurreição e arrebatamento da Igreja na descida pessoal do Senhor, e da iminência disso – tudo veio a mim naquela noite como um relâmpago. Meu coração

---

539. HABERSHON, M. *A dissertation on the prophetic Scriptures*: chiefly those of a chronological character. Londres: James Nisbet and B. Wertheim, 1834, p. 368.

540. *Ibid.*, p. 334.

a bebeu com alegria; não me deparei com qualquer obstáculo ante a proximidade de Jesus[541].

Interpretar o Livro do Apocalipse viria a ser uma fonte inesgotável de alegria para Philip Gosse e sua esposa, Emily. Seu filho, Edmund Gosse (1849-1928), escreveu que seu pai comentou em seus últimos anos que não havia sido elemento de pouca monta em sua felicidade conjugal o fato de que ele e sua esposa concordavam na interpretação da profecia sagrada. Interpretar o Apocalipse era quase o único relaxamento do casal, tomando o lugar das cartas ou do piano em famílias mais profanas:

> Quando leram sobre selos rompidos e taças derramadas, sobre a estrela chamada Absinto que caiu do Céu e sobre homens cujo cabelo era como o cabelo de mulheres e seus dentes como os dentes de leões, não admitiram nem por um instante que essas imagens mentais vívidas eram de caráter poético; antes, consideravam-nas declarações positivas, em linguagem protegida, descrevendo eventos que deveriam acontecer e poderiam ser reconhecidos quando acontecessem[542].

Eles leram o Livro do Apocalipse com as obras dos Newtons e Habershon à mão. Isso os ajudou a reconhecer "em visões orientais selvagens" menções diretas a Napoleão III, ao Papa Pio IX e ao rei do Piemonte "sob os nomes de habitantes da Babilônia e companheiros da Besta Selvagem"[543].

---

541. GOSSE, Edmund. *The life of Philip Henry Gosse F.R.S.* Londres: Kegan Paul, Trench, Trübner & Co., 1890, p. 375-376. A referência a Croly é CROLY, George. *Salathiel*: the wandering Jew, a story of the past, present, and future. Londres: H. Colburn, 1828.

542. GOSSE, Edmund. *Father and son*: a study of two temperaments. Boston: Houghton Mifflin, 1965, p. 49-50.

543. *Ibid.*, p. 50.

Edmund e seu pai também estudaram o Livro do Apocalipse juntos e "perseguiram o fantasma do papado através de suas páginas encardidas"[544]. Juntos, investigaram o número da besta. Inspecionaram as nações para ver se tinham a marca da Babilônia sobre suas cabeças. Caçaram a Mulher Escarlate durante a década de 1850. Seu pai não poderia ter desejado "aluno mais gentil ou mais apaixonado do que eu nas minhas ardentes denúncias do papado"[545].

Quando a mãe de Edmund Gosse estava morrendo de câncer, Edmund, com oito anos, leu para ela em voz alta *Horae Apocalypticae* (1844), de Edward Bishop Elliott. Com 2.500 páginas de comentários (duplamente) exaustivos e referências a cerca de 10 mil fontes, antigas e modernas, foi o trabalho mais abrangente já produzido sobre o Livro do Apocalipse. Para Gosse, foi um trabalho de amor. "Quando minha mãe não podia suportar nada mais", escreveu ele, pungente,

> os argumentos daquele livro afastaram seus pensamentos de sua dor e elevaram seu ânimo. Elliott viu "a arrogância real do papado" em todos os lugares e acreditava que os últimos dias da Babilônia, a Grande, haviam chegado. Para que eu não diga o que pode ser considerado extravagante, deixe-me citar o que meu pai escreveu em seu diário no momento da morte de minha mãe. Ele disse que o pensamento de que Roma estava condenada (como não parecia impossível em 1857) afetara tanto minha mãe que esta "irradiou" em suas horas finais com uma garantia que era como "a luz da Estrela da Manhã, o prenúncio do sol nascente"[546].

---

544. *Ibid.*, p. 66.

545. *Ibid.*

546. *Ibid.*, p. 50-51.

7.3 Anticristos franceses

Na primeira metade do século XIX, novos anticristos estavam no horizonte a leste – do outro lado do Canal da Mancha, na França. No início, a Revolução Francesa de 1789-1799 foi vista favoravelmente pelos apocalípticos ingleses. Os revolucionários haviam atacado a Igreja Católica. Esse foi, afinal, felizmente, um ataque ao Anticristo romano. Essa visão positiva sobre a Revolução estava prestes a mudar. A própria França revolucionária passou a ser vista, juntamente com o papado e o islamismo, como o Anticristo. É um sinal de como as elites anglicanas inglesas, pelo menos as de uma inclinação apocalíptica, viram na Revolução Francesa um evento profundamente perturbador.

No caso do clérigo anglicano Henry Kett (1761-1825), a crítica da Revolução caminhou ao lado de uma narrativa anti-iluminista mais geral. Assim, ao Anticristo do papado e do islã, "os pais dos incréus", como os chamava, Kett acrescentou o Anticristo do Iluminismo francês. Do mesmo modo que a identidade protestante inglesa foi forjada contra o Anticristo do papado, a identidade nacional britânica construiu-se então contra o Anticristo dos *philosophes* franceses.

Kett estava inclinado a poupar os pensadores do Iluminismo inglês. Eles ao menos haviam mantido seus pensamentos radicais para si mesmos. Os *philosophes* franceses, pelo contrário, tinham disponibilizado o seu filosofar radical para as massas. E – Deus me livre! – eles pensavam que a liberdade era uma ideia aplicável a todos. Assim, ao perseguir um ateísmo anticristão, eles haviam cometido um erro fundamental "ao *deturpar* a natureza da *Liberdade* e afirmar o *direito* de *cada* homem de pensar por si mesmo sobre *todos* os assuntos e o dever de cada homem de *agir* de acordo com seus próprios sentimentos – lançando o *ridículo* sobre os assuntos mais sérios; e empregando calúnias, invectivas e falsidades, *quando e onde quer* que parecesse provável que avançassem em seu propósito"[547].

Em suma, o objetivo do Iluminismo francês e da Revolução por ele incitada tinha sido abolir o cristianismo. Foi, de acordo com Kett, uma conspiração iniciada por Voltaire na França em 1720, auxiliada e incentivada pelos "*Illuminati*" na Baviera em 1776[548]. As ideias de não observância da fé já existiam há muito tempo. Mas foram "incorporadas pela primeira vez", declarou ele, "em um sistema prático de vileza por Voltaire, D'Alembert, Frederico II (rei da Prússia), Diderot, e seus confederados na iniquidade [...]. Em nenhum outro período do mundo esse sistema poderia ter sido formado, ou esse poder criado [...] *o atual reinado do Anticristo infiel* foi expressamente *predito*"[549].

Embora Kett tenha estendido o Anticristo do papado e do islamismo para a França contemporânea, o bispo anglicano Samuel Horsley (1733-1806) deveria fazer um movimento mais radical. Como um anglicano da "Igreja Alta", Horsley

---

547. KETT, Henry. *History the interpreter of prophecy, or, A view of scriptural prophecies and their accomplishment*. Nova York: Oxford University Press, 1799, vol. 2, p. 140.

548. Ver *Ibid.*, vol. 2, p. 122. Kett mostra-se aqui bem por dentro da mais nova teoria da conspiração. No fim da década de 1790, Augustin Barruel e John Robison alegaram que a sociedade bávara dos *Illuminati* (que se acreditava ter conexões com jesuítas e maçons) estava por trás da Revolução Francesa. Cf. MELANSON, Terry. *Perfectibilists*: the 18th century Bavarian Order of the Illuminati. Chicago: Trine Day, 2011.

549. KETT. *History the interpreter of prophecy*, vol. 2, p. 122-123.

estava comprometido com a continuidade histórica da Igreja da Inglaterra com a tradição católica. Assim, ele mudou o Anticristo de Roma para Paris e substituiu o papado pela "democracia ateísta da França". "A democracia francesa", declarou o bispo em 1799, "desde sua infância até o presente momento, tem sido uma notória ramificação de primeira importância ao menos do Anticristo ocidental"[550]. Ele traçou a ascensão do Anticristo no Ocidente desde a era apostólica até a filosofia francesa, o jacobinismo e o iluminismo bávaro. Mas foi na Revolução Francesa que ele viu "a *adolescência* daquele homem do pecado, ou melhor, da ilegalidade, que deve se livrar de todas as restrições de religião, moralidade e costumes, e desfazer os laços da sociedade civil"[551]. Se um Anticristo francês já se fazia presente em conjunto, o Anticristo final seria um rei voluntarioso, "nem protestante, nem papista; nem cristão, nem judeu, nem pagão", mas alguém que "reivindicaria honra divina exclusivamente para si mesmo"[552]. Tomar para si quase 300 anos de identificação protestante do Anticristo, do filho da iniquidade, do homem do pecado e da besta com o papado era algo corajoso. Aqueles que viam a identidade inglesa forjada no fogo do anticatolicismo ficaram indignados[553].

A crítica de Samuel Horsley à noção do Anticristo papal foi ampliada em sua publicação póstuma "Cartas ao autor

---

550. HORSLEY, Samuel. *Critical disquisitions on the eighteenth chapter of Isaiah.* Filadélfia: James Humphrey, 1800, p. 94.

551. *Ibid.*, p. 98.

552. *Ibid.*, p. 98-99.

553. Cf. ROBINSON, Andrew. Identifying the beast: Samuel Horsley and the problem of papal Antichrist. *Journal of Ecclesiastical History*, vol. 43, n. 4, p. 592-607, 1992.

do Anticristo na Convenção Francesa". Em um movimento redolente do apocaliticismo franciscano medieval tardio, Horsley deveria acrescentar ao seu Anticristo ocidental um oriental. "Tenho uma forte suspeita", escreveu ele em abril de 1797, "de que o genuíno Anticristo, o homem do pecado de São Paulo, na maior altura e horror de seu caráter, há de surgir de uma estranha coalizão entre a democracia francesa e o turco"[554]. A ideia causou arrepios na espinha de Horsley, principalmente por causa da decadência da moralidade sexual. "Bom Deus!", declarou,

> Que monstro será esse! – O Turco de mãos dadas com a Democracia Francesa! Ambos unidos no nefasto projeto de extermínio da religião cristã; e para esse fim, corrompendo cuidadosamente a moral de seus súditos, libertando-os das restrições do matrimônio! Um negócio em que os franceses, atualmente, superam em muito o turco; mas o turco, ouso dizer, será um estudioso dedicado[555].

Na quinta carta, em julho de 1797, Horsley deu seu próprio relato do fim dos tempos:

> A Igreja de Deus na Terra será enormemente reduzida [...] em seus números aparentes, nos tempos do Anticristo, pela deserção aberta dos poderes do mundo. Essa deserção começará com uma declarada indiferença a qualquer forma particular de cristianismo, sob o pretexto de tolerância universal; tolerância que não procederá de um verdadeiro espírito de caridade e magnanimidade, mas de um desígnio de minar o cristianismo multiplicando e encorajando os sectários. A pretensa tolerância irá

---

554. HORSLEY, Samuel. Manuscript letters of Bishop Horsley: Letter 1. *The British Magazine*, vol. 5, p. 134, 1834.

555. HORSLEY, Samuel. Manuscript letters of Bishop Horsley: Letter 6. *The British Magazine*, vol. 5, p. 12, 1834. Essa é, na verdade, uma continuação da Carta 5.

muito além de uma justa tolerância, mesmo no que diz respeito às diferentes seitas dos cristãos. Pois os governos fingirão indiferença a todos e não darão proteção a ninguém. Todas as instituições serão postas de lado. Da tolerância às heresias mais pestilentas, eles procederão à tolerância ao maometanismo, ao ateísmo e, finalmente, a uma perseguição de fato contra a verdade do cristianismo. Os cristãos meramente de nome abandonarão a profissão da verdade, quando os poderes do mundo a abandonarem[556].

O cenário das últimas façanhas do Anticristo e de sua destruição final quando do retorno de Cristo seria o Oriente, talvez a Terra Santa, ou mesmo Jerusalém. A ascensão de Napoleão à posição de imperador do Império Francês em 1804 criou um novo problema. Napoleão era o Anticristo final esperado? Muitos na Inglaterra pensavam assim. Amiga de Samuel Johnson, Hester Piozzi (1740-1821), a primeira inglesa a escrever uma história do mundo, concluiu que a Revolução Francesa era um sinal do fim iminente dos dias. Quando Napoleão assumiu o controle do governo francês, Piozzi começou a se perguntar se ele era o Anticristo esperado. Ela observou em seu diário que muitos estavam dizendo que Napoleão era o "Diabo Encarnado, o Appolyon [o Destruidor] mencionado nas Escrituras [Apocalipse 9,11]"[557]. A engenhosidade de Piozzi em sua correlação entre Napoleão e Appolyon surgiu a partir de seu estudo do dialeto corso. "Seu nome é Apolônio, pronunciado de acordo com o dia-

---

556. HORSLEY, Samuel. Manuscript letters of Bishop Horsley: Letter 5. *The British Magazine*, vol. 5, p. 520, 1834.

557. Citado em GARRETT, Clarke. *Respectable folly*: millenarians and the French Revolution in England. Baltimore: Johns Hopkins University Press, 1975, p. 211.

leto corso N'Apollione", declarou ela, "e ele avança seguido por uma nuvem de gafanhotos devoradores surgindo das profundezas do abismo – cujos ferrões estão em suas caudas"[558]. Em outros lugares, Piozzi forneceu três soluções para o número da besta, duas em caracteres gregos, soletrando "Maomé" e "Napoleão", e a terceira "copiada de uma adaptação espanhola do Número Místico para o nome de Bonaparte"[559].

O teólogo Lewis Mayer (1738-1849) informou seus leitores ingleses que Napoleão era "a Besta que surgiu da Terra, com Dois Chifres como um Cordeiro, e falou como um Dragão, cujo número é 666"[560]. Em uma visão original do número da besta, Napoleão, de acordo com Lewis, era o número 666 em uma linha de imperadores, papas e chefes de estado aludidos pelos textos proféticos bíblicos. Enquanto a besta que surgiu do mar (Apocalipse 13,1) representava o império estabelecido pela primeira vez por Carlos Magno, a besta que surgiu da terra (Apocalipse 13,11) "só é aplicável a Bonaparte, que é chamado de Falso Profeta que enganou os reis da terra, para reuni-los para a batalha daquele grande dia do Deus Todo-Poderoso"[561]. Qualquer leitor persuadido por qualquer parte dessa exposição se sentiria, sem dúvida, confortado pela garantia de Lewis de que, uma vez que a na-

---

558. BALDERSTON, Katherine C. (ed.). *Thraliana*: the diary of Mrs. Hester Lynch Hale, 1776-1809. Oxford: Clarendon Press, 1951, vol. 2, p. 1003.

559. Citado em SMITH, Orianne. *Romantic women writers, revolution, and prophecy*: Rebellious Daughters, 1786-1826. Cambridge: Cambridge University Press, 2013, p. 89.

560. MAYER, L. *The prophetic mirror; or, A hint to England*. Londres: Williams and Smith, 1806, subtítulo.

561. *Ibid.*, p. 54.

ção britânica não fazia parte do império de Carlos Magno, ela estaria "isenta do poder tirânico da França"[562].

A ideia de que Napoleão era um candidato ao lugar do Anticristo ia muito além da Inglaterra. A abertura de *Guerra e paz*, de Liev Tolstoi, traz as palavras da anfitriã da sociedade de São Petersburgo, Anna Pavlovna Scherer, ao Príncipe Vasili Kuragin:

> Bem, Príncipe, então Gênova e Lucca são agora apenas propriedades familiares dos Bonapartes. Mas eu aviso, se você não me disser que isso significa guerra, se você ainda tentar defender as infâmias e horrores perpetrados por esse Anticristo – eu realmente acredito que ele é o Anticristo –, eu não terei mais nada a ver com você e você não é mais meu amigo[563].

Mais tarde, no mesmo livro, com o imperador francês ameaçando a própria Moscou, Pierre observa que, "escrevendo as palavras L'Empereur Napoleon em números, parece que a soma delas é 666, e que Napoleão era, portanto, a besta predita no Apocalipse". Era opinião comum no início do século XIX na Rússia que Napoleão era o Anticristo. Já em 1806, a Igreja Ortodoxa Russa havia enviado uma carta aos fiéis indicando por que a luta contra Napoleão era apocalíptica, demonstrando que o imperador francês era o Anticristo e exortando os fiéis a resistir a ele[564]. Disso resultou que a destruição russa de Napoleão tornou-se um prelúdio essencial

---

562. *Ibid.*, p. 55.

563. TOLSTOI, Liev. *War and peace*. Minneapolis: First Avenue Editions, 2016, p. 15.

564. Cf. PESENSON, Michael A. Napoleon Bonaparte and apocalyptic discourse in early nineteenth-century Russia. *The Russian Review*, vol. 65, n. 3, p. 382, 2006.

para o retorno de Cristo. O Czar Alexandre I, lembrou seu amigo íntimo, o Príncipe Alexandre Golitsyn, estava tão obcecado em ler o Livro do Apocalipse "que, nas palavras do soberano, ele não conseguia lê-lo o suficiente"[565]. Nesse cenário, o Czar Alexandre I assumiu a persona do último imperador romano, cujo papel era livrar o Continente da Besta Gaulesa.

Os apocalípticos norte-americanos estavam igualmente convencidos. O título de um panfleto anônimo publicado em Nova York em 1809 é emblemático – *The identity of Napoleon and Antechrist: completely demonstrated or a commentary on the chapters of the Scripture which relate to Antechrist: where all the passages are showed to apply to Napoleon in the most striking manner and where especially the prophetic number 666 is found in his name, with perfect exactness, in two different manners* [A identidade entre Napoleão e o Anticristo, completamente demonstrada; ou um comentário acerca dos capítulos das Escrituras relacionados ao Anticristo; os quais, segundo se demonstra, aplicam-se todos a Napoleão da maneira mais extraordinária e nos quais, em particular, o número profético 666 é encontrado com absoluta precisão e de duas maneiras distintas em seu nome]. Aqui, Napoleão – nascido na Córsega, no Mar Mediterrâneo – é a besta que emerge do mar (Apocalipse 13,1). Ele deixa sua marca na testa de seus soldados (seus tricornes) e na mão direita (suas espadas) (Apocalipse 13,16). Ele faz guerra e ganha poder sobre todas as línguas e nações (Apocalipse 13,7). Tanto arrogante quanto bravateador, ele se exalta acima de Deus. O título de Napoleão, com a grafia

---

565. Citado em *Ibid.*, p. 381.

corsa para seu nome (*"L'empereur Napoleone"*), soma 666, assim como seu verdadeiro título – *"Le roi impie Napoleon"*. "É o *Soberano*, Imperador ou *Rei da França*, que temos diante de nós em tudo o que se diz do Anticristo", declarou[566].

O presbiteriano independente William C. Davis (1760-1831), da Carolina do Sul, também viu o local de nascimento de Napoleão na Córsega como o domínio da besta. Como Hester Piozzi, ele alinhou "Napoleão" (Napoleon) com "Apollyon". Os muçulmanos (os gafanhotos de Apocalipse 9) acabariam tendo por governante um rei com o nome de Apollyon (o destruidor), uma variação sobre o nome do imperador francês: "Com a adição de N', ou Ne, o que mostra que ele nasceu para esse fim, esse é o nome do Imperador da Gália, que levou seus domínios para os confins da Turquia"[567].

Os apocalípticos não foram necessariamente desencorajados quando as previsões escatológicas em torno de Napoleão Bonaparte não deram em nada. Napoleão III (1808-1873) foi um digno substituto quando se tornou imperador em 1852. O pregador missionário inglês Michael Paget Baxter (1834-1910), por exemplo, detalhou dez razões, com apoio bíblico, pelas quais Napoleão III era o Anticristo final. Entre elas estavam a perseguição aos cristãos por Napoleão III, suas proezas bélicas, ambição insaciável, vasto poderio militar e domínio sobre o Império Romano original, sem

---

566. *The identity of Napoleon and Antechrist*: completely demonstrated or a commentary on the chapters of the Scripture which relate to Antechrist. Nova York: Sargeant, 1809, p. 22.

567. DAVIS, William C. *The millennium, or, A short sketch on the rise and fall of Antichrist*. Salisbury: Coupee and Crider, 1811, p. 42.

mencionar sua extração grega, seu semblante de esfinge e seu vício em espiritualismo. Embora os espiritualistas ainda estivessem por fazê-lo, "não obstante é certo", previa ele, "que os espíritos milagrosos logo os instruirão a aceitar Napoleão como seu chefe político e eclesiástico e, finalmente, a adorá-lo como seu Deus"[568]. Napoleão III não só cumpria a profecia de que seu nome deveria ser Apollyon (ou Apoleon) em grego, como também que deveria ser numericamente igual ao número 666[569]. "Satanás estava apenas experimentando", concluiu, "quando fez surgir o primeiro Napoleão como um Grande Destruidor, mas ele elevou seus poderes ao máximo para produzir sua obra-prima mais bem-acabada, o Terceiro Napoleão, que será, para além de todo o alcance, o Maior de todos os Destruidores"[570]. Quanto ao papa, só o que poderia esperar, nos três anos e meio anteriores ao fim de todas as coisas, seria ocupar o papel de vice-presidente "dos tribunais inquisitoriais deste Reino Anticristão de Terror sobre todas as tribos, línguas e nações"[571].

Apesar de todos esses entusiasmos napoleônicos, Samuel Horsley não estava convencido de que Napoleão Bonaparte era o Anticristo final, até porque ele estava esperando o fim do mundo mais tarde, não mais cedo, e Napoleão não se encaixava em seu cronograma apocalíptico. Em uma das versões mais torturadas da matemática escatológica de todos os tempos, ele previu que o fim do Anticristo começaria em

---

568. BAXTER, M. *Louis Napoleon*: the destined monarch of the world. Filadélfia: James S. Claxton, 1867, p. 34.

569. *Ibid.*

570. *Ibid.*, p. 59.

571. *Ibid.*, p. 34.

1968[572]. E Napoleão (a menos que, como alguns pensavam, ressuscitasse dos mortos como Nero) provavelmente não viveria tanto tempo. Ainda assim, se Napoleão era o Anticristo ou não, Horsley estava convencido de que sua ascensão e queda integravam o plano divino, do qual a Inglaterra indo à guerra contra ele era parte. "No caso do Anticristo em particular", escreveu em seu sermão final de 1805, celebrando a vitória de Nelson em Trafalgar, "a profecia é explícita. Tão claramente como está predito, que ele se elevará ao poder pela guerra vitoriosa; tão claramente está predito que a guerra, guerra feroz e furiosa, travada contra ele pelos fiéis, será, em parte, o meio de sua queda[573]. No mínimo, portanto, se não *o* Anticristo, ele foi *um* Anticristo. Mais crucialmente, porém, Horsley havia trocado o atual Anticristo papal dentro da Igreja pela visão de um futuro Anticristo imperial fora dela.

O teólogo anglicano George Stanley Faber (1773-1854) foi talvez o teólogo mais prolífico e controverso de seu período, autor de cerca de 42 volumes ao longo de um período de 55 anos. De 1799 a 1853, produziu obras do Livro do Gênesis ao Livro do Apocalipse. Ele foi, sem dúvida, controverso. Faber olhou para Horsley, seu "mestre em Israel", como sua inspiração[574]. Como muitos de seus antecessores apocalípticos, Faber teve muitas vezes que revisar suas visões apo-

---

572. Cf. HORSLEY, Samuel. Of the prophetical periods. *The British Magazine*, vol. 4, p. 717-741, 1833.

573. HORSLEY, Samuel. *The watchers and the holy ones*: a sermon. Londres: J. Matchard, 1806, p. 25.

574. Citado em GILLEY, S.W. George Stanley Faber: no popery and prophecy. *In*: HARLAND, P.J.; HAYWARD, C.T.R. *New heaven and new earth*: prophecy and the new millennium. Leiden: Brill, 1999, p. 299. O ensaio em questão oferece um excelente panorama da vida e da obra de Faber.

calípticas para alinhá-las aos eventos contemporâneos, mas seus pensamentos finais foram apresentados em 1828 em seu *Sacred calendar of prophecy*.

Nesse trabalho, os pontos de vista de Faber sobre o Anticristo eram parte integrante de seu cronograma apocalíptico. De acordo com isso, os 1.260 anos até o fim do mundo deveriam começar a partir do momento em que o imperador bizantino Focas entregou o poder ao papa romano, em 606, e o islã surgiu. O resultado disso era que o catolicismo e o islamismo sobreviveriam ainda 1.260 anos, ou seja, até 1866, com Cristo para retornar no ano seguinte. Dito isto, o papado não era o Anticristo:

> A atribuição do nome do *Anticristo* ao papa é puramente gratuita. Não se baseia em nenhuma garantia certa da Escritura; e, de fato, pode-se dizer que a contradiz. O Anticristo predito é um infiel e ateu. Portanto, qualquer que possa ter sido o caráter delinquente do papado, o caráter do Anticristo não pertence a ele[575].

Diferentemente de Samuel Horsley, cujo Anticristo era um indivíduo no futuro, o de Faber era um coletivo no presente. O Anticristo, declarou ele, "não deveria ser um *indivíduo*, mas um *poder* ou *nação* composta de indivíduos, que deveriam professar e agir de acordo com os princípios ímpios dos *escarnecedores ateus*"[576]. "O Anticristo há muito esperado e revelado tardiamente", continuou, era "um pandemônio de anarquistas licenciosos e ateus determinados"[577]. Em suma,

---

575. FABER, George Stanley. *The sacred calendar of prophecy*: or a dissertation on the prophecies. Londres: F.C. and J. Rivington, 1828, vol. 2, p. 209.

576. FABER, George Stanley. *A dissertation on the prophecies*. Boston: Andrews and Cummings, 1808, vol. 1, p. 239.

577. *Ibid.*

concluiu, "é praticamente impossível hesitar em pronunciá-lo como a *França revolucionária*"[578]. Consequentemente, em princípio, nenhuma pessoa poderia ser candidata a Anticristo. "Pouco importa", escreveu ele,

> que seja Robespierre, ou Buonapartè, ou qualquer outro rufião da mesma laia, quem esteja à frente das ações por determinado período; o *governo revolucionário*, em contraponto *àquele que o precedeu*, é o único assunto da profecia. De modo que, na minha opinião da questão, se Buonapartè fosse morto amanhã [...] nenhum evento que se seguisse seria digno de observação profética[579].

7.4 De volta aos futuristas

O único limite nas interpretações do número da besta era a imaginação dos leitores de inclinação apocalíptica do Livro do Apocalipse. Em sua pesquisa sobre as interpretações britânicas do número "666" entre 1560 e 1830, David Brady aponta nada menos que 147 identificações diferentes[580]. Esse foi um convite aberto à paródia, aceito por John Henry Newman (1801-1890) em 1851, já convertido da Igreja da Inglaterra ao catolicismo havia cerca de seis anos. A Rainha Vitória, segundo um conde russo Potemkin lhe havia declarado, tinha o número da besta: "Você pode se lembrar que o número é 666; ela subiu ao trono no ano 37 [1837], data em que ela tinha 18 anos

---

578. *Ibid.*, vol. 1, p. 240.

579. FABER, George Stanley. *Remarks on the effusion of the fifth apocalyptic vial, and the late extraordinary restoration of the imperial revolutionary government of France*. Londres: F.C. and J. Rivington, 1815, p. 5.

580. Cf. BRADY, David. *The contribution of British writers between 1560 and 1830 to the interpretation of Revelation 13:16-18*. Tübingen: Mohr Siebeck, 1983.

de idade. Multiplique então 37 por 18, e você tem o número 666, que é o emblema místico do Rei sem lei!!![581]".

Juntamente com a conversão de Newman do anglicanismo ao catolicismo ocorreu outra – a do papado como um Anticristo presente a um Anticristo individual ainda por vir. Até 1843, escreveu em sua *Apologia pro vita sua* (1864), sua imaginação "permaneceu obliterada" pela ideia de que o papa era o Anticristo. Ele havia lido as *Dissertations on the prophecies* de Thomas Newton em 1816, quando tinha 15 anos de idade, e, em consequência, "tornou-se mais firmemente convencido de que o papa era o Anticristo predito por Daniel, São Paulo e São João"[582].

No início da década de 1830, no entanto, Newman estava se afastando da ala evangélica "baixa" da Igreja da Inglaterra em direção à ala "alta" da Igreja, que via o anglicanismo como um caminho intermediário entre a Roma católica e a Genebra calvinista. O anglicanismo, para ele, era mais bem denominado "anglocatolicismo". Consequentemente, seus pontos de vista sobre o Anticristo papal se suavizaram. Assim, por exemplo, em um sermão de 27 de maio de 1832, Newman falou em termos gerais do "espírito do Anticristo", dos "principais anticristos que, nestes últimos tempos, ocu-

---

581. NEWMAN, John Henry. *Lectures on the present position of Catholics in England*. Londres: Longman, Green, and Co., 1892, p. 35. Sobre Newman e o Anticristo, cf. especialmente MISNER, Paul. Newman and the tradition concerning the papal Antichrist. *Church History*, vol. 42, n. 3, p. 377-395, 1973. Estou em dívida com Misner por esse registro. Cf. tb. VICCHIO, *The legend of the Antichrist*, cap. 9, loc. 6568-7316.

582. NEWMAN, John Henry. *Apologia Pro Vita Sua*: being a reply to a pamphlet entitled "What, then, does Dr. Newman mean?" Londres: Longman, Green, Longman, Roberts, and Green, 1864, p. 62-63.

param a cena do mundo" e do "poder anticristão"[583]. Novamente, em 1833, em sua primeira grande obra, *The Arians of the fourth century*, escreveu apenas sobre "o espírito do Anticristo"[584]. E, enquanto em 1816 havia datado o Anticristo papal, a partir do Papa Gregório Magno, no ano 600, aproximadamente, ele agora via a "apostasia papal" apenas começando, com o Concílio de Trento realizado em meados do século XVI.

Cinco anos depois, em 1838, Newman rejeitou frontalmente a noção de que a Igreja de Roma, antes ou depois de Trento, tivesse sido desde sempre o Anticristo[585]. Seu argumento mais revelador, e que indicava que seus laços com a Igreja da Inglaterra estavam se afrouxando significativamente, era que todas as críticas à Igreja romana eram igualmente aplicáveis à sua contraparte inglesa:

> Se Roma cometeu fornicação com os reis da terra, o que deve ser dito da Igreja da Inglaterra com seu poder temporal, seus bispos na Câmara dos Lordes, seu clero digno, suas prerrogativas, suas pluralidades, sua compra e venda de promoções, seu patrocínio, suas corrupções e seus abusos? Se o ensinamento de Roma é uma heresia mortal, o que é a nossa Igreja, que "destrói mais almas do que salva"? [...] Não podemos provar que ela é a feiticeira da Visão Apocalíptica sem tomar para nós nosso próprio quinhão em sua aplicação[586].

---

583. NEWMAN, John Henry. *Fifteen sermons preached before the University of Oxford*. Londres: Rivingtons, 1872, p. 120, 126, 135.

584. NEWMAN, John Henry. *The Arians of the fourth century*. Londres: E. Lumley, 1871, p. 3, 478n.

585. Cf. NEWMAN, John Henry. *A letter to the Rev. Godfrey Faussett, D.D. Margaret Professor of Divinity*. Oxford: John Henry Parker, 1838, p. 16. A afirmação na primeira edição de *The Arians of the fourth century* de que a apostasia papal começou apenas com o Concílio de Trento foi retirada da terceira edição em 1871.

586. *Ibid.*, p. 32-33.

Ele também se havia voltado contra seu mentor apocalíptico, Thomas Newton, a quem ainda via como a principal fonte da visão de que o papado era o Anticristo. Na melhor das hipóteses, seu ataque à personalidade de Newton era um sinal da influência em processo da leitura de Newton do Anticristo papal. Na pior das hipóteses, Newman poderia ser acusado do oposto da bondade e amabilidade que ele pretendia encontrar em Newton:

> Agora vamos cometer o que pode parecer um ato detestável: apelar para a vida privada de um homem respeitável e amigável. Suas *Dissertations on the prophecies*, no entanto, são a principal fonte, supomos, daquela opinião antirromana sobre a questão do Anticristo, agora pairando entre nós, tanto quanto os homens têm uma opinião; e se nos aventurarmos a falar duramente contra ele, é apenas para evitar que se acredite nele, quando ele faz críticas a seus superiores [...] da bondade de coração e amabilidade de Newton, não temos dúvida alguma; mas um homem que tanto idolatra o conforto, de tamanha tendência ao consumo de álcool, cuja aspiração mais fervorosa, ao que parece, era poder andar em uma carruagem e dormir a perder de vista, cuja mais profunda tristeza era não conseguir um segundo cargo sem renunciar ao primeiro, que lançava um melancólico olhar retrospectivo ao almoço ao se ver diante do jantar, e antecipava seu chocolate matinal em seus *muffins* noturnos – quem dirá que este é o homem, não apenas para excomungar, mas para ferir, proibir, fazer secar toda a cristandade por muitos séculos, e a maior parte de tudo isso mesmo em seu próprio dia, se não, como logo mostraremos ser o caso, indiretamente também seu próprio ramo[587].

---

587. NEWMAN, John Henry. *Essays critical and historical*. Londres: Longman, Green, and Co., 1907, vol. 2, p. 134-139.

Newman havia desenvolvido sua alternativa ao Anticristo papal em 1833 em quatro sermões que havia pregado. Embora derivado dos Pais da Igreja primitiva, essa foi uma declaração de um futuro Anticristo na tradição adsoniana e uma rejeição dos joaquimitas. O Anticristo, declarou Newman, ainda estava por vir. Ele não era nem um poder nem um reino, mas "um homem, um indivíduo"[588]. Que seria uma pessoa, isso se fazia provável pelas antecipações históricas do Anticristo final – Antíoco Epifânio, Juliano o Apóstata, Muhammad o Profeta, e (embora não o nomeie, é evidente que o tem em mente) Napoleão.

De acordo com Newman, o Anticristo só chegaria imediatamente antes de Cristo. Ele apareceria em um tempo de apostasia, "uma explosão terrível e incomparável do mal"[589]. Ele seria um blasfemador declarado, opondo-se a todo culto existente, e um perseguidor. Quando chegasse, acreditava Newman, os judeus o apoiariam. "Era a punição judicial dos judeus, como de todos os incréus, de uma forma ou de outra, que tendo rejeitado o verdadeiro Cristo, eles deveriam se agarrar a um falso"[590]. Ele seria judeu, restauraria a adoração judaica e observaria os ritos judaicos. Ele também seria o criador de uma nova forma de culto, no estilo da Revolução Francesa, em que o espírito do Anticristo já estava presente. O Anticristo teria respaldo em uma exibição de milagres aparentes. Ele apareceria no fim do Império Romano (a atual estrutura da sociedade) e governaria por três anos e

---

588. MEMBROS DA UNIVERSIDADE DE OXFORD. *Tracts for the times.* Londres: J.G.F. & J. Rivington, 1840, vol. 5, p. 7.

589. *Ibid.*, p. 10.

590. *Ibid.*, p. 18.

meio. Esse seria um tempo de grande tribulação para a Igreja, muito maior do que qualquer coisa que tinha conhecido antes. Só terminaria quando Cristo viesse em juízo.

Sem esmiuçar demasiadamente a questão, Newman estava, em essência, reproduzindo as leituras futuristas católicas do Anticristo do século XVI exemplificadas na obra do Cardeal Belarmino[591]. Nos sermões de Newman sobre o Anticristo, porém, não há sinal de que ele estivesse partindo diretamente de qualquer uma delas. Em vez disso, a influência mais direta é provavelmente a de seu contemporâneo anglicano Samuel R. Maitland (1792-1866), sacerdote e bibliotecário do arcebispo de Cantuária. Maitland foi o primeiro protestante a aceitar o recuo futurista católico contra o Anticristo papal. Em seu *An attempt to elucidate the prophecies concerning Antichrist in 1830*, resumiu as principais diferenças entre a posição mantida por todos os cristãos em relação ao Anticristo até o século XII e aquelas mantidas pelos protestantes desde o tempo da Reforma aos seus dias. Estas eram, em primeiro lugar, que a Igreja primitiva não esperava que "a Apostasia" ocorresse até três anos e meio antes do retorno de Cristo, em contraste com a crença protestante de que esta ocorrera havia mais de mil anos. Em segundo lugar, enquanto a Igreja primitiva esperava um Anticristo individual, que seria um blasfemo infiel, não dando honra a Deus algum e esperando ser adorado, os escritores protestantes supunham uma sucessão de indivíduos, cada qual, por sua vez, tornando-se parte de um Anticristo composto de toda a série. A liderança de um tal Anticristo coletivo fora, e

---

591. Cf. capítulo 6.

é, o papa romano. Ele entendeu que a posição da Igreja primitiva era a correta posição bíblica. Assim, declarou:

> Será óbvio, portanto, que eu não encontro na Escritura nada sobre os dez reinos góticos, ou as ilusões de Muhammad, a derrubada da monarquia francesa, ou o Império Turco. Creio que as Escrituras proféticas (a menos que seja incidentalmente) não lancem qualquer luz sobre o estado das coisas, seja na Igreja ou no mundo, antes do irromper da Apostasia. O assunto principal, creio eu, é a grande luta final entre o Deus deste mundo e o Deus do Céu – entre o Destruidor e o Redentor do homem – entre Cristo e o Anticristo[592].

7.5 Desconstruindo o Anticristo

Após sua conversão ao catolicismo em 1845, Newman fez pouco do Anticristo que estava por vir. Entre os católicos apocalípticos do século XIX, porém, a visão adsoniana do Anticristo permaneceu dominante. Uma vez que o "antipapismo" na Inglaterra saiu de cena em meados do século XIX, também o "Anticristo papal" perdeu parte de seu poder social e político entre os protestantes. Um espaço intelectual foi assim aberto, seguindo a liderança de Samuel Maitland, para o retorno do Anticristo adsoniano ao protestantismo inglês, do qual derivaria à América do Norte. Daquele tempo até o presente, dentro dos círculos protestantes conservadores, as fortunas do Anticristo adsoniano e papal aumentaram e diminuíram[593]. Ironicamente, no entanto, dentro do mundo protestante anglófono, a partir de meados do

---

592. MAITLAND, S.R. *An attempt to elucidate the prophecies concerning Antichrist*. Londres: C.J.G. and F. Rivington, 1830, p. 3.

593. Cf. FULLER, Robert. *Naming the Antichrist*: the history of an American obsession. Nova York: Oxford University Press, 1996.

século XIX, a imagem adsoniana do Anticristo tirânico, presente ou futuro, dominou a paisagem teológica.

Não obstante, a partir de meados do século XIX, dentro da teologia católica e protestante dominante, "o Anticristo" quedou mais silencioso. Essa foi, acima de tudo, a consequência da ascensão da crítica histórica (ou alta crítica) da Bíblia e dos textos proféticos, Daniel e Apocalipse em particular. O princípio fundamental da crítica histórica era tratar a Bíblia como qualquer outro texto antigo. A consequência disso foi que a relação entre os textos proféticos e a história entrou em colapso. A conexão entre predição profética e cumprimento histórico se rompeu. E o cruzamento entre história sagrada e profana terminou.

O ano de 1860 assistiu à publicação de *Essays and reviews*, uma coleção de sete ensaios de seis clérigos anglicanos e um leigo. Ele resumiu os desafios do século XIX à Bíblia sob a perspectiva da crítica histórica, da geologia e da biologia. Apareceu quatro meses depois de *Origem das espécies*, de Charles Darwin. Vendeu 22 mil cópias em dois anos, mais do que o livro de Darwin em seus primeiros 20 anos. Representou, como diz Josef L. Altholz, "uma crise de fé contemporânea equivalente à provocada pela *Origem das espécies* de Darwin, porém mais orientada à mente religiosa"[594]. A controvérsia foi acalorada não tanto em razão da qualidade ou originalidade dos ensaios, mas porque os ensaios destacaram um desafio da "Universidade" à "Igreja". A liberdade acadêmica foi colocada contra a fé religiosa.

---

594. ALTHOLZ, Josef L. The mind of Victorian Orthodoxy: Anglican responses to "essays and reviews", 1860-1864. *Church History*, vol. 51, n. 2, p. 186, 1982.

Isso ficou particularmente patente no ensaio final da coletânea, *"On the interpretation of Scripture"*, de Benjamin Jowett (1817-1893), então professor régio de grego na Universidade de Oxford[595]. Em face disso, seu argumento era simples: "Interprete a Escritura como qualquer outro livro"[596]. Para Jowett, isso significava que havia apenas um significado, e este era o original, isto é, "o significado das palavras como elas chegaram aos ouvidos ou luziram diante dos olhos daqueles que as leram e ouviram pela primeira vez"[597]. Portanto, o "significado original" da Bíblia não é uma fonte escrita por trás do texto, nem são os eventos ou circunstâncias que estão por trás do texto. Pelo contrário, é a própria Bíblia que "permanece inalterada como no início em meio a suas interpretações mutáveis"[598]. Se permanecêssemos focados no próprio texto, acreditava ele, seu verdadeiro sentido se revelaria. Isso não significava, para Jowett, que a Bíblia não tinha mais autoridade do que outros textos antigos. Em vez disso, a Bíblia ainda permanecerá diferente de qualquer outro livro: "Sua beleza será vista com olhar revigorado, como fosse uma imagem restaurada, depois de muitas eras, ao seu estado original"[599].

Em suma, o verdadeiro intérprete precisava imaginativamente viajar ao redor da história das interpretações

---

595. Jowett foi o tema de uma rima de Balliol: "Aqui vou eu, meu nome é Jowett. / E eu sei tudo o que há para saber. / Dessa faculdade sou professor, / Não há saber de que não seja senhor!"

596. PARKER, John William (ed.). *Essays and reviews*. Londres: John W. Parker & Son, 1860, p. 377. Cf. tb. p. 338, 375, 404.

597. *Ibid.*, p. 338.

598. *Ibid.*, p. 337-338.

599. *Ibid.*, p. 375.

da Bíblia rumo à própria Bíblia. Com efeito, na história do cristianismo, as interpretações históricas não eram "interpretações" das Escrituras, mas apenas "aplicações" delas. Se aplicarmos as Escrituras sob o pretexto de interpretá-las, ele escreveu, então "a linguagem das Escrituras se torna apenas um modo de expressar o sentimento ou opinião pública de nossos dias. Qualquer fase passageira da política ou da arte, ou da filantropia espúria, pode ter uma espécie de autoridade bíblica"[600]. A tarefa do intérprete crítico das Escrituras, então, é ser uma influência corretiva em seu uso histórico e popular. Até que a abordagem crítica da Bíblia se torne determinante,

> [o] protestante e o católico, o unitário e o trinitário continuarão a lutar sua batalha no terreno do Novo Testamento. Os preteristas e futuristas, aqueles que sustentam que o rol de profecias se completou na história passada, ou na era apostólica; aqueles que aguardam uma longa série de eventos que ainda estão por vir [...] podem igualmente reivindicar a autoridade de Daniel, ou do Apocalipse. Coincidências aparentes sempre serão descobertas por aqueles que assim o quiserem[601].

É a abordagem crítica da Bíblia, ele declarou, que está levando os protestantes a duvidar se a doutrina da Reforma de que o papa é o Anticristo é detectável nas Escrituras[602].

Cinco anos antes, em 1855, Jowett havia aplicado seu método ao Anticristo sob o disfarce de "o homem do pecado" em seu comentário sobre a Segunda Epístola aos Tessalonicenses (2,3). Nesse trabalho, 1800 anos de especulação sobre

---

600. *Ibid.*, p. 407-408.
601. *Ibid.*, p. 371.
602. Cf. *Ibid.*, p. 411.

a identidade do Anticristo foram gentil e pacificamente inumados. Ele lembrou aos seus leitores que, naquele período de sua vida, o próprio São Paulo esperava "permanecer e estar vivo" (1Tessalonicenses 4,17) no Dia do Senhor. Quando a vinda de Cristo era para ser precedida pelo Anticristo, Jowett disse a eles, era claro que a visão do futuro tinha de estar restrita aos próximos 10, 20 ou 30 anos no máximo, se não fosse o caso que os atos do drama já tinham ou estavam prestes a começar[603]. Havia uma vantagem, declarou ele, em excluir da consideração do "homem do pecado" todos os tópicos dos quais, no passado, ele havia derivado seu interesse. "Não correremos nenhum risco", escreveu,

> de atribuir uma importância exagerada à história do nosso próprio tempo. Não seremos tentados a apontar as palavras de São Paulo contra um antigo inimigo [...]. Podemos esperar escapar da acusação que foi feita aos escritores sobre esses assuntos, de que eles explicam "a história pela profecia". Não haverá medo de forjarmos armas de perseguição para um corpo ou grupo de cristãos contra outro. *Não correremos o risco de perder a simplicidade do Evangelho nas fantasias apocalípticas*[604].

7.6 O significante flutuante

A viabilidade intelectual do "Anticristo" estava intimamente ligada à da história profética. Onde a história profética continuou a prosperar, como aconteceu durante o século XX no protestantismo evangélico conservador norte-americano, o

---

603. JOWETT, Benjamin. *The Epistles of St Paul to the Thessalonians, Galatians, Romans*: with critical notes and dissertations. Londres: John Murray, 1859, p. 178.

604. FULLER. *Naming the Antichrist*, p. 180 (grifo nosso).

mesmo aconteceu com o Anticristo. Com o declínio da história profética a partir de meados do século XIX, contudo, entre as formas mais liberais da tradição cristã, o Anticristo perdeu seu lugar no mobiliário intelectual da mente ocidental. Mas ele não desapareceu. Longe disso. Um pouco como Simão Mago, ele se tornou um "significante" a flutuar livremente acima da terra. Podemos dizer que ele deixou o apocalíptico para se tornar disponível a uma crítica cultural muito mais geral do mal presente no mundo e nos outros. "O Anticristo" tornou-se agora uma categoria geral disponível para aplicação a múltiplas referências na condição de o "outro" demoníaco.

Isso permitiu a proliferação de candidatos ao papel do Anticristo. Dada a tradição do Anticristo papal, o Papa Francisco não está inesperadamente no topo da lista (mas qualquer papa estará). Não obstante, o tirano fora da Igreja está mais presente do que o enganador interno. Entre os "tiranos" mais populares, Mussolini e Hitler estão no topo da lista. Ronald Wilson Reagan (cujos nomes têm seis letras cada um), John F. Kennedy e Barack Obama são favoritos entre os presidentes norte-americanos. Enquanto escrevo, Donald Trump está rapidamente ganhando popularidade como um candidato à altura do posto. Charles, Príncipe de Gales, e Rei Juan Carlos da Espanha merecem menções honrosas. Henry Kissinger, secretário de Estado para as administrações Nixon e Ford, foi derrubado do alto escalão pelo líder russo Mikhail Gorbachev. Apesar de uma mulher, em princípio, não ser uma possível candidata ao Anticristo, Hillary Clinton é, até onde sei, a única mulher a receber tal honraria. Entre os líderes muçulmanos notáveis, devemos incluir Saddam Hussein, do

Iraque, Muammar Gaddafi, da Líbia, Yasser Arafat, Anwar Sadat, o Aiatolá Khomeini e Osama bin Laden.

Como lembramos, o Anticristo pode ser tanto um coletivo quanto um indivíduo. Coletivos recentes nomeados como candidatos ao Anticristo incluíram a religião da Nova Era, a cultura da música *rock*, as Nações Unidas (sinal de uma "nova ordem mundial" iminente), o socialismo, o humanismo secular, os democratas norte-americanos e a tecnologia moderna (computadores, *microchips*, fibra óptica, códigos postais e códigos de barras de supermercados). Os movimentos sociais "progressistas" também se apresentam com força: o feminismo, o movimento *gay*, os defensores do aborto e o ambientalismo. O islamismo e o catolicismo têm conservado seu alto *status* tradicional como o Anticristo entre os protestantes conservadores. Mas as organizações cristãs ecumênicas multiconfessionais não estão imunes a críticas. Do Conselho Federal Americano de Igrejas, o pregador do sul J. Harold Smith nos deixa poucas dúvidas sobre seus pensamentos: "O Conselho Federal de Igrejas do Anticristo transformará suas filhas em prostitutas e seus filhos em libertinos [...]. Deixemos essa gangue ateísta, comunista, ridicularizadora da Bíblia, que despreza o sangue, que blasfema, esse bando refém do sexo, esses monstros de olhos verdes e demônios presos ao inferno antes que o julgamento de Deus se derrame sobre eles"[605].

O Anticristo "de livre flutuação" também apareceu em outras formas no cinema e na literatura[606]. O filme mais

---

605. Citado em *Ibid.*, p. 163.

606. Selecionei vários "anticristos" no cinema e na literatura com base em vários critérios: 1) que a figura do Anticristo tenha relação "real", e não

significativo culturalmente foi *O bebê de Rosemary* (1968), adaptação do livro de mesmo nome escrito por Ira Levin. Essa não era uma história do mal evidente, mas do mal por trás das cercas de jardins do cotidiano ou, neste caso, por trás do prédio de apartamentos de fachada gótica em arenito. A relação com o Anticristo reside na ideia de que o bebê de Rosemary é a consequência de ela ter sido estuprada pelo Diabo e, portanto, a criança ser o filho de Satanás. Embora nunca vejamos a criança, "ela tem os olhos de seu pai", segundo nos é dito após seu nascimento. Quando Rosemary responde que os olhos de seu marido são normais, é explicado que

> Satanás é seu pai, não Guy. Ele veio do inferno e gerou um filho de uma mulher mortal. Satanás é seu pai e seu nome é Adrian. Ele derrubará os poderosos e destruirá seus templos. Ele redimirá os desprezados e se vingará em nome dos queimados e torturados. Salve, Adrian! Salve, salve, Satanás! Salve, Satanás!

Na sequência *A profecia* (1976-1981), um sucesso de bilheteria, se não de crítica, é a vida e a morte do Anticristo, bem como seu nascimento, que estão em jogo. Aqui, o Anticristo aparece como Damien Thorn, nascido no sexto dia do sexto mês às seis da manhã, e com uma marca de nascença, "666". Embora tenha nascido de uma fêmea de chacal que morreu dando à luz a ele, foi gerado por Satanás. No terceiro filme da série, *A profecia III: o conflito final*, Damien tornou-se embaixador norte-americano na Grã-Bretanha, onde espera que a segunda vinda de Cristo, como

---

meramente "arbitrária", com o Anticristo da história; 2) que se possa dizer que tem importância e significado cultural geral. Para uma lista completa, cf. a "Lista de anticristos fictícios" disponível em: www.artandpopular culture.com/List_of_fictional_Antichrists

bebê, ocorra novamente. Sob suas ordens, seus seguidores matam todos os recém-nascidos ingleses do sexo masculino na manhã de 24 de março, o dia do alinhamento das estrelas na constelação de Cassiopeia que geram uma segunda estrela de Belém. Cristo ilude os seguidores de Damien, antes de Damien ser esfaqueado pelas costas por sua seguidora, Kate Reynolds, com uma das sete adagas de Megido, as únicas armas que podem matar o Anticristo. Uma visão de Cristo aparece em um arco, e Damien repreende Cristo por pensar que venceu. "Nazareno", diz Damien, "você ganhou... nada."

A "virtude" da série de televisão *Point pleasant* (2005) encontra-se em sua rara figura feminina do Anticristo, embora o gênero da figura do Anticristo parece aqui não ter nenhum significado "profundo". Uma jovem é resgatada de uma tempestade em Point Pleasant, Nova Jersey, uma cidade que mais tarde sabemos ter sido nomeada, em sinais e textos antigos, como "lar da maior vinda do mal desde que os anjos caíram do céu". Christina (anagrama próximo de Anticristo) Nickson é levada por uma família local, os Kramers. Christina é a filha de Satanás, com a marca da besta na íris de um olho, e destinada a destruir o mundo. "Ela é a filha da escuridão", somos então informados, "e está sob sua proteção. Ela é filha dele." Atormentada por visões de morte e destruição, Christina é dilacerada dentro de si pelo conflito entre o bem e o mal. No fim da série, quando ela deixa Point Pleasant, que é engolida pelo caos apocalíptico, o público não sabe ao certo que força vence a batalha por sua alma, se o bem ou o mal.

Com o tirano escatológico na série de livros *Left behind* (1995-2007) de Tim LaHaye e Jerry B. Jenkins, voltamos a um território mais familiar. Com mais de 80 milhões de cópias vendidas e a série adaptada em quatro filmes, o Anticristo como o tirano autoritário teve forte ressonância no público moderno. Não obstante, ao contrário do mundo, que por fim acaba, essa série de livros parece durar para sempre. A série é baseada na escatologia futurista de John Nelson Darby (1800-1882), fundador da Irmandade de Plymouth[607]. Sua característica distintiva diz respeito ao arrebatamento dos fiéis ao céu por Cristo anterior ao período de sete anos na terra durante os quais o Anticristo governará, antes do retorno posterior de Cristo. O núcleo da história diz respeito ao destino do mundo caótico após o arrebatamento. Nesses tempos conturbados, um político romeno chamado Nicolae Carpathia torna-se secretário-geral das Nações Unidas com a promessa de restaurar a ordem no mundo. Carpathia é, em verdade, o Anticristo, com uma genealogia que remonta à Roma Antiga.

Do cargo de secretário-geral, Carpathia converte as Nações Unidas na Comunidade Global, nomeando-se o Potentado Supremo. Depois de três anos e meio no poder, Carpathia é assassinado por um israelense chamado Chaim Rosenzweig. Depois de três dias, seu corpo é possuído por Satanás e ele parece ressuscitar dos mortos. Carpathia cria a One World Unity Army, cuja missão é a tomada de Jerusalém para torná-la a capital do novo mundo. Ele reúne os exércitos no vale do Armagedom para a batalha

---

607. Sobre o contexto histórico da teologia de *Left Behind*, cf. BENNETT, David Malcolm. *The origins of Left-Behind Eschatology*. Maitland, FL: Xulon Press, 2010.

final com Jesus e seu exército no fim de sete anos após o arrebatamento. Derrotado por Cristo, e com Satanás exorcizado dele, Carpathia ajoelha-se diante de Cristo e declara-o Senhor antes de ser enviado para o lago de fogo para a eternidade.

Por mais sutil que seja, a figura do Anticristo coloca o cotidiano contra um fundo cósmico. O mal não está apenas na superfície das coisas. Pelo contrário, para o mal inerente aos indivíduos humanos e coletivos humanos há profundidades metafísicas. Como Robert Fuller coloca claramente, "a história humana é, assim, transformada em um drama de proporções universais [...]. É [...] um campo de batalha estratégico na luta universal entre Deus e Satanás, Cristo e o Anticristo"[608]. Esse é o tema central em "Uma breve história do Anticristo" (apêndice de suas *Três conversas*), do filósofo russo Vladimir Solovyev (1853-1900). Trata-se do "super--homem" de Nietzsche (*Übermensch*) transformando-se em um apocalíptico adsoniano. Para Solovyev, a questão do Anticristo fazia parte da questão maior do mal em geral. "O *mal* é apenas um defeito natural, uma imperfeição desaparecendo de si mesma com o crescimento do bem, ou é um *poder* real, possuindo nosso mundo por meio de tentações [enganos], de modo que, para combatê-lo com sucesso, a assistência deve ser encontrada em outra esfera do ser?"[609]. Para Solovyev, o problema do mal só poderia ser resolvido de maneira sobrenatural, não naturalmente.

A discussão de Solovyev sobre a natureza do mal está contida em uma série de conversas entre um político, um

---

608. FULLER. *Naming the Antichrist*, p. 167.
609. SOLOVYEV, Vladimir. *War, progress, and the end of history*: three discussions. Londres: University of London Press, 1915, p. xix.

príncipe, uma senhora, um general e um Sr. Z (Solovyev). No fim da terceira conversa, o Sr. Z relata uma história do Padre Pansófio intitulada "Uma breve narrativa do Anticristo". A chave para essa história está no Anticristo não ser um negador do cristianismo, mas uma versão falsa dele. Seu objetivo é revelar não apenas a verdadeira natureza do mal, mas a falsidade da resistência passiva tolstoiana a ele. O cenário para o conto de Solovyev é a Europa no século XXI, finalmente reunida como os Estados Unidos da Europa após a derrubada das hordas pan-mongóis do Oriente que a conquistaram durante o século XX.

Nessa época, aparece um jovem brilhante a quem muitos chamavam de super-homem e que vaidosamente pensava em si mesmo como o verdadeiro Messias.

> Ele acreditava em Deus, lemos, mas no fundo de seu coração ele involuntária e inconscientemente preferia a si mesmo a Ele... Em uma palavra, ele se considerava o que Cristo na realidade era. Eu venho por último no fim da história da mesma forma que eu sou o mais perfeito. Eu sou o salvador final do mundo, e Cristo – é o meu precursor[610].

Com isso, ele se preparou para esperar que Deus o chamasse para começar a obra de salvar a humanidade. Três anos se passam sem um inconfundível chamado divino, e ele começa a perder a fé em seu destino messiânico, o suficiente para se jogar de um penhasco. Ele é levado de volta ao topo do penhasco por uma figura estranha (Satanás), que promete ajudá-lo. "Eu sou teu deus e teu pai", ele diz ao

---

610. *Ibid.*, p. 188-189.

super-homem, "eu não tenho outro filho além de ti. Tu és o único, nenhum outro foi concebido, és meu igual"[611].

No dia seguinte, o super-homem se trancou em seu escritório e rapidamente escreveu sua obra mais famosa, *O caminho aberto para a paz e o bem-estar universais*. Enquanto muitas de suas obras anteriores haviam recebido críticas dos devotos por seu "amor-próprio excepcional e excessivo", esse livro foi recebido com aclamação universal: "Por todos os lados foi aceito como a revelação da verdade completa"[612]. Logo após sua publicação, um congresso dos Estados Unidos da Europa foi realizado em Berlim. O super-homem foi eleito presidente dos Estados Unidos da Europa e recebeu o título de "[Último] Imperador Romano". Sua residência imperial foi transferida de Roma para Jerusalém. Um tempo de paz e prosperidade então se seguiu, resultante da implementação dos princípios marxistas: "Todos agora recebem de acordo com seus talentos e todos os talentos de acordo com seu trabalho e mérito"[613]. Tendo resolvido os problemas políticos e sociais, o imperador voltou sua atenção para a religião. Ele chamou os líderes dos três principais ramos do cristianismo – o Papa Pedro II da tradição católica, o Ancião João, dos ortodoxos, e o Professor Ernst Pauli, representante do protestantismo – para um grande congresso ecumênico no templo em Jerusalém. Lá, ele anunciou sua intenção de uni-los todos sob sua liderança. Pedro, João e Pauli se recusam a se unir a ele, a menos que ele reconheça sua fé cristã. Vê-se uma imensa nuvem negra cobrindo o céu do lado de

---

611. *Ibid.*, p. 192.
612. *Ibid.*, p. 194-195.
613. *Ibid.*, p. 199.

fora. João, olhando para o rosto do silencioso imperador, declarou a Pedro, Pauli e seus seguidores remanescentes: "Meus queridos, é o Anticristo"[614]. Com isso, um grande raio explode no templo e mata o Ancião João. "Eu não tinha nenhum desejo", declara o imperador, "de tirar a vida de qualquer homem, mas assim meu Pai Celestial vinga seu amado Filho. Está feito. Quem se oporá à vontade do Altíssimo?"[615]. Papa Pedro reforçou a acusação de João e foi também morto. Assim pereceram as "duas testemunhas" de Apocalipse 11, agora Pedro e João, em vez de Enoque e Elias, como compreendia a tradição adsoniana.

Os corpos das duas testemunhas foram expostos publicamente na "rua dos cristãos". Pauli e o remanescente fiel de cristãos fugiram para as montanhas desertas de Jericó. Quatro dias depois, eles voltaram a Jerusalém à noite para recuperar os corpos de Pedro e João. Mas, tendo sido colocados em macas, os mortos reviveram, e Pauli segurou cada um pela mão. Então, lemos: "A unificação das igrejas ocorreu no meio de uma noite escura, em um local alto e deserto"[616]. A escuridão da noite então se iluminou de luz, e uma mulher apareceu nos céus. Essa era a mulher vestida do sol com a lua sob seus pés, e uma coroa de 12 estrelas sobre sua cabeça (Apocalipse 12,1). Para Solovyev, essa era a Sabedoria divina (Sophia). Pauli, Pedro e João, juntamente com a multidão de fiéis que restou, seguem a aparição ao Monte Sinai.

Sr. Z. então diz a seus ouvintes que o manuscrito do Padre Pansófio foi interrompido ali. Mas Pansófio lhe conta como

---

614. *Ibid.*, p. 215.
615. *Ibid.*
616. *Ibid.*, p. 223.

a história terminava. Sob o governo do Anticristo, Sr. Z. relatou, o mal se espalha por toda a terra: "A comunhão dos vivos com os mortos, e também dos homens com demônios, torna-se uma questão de ocorrência diária, e novas formas inéditas de luxúria mística e demonologia começaram a se espalhar entre o povo"[617]. Quando o Anticristo muda sua capital para Jerusalém, os judeus o proclamam Messias. Quando, porém, descobrem que ele nem era circuncidado, levantam-se contra ele. O imperador emite, então, um decreto condenando todos os judeus e cristãos rebeldes à morte. Ocorre o massacre de dezenas de milhares. No entanto, um exército de um milhão de judeus toma Jerusalém e cerca o Anticristo no monte do templo. Por magia, o Anticristo encontra uma saída através do exército sitiante para a Síria à frente de seu exército pagão. Mas antes que o exército dos judeus possa confrontar o do Anticristo, correntes ardentes de lava de um vulcão em erupção engolem o Anticristo e seu exército. Os judeus fogem de volta para Jerusalém, orando para que Deus os livre do perigo. Então Cristo retorna:

> Quando a cidade santa já estava à vista, um grande relâmpago cortou o céu de leste a oeste, e eles viram Cristo descendo a eles em trajes reais, e com as feridas dos cravos em suas mãos estendidas. Ao mesmo tempo, uma multidão de cristãos, liderados por Pedro, João e Pauli, caminhava do Sinai a Sião, e outras multidões, todos arrebatados com entusiasmo, vieram reunindo-se de todos os lados. Estes eram todos os judeus e cristãos executados pelo Anticristo. Eles ressuscitaram e reinaram com Cristo por mil anos[618].

---

617. *Ibid.*, p. 224.
618. *Ibid.*, p. 226.

Assim, para Solovyev, o mal nunca haveria de ser superado por meio dos processos naturais da história humana. Ele exigia a vinda, a glorificação e, finalmente, a destruição do mal encarnado pela intervenção sobrenatural de Cristo. Somente Cristo poderia derrotar o Anticristo. Somente o perfeitamente bom poderia superar o impronunciavelmente mau.

Epílogo

Uma breve meditação sobre a história

O elemento proeminente [...] do qual uma interpretação da história poderia surgir de qualquer maneira, é a experiência básica do mal e do sofrimento, e da busca do homem pela felicidade (Karl Löwith. *O sentido da história*, 1949).

A narrativa do Anticristo que chega no fim da história é parte de uma narrativa cristã maior, que começa com a criação dos anjos, do mundo e depois de Adão e Eva e outras coisas vivas. É uma história em que o mal é central – o mal cósmico como resultado da queda dos anjos, o mal humano como resultado da queda dos primeiros humanos. Como solução para o problema do mal, o cristianismo criou uma história linear na qual os males presentes, passados e futuros seriam finalmente e decisivamente superados no fim da história. Assim, a história cristã procedeu da queda e condenação no início da história para a redenção e salvação em seu fim. Em suma, longe de ser uma série de eventos casuais ao longo do tempo, a história tinha um sentido profundo.

Dentro da tradição cristã, essa narrativa foi configurada de duas maneiras entrelaçadas, mas bastante distintas – em termos de providência, por um lado, e apocalipse, por outro;

a primeira mais otimista sobre o sentido da história, a última mais pessimista.

Na primeira delas, apesar da presença do mal no mundo, consequência dos atos livremente escolhidos tanto dos seres humanos quanto dos anjos maus, o processo da queda para a salvação final é relativamente suave. É pontuado definitivamente pela vida, morte e ressurreição de Jesus Cristo, que foi Deus feito homem. Por essa razão, a obra de Jesus é um sacrifício a Deus que satisfez a dívida que o homem tinha para com Deus por seus pecados. Aqui, o fim da história é orientado para a salvação do indivíduo. Embora o mal, configurado como pecado, continue após a dívida paga por Cristo, Deus está providencialmente realizando seus propósitos à medida que ano suceda a ano, até que o Reino de Deus, inaugurado na vida, morte e ressurreição de Cristo, seja plena e finalmente realizado.

Essa visão otimista da história permitiu que o cristianismo absorvesse a visão platônica do mal não como uma coisa em si, mas como uma *privatio boni* – uma ausência do bem. Consequentemente, o mal não estava na profundidade das coisas, mas apenas em sua superfície, mais aparência do que realidade. A história não foi tanto um local de conflito entre o bem e o mal, mas um progresso inevitável em direção ao bem. O problema do mal seria resolvido dentro e através dos processos da história. Essa foi uma visão que o filósofo francês Voltaire (1694-1778) confrontou com críticas fulminantes:

> Esse sistema de Tudo é bom representa o autor da natureza apenas como um rei poderoso e malévolo, que não se importa, desde que realize seu plano, com o sacrifício

da vida de 400 ou 500 mil homens, e que outros arrastem sua existência em necessidade e lágrimas. Longe da noção de que o melhor dos mundos possíveis é consolador, ele leva ao desespero os filósofos que o abraçam. O problema do bem e do mal permanece um caos inexplicável para aqueles que buscam de boa-fé[619].

O relato providencialista pretendia lidar com o mal como um contexto para o bem e, no fim do último dia, superado pelo bem. Mas o ponto de Voltaire se dirigia à incapacidade da providência para lidar com o mal indizível e irremediável. Isso aponta para o mal nas profundezas das coisas, o mal metafísico – não o meramente mau, mas o Mal com um "M" maiúsculo, poderíamos dizer. Como Voltaire sugeria, diante do mal indizível e irredimível, a visão providencial da história está sempre à beira do ateísmo, ou pelo menos exigindo um repensar radical da natureza de Deus, da benevolência à malevolência.

Dentro da Modernidade, essa fé no providencialismo foi transformada em uma crença no progresso secular. É um providencialismo sem Deus ou qualquer outro fundamento permanente além deste mundo. Como o providencialismo, o progresso secular destina-se conceitualmente a administrar o mal. Mas diante do mal indizível e irredimível, está sempre à beira de ter de declarar a história não em progresso, mas em decadência, sem nenhum significado ou propósito final. Em suma, diante do mal indescritível, o progresso secular está sempre à beira do niilismo cósmico, à beira do nada em que acreditar.

---

619. VOLTAIRE. *Dicionário filosófico*. Londres: Penguin, 2004, p. 73-74.

Em contraste com as histórias de progresso ou providência, na narrativa apocalíptica a história não é um local de progresso, mas um domínio de conflito. Desde o tempo da criação e a queda do angélico e do humano imediatamente posterior, a história tem sido o lugar de um conflito entre o bem e o mal, personificado na luta cósmica entre Deus e Satanás e, eventualmente, entre Cristo e o Anticristo. Aqui, tanto o bem quanto o mal estão na profundidade das coisas. Nessa narrativa, a humanidade tinha sido tornada refém pelo Diabo sob a forma de uma serpente no Jardim do Éden, o resultado da capitulação às suas tentações. A morte de Jesus, no entanto, pagou um resgate ao Diabo, libertando assim a humanidade do seu poder. O mal foi assim constrangido, se não destruído[620]. No fim da história, no entanto, o mal na profundidade das coisas seria derrotado de forma abrangente e decisiva.

No relato apocalíptico, o problema do mal não poderia ser resolvido por meio dos processos iminentes de sua história. É por isso que a história apocalíptica resiste a uma versão secular de si mesma ou a impossibilita em princípio. Na história apocalíptica, a solução para o mal é transcendente, e não iminente – do sagrado, e não do secular. A história manifesta esse conflito, mas não pode resolvê-lo. A resolução depende de um evento transcendente além do reino iminente, um evento que está fora e também no fim da história. Assim, embora depois de sua derrota por Cristo, Satanás tenha sido aprisionado por "mil anos" e o mal constrangido, era necessário que ele fosse por fim libertado. Somente assim o mal cósmico poderia ser derrotado na vitória de Deus sobre

---

620. Cf. ALMOND. *The Devil*, cap. 3.

Satanás no fim dos tempos. Assim, também, no fim da história, o mal humano precisava ser resumido em um homem – o Anticristo. Somente assim o mal humano poderia ser finalmente derrotado na vitória de Cristo sobre o Anticristo. Na narrativa apocalíptica, o sentido na história foi assim realizado apenas fora da história e em sua conclusão.

Eu quero terminar onde Karl Löwith em seu *O sentido da história* começou: "Perguntar seriamente pelo significado final da história", declarou ele, "tira-nos o fôlego; transporta-nos a um vácuo que apenas a esperança e a fé podem encher"[621]. Onde, então, poderia residir o significado final na história – na providência divina, ou no progresso secular na história, em uma batalha apocalíptica no fim, ou em nenhum lugar? Diante do mal indizível e irredimível, as histórias da providência divina ou do progresso secular deixam de ser persuasivas. Simplificando, o mal é demais e muitas vezes está em nós. O mundo não parece estar se tornando um lugar melhor. "Está tudo em pedaços, toda a coerência se foi", como John Donne eloquentemente coloca. A batalha escatológica final fornece uma solução ideal. É assim que o conflito entre o bem e o mal deve terminar. Para muitos de nós, porém, não é mais possível acreditar que o problema do mal será resolvido na derrota de Satanás e do Anticristo no fim da história. Isso deixa o niilismo cósmico como a única alternativa restante? Ora, talvez!

Mas a aceitação do niilismo cósmico não significa o endosso do niilismo pessoal. Que possa não haver nenhum significado final na história, isso não implica que não há

---

621. LÖWITH, Karl. *Meaning in history*. Chicago: University of Chicago Press, 1949, p. 4.

nenhum significado em nossas histórias individuais. Que não haja sentido da vida, isso não exclui a possibilidade de que o significado possa ser encontrado em nossas vidas individuais. Assim, a solução para a questão do mal pode não ser tanto uma questão de significado cósmico quanto pessoal, uma questão de como nos comportamos como sujeitos éticos no presente e no futuro. Aqui reside o significado final da história do Anticristo. É uma história sobre o futuro que nos impõe o imperativo ético de levarmos o mal a sério no aqui e agora, como se ele tivesse profundidades metafísicas. Isso é escatologia dentro unicamente dos limites do ético.

Assim, a história do Anticristo nos direciona para "o Cristo interior" em vez de "o Anticristo interior", para o exame e regulação do eu ético, para o cultivo do bem. Exige uma espiritualidade pessoal que maximize o bem e minimize o mal. Também requer um compromisso ético para progredir em direção ao bem e longe do mal ao longo de nossas vidas. Implica que busquemos a bondade pessoal na esperança de que, ao término de nosso papel na história, o mundo não seja pior, e talvez um pouco melhor, por termos estado nele.

Referências

Abreviações

ANF – ROBERTS, Alexander; DONALDSON, James (ed.). *Ante--Nicene Fathers*. Revisão de A. Cleveland Coxe. Peabody: Hendrickson Publishers, 2004.

NPNF, first series – SCHAFF, Philip (ed.). *Nicene and Post-Nicene Fathers*: first series. Peabody: Hendrickson Publishers, 2012.

NPNF, second series – SCHAFF, Philip; WACE, Henry (ed.). *Nicene and Post-Nicene Fathers*: second series. Peabody: Hendrickson Publishers, 2012.

PL – MIGNE, Jacques Paul (ed.). *Patrologiae Cursus Completus, Latina*.

Obras consultadas

A full and true account of the dreadful and melancholy earthquake: which happened between twelve and one o'clock in the morning, on Thursday the fifth instant. With an exact list of such persons as have hitherto been found in the rubbish. Londres, 1750.

ADSO DE MONTIER-EN-DER. Letter on the origin and the time of the Antichrist. *In*: MCGINN, Bernard (ed.). *Apocalyptic spirituality*. Londres: SPCK, 1979. p. 81-96.

ALEXANDER, Paul J. *The byzantine apocalyptic tradition*. Berkeley: University of California Press, 1985.

ALLISON JR., Dale C. The eschatology of Jesus. *In*: COLLINS, John J. (ed.). *The encyclopedia of apocalypticism*. Vol. I: The origins of apocalypticism in Judaism and Christianity. Nova York: Continuum, 1998. p. 267-302.

ALMOND, Philip C. Henry More and the Apocalypse. *Journal of the History of Ideas*, vol. 54, n. 2, p. 189-200, 1993.

ALMOND, Philip C. John Napier and the mathematics of the "middle future" apocalypse. *Scottish Journal of Theology*, vol. 63, n. 1, p. 54-69, 2010.

ALMOND, Philip C. *The Devil*: a new biography. Londres: I.B. Tauris; Ithaca: Cornell University Press, 2014.

ALMOND, Philip C. *Afterlife*: a history of life after death. Londres: I.B. Tauris; Ithaca: Cornell University Press, 2016.

ALMOND, Philip C. *God*: a new biography. Londres: I.B. Tauris, 2018.

ALTHOLZ, Josef L. The mind of Victorian Orthodoxy: Anglican responses to "essays and reviews", 1860-1864. *Church History*, vol. 51, n. 2, p. 186-197, 1982.

ANDERSON, Andrew Runni. *Alexander's Gate, Gog and Magog, and the inclosed nations*. Cambridge, MA: Medieval Academy of America, 1932.

ARMSTRONG, Regis J. *et al. Francis of Assisi*: early documents. Nova York: New City Press, 2001. vol. 3.

BACKUS, Irena. *Reformation readings of the Apocalypse*: Geneva, Zurich, and Wittenberg. Oxford: Oxford University Press, 2000.

BALDERSTON, Katherine C. (ed.). *Thraliana*: the diary of Mrs. Hester Lynch Hale, 1776-1809. Oxford: Clarendon Press, 1951.

BARTUSCH, Mark W. *Understanding Dan*: an exegetical study of a biblical city, tribe and ancestor. Londres: Sheffield Academic Press, 2003.

BAUCKHAM, Richard. The list of tribes in Revelation again. *Journal for the Study of the New Testament*, n. 42, p. 99-115, 1991.

BAXTER, M. *Louis Napoleon*: the destined monarch of the world. Filadélfia: James S. Claxton, 1867.

BENNETT, David Malcolm. *The origins of Left-Behind Eschatology.* Maitland, FL: Xulon Press, 2010.

BERNARDO DE CLARAVAL. *St Bernard of Clairvaux's life of St Malachy of Armagh.* Tradução de H.J. Lawlor. Londres: Macmillan, 1920.

BERNARDO DE CLARAVAL. *St Bernard's Sermons on the Canticle of Canticles.* Tradução de um sacerdote de Monte Melleray. Dublin: Browne and Nolan, 1920.

BERNARDO DE CLARAVAL. *The letters of St Bernard of Clairvaux.* Tradução de Bruno Scott James. Chicago: Henry Regnery Company, 1953.

BIRDSALL, J.N. Irenaeus and the number of the beast: Revelation 13.18. *In:* DENAUX, A. (ed.). *New Testament textual criticism and exegesis.* Lovaina: Leuven University Press, 2002. p. 349-359.

BLACKWELL, Richard J. Galileo Galilei. *In:* FERNGREN, Gary B. (ed.). *Science & Religion:* a historical introduction. Baltimore: Johns Hopkins University Press, 2002. p. 105-116.

BLUMENFELD-KOSINSKI, Renate. *Not of woman born:* representations of caesarean birth in Medieval and Renaissance culture. Ithaca: Cornell University Press, 1990.

BONURA, Christopher. When did the legend of the last world emperor originate? A new look at the textual relationship between the Apocalypse of Pseudo-Methodius and the Tiburtine Sibyl. *Viator,* vol. 47, n. 3, p. 47-100, 2016.

BOSTICK, Curtis V. *The Antichrist and the Lollards:* apocalypticism in late Medieval and Reformation England. Leiden: Brill, 1998.

BOUREAU, Alain. *The myth of Pope Joan.* Chicago: University of Chicago Press, 2000.

BOUSSET, Wilhelm. *The Antichrist legend:* a chapter in Christian and Jewish folklore, Englished from the German of W. Bousset. Londres: Hutchinson and Co., 1896.

BRADY, David. *The contribution of British writers between 1560 and 1830 to the interpretation of Revelation 13:16-18.* Tübingen: Mohr Siebeck, 1983.

BUDGE, Ernest A.W. *The history of Alexander the Great*: being the Syriac version of the Pseudo-Callisthenes. Cambridge: Cambridge University Press, 1889.

BURR, David. *Olivi's peaceable kingdom*: a reading of the Apocalypse commentary. Filadélfia: University of Pennsylvania Press, 1993.

CALVINO, João. *Commentaries on the Epistles of Paul the Apostle to the Philippians, Colossians, and Thessalonians*. Grand Rapids, MI: Christian Classics Ethereal Library, 1851. p. 297-298. Disponível em: www.ccel.org/ccel/calvin/calcom42.pdf

CAPES, William W. (ed.). *The register of John Trefnant, Bishop of Hereford (A.D. 1389-1404)*. Hereford: Wilson and Phillips, 1914.

CARTWRIGHT, Steven R.; HUGHES, K.L. *Second Thessalonians*: two early medieval Apocalyptic commentaries. Kalamazoo: Medieval Institute Publications, 2001.

CATLEY, S.R.; PRATT, J. (ed.). *The acts and monuments of John Foxe*. Nova York: AMS Press, 1965. vol. 3.

CHARLESWORTH, James H. (ed.). *The Old Testament pseudepigrapha*. Nova York: Doubleday, 1983. vol. 1.

CHARLESWORTH, James H. (ed.). *The Old Testament pseudepigrapha*. Nova York: Doubleday, 1985. vol. 2.

CHRISTMAS, H. (ed.). *Select works of John Bale, D.D.* Cambridge: Cambridge University Press, 1849.

COHN, Norman. *The pursuit of the millennium*. Londres: Paladin, 1970.

COLLINS, John J. From prophecy to Apocalypticism: the expectation of the end. *In*: COLLINS, John J. (ed.). *The encyclopedia of apocalypticism*. Vol. I: The origins of apocalypticism in Judaism and Christianity. Nova York: Continuum, 1998. p. 129-161.

COMODIANO. Excerpt from Commodianus' Carmen Apologeticum. *Christian Latin*, 2008. Disponível em: http://christianlatin.blogspot.com/2008/08/excerpt-from-commodianus-carmen.html

CONSTABLE, Olivia R. (ed.). *Medieval Iberia*: readings from Christian, Muslim, and Jewish Sources. Filadélfia: University of Pennsylvania Press, 2012.

COULTON, G.G. *From St Francis to Dante*: translations from the *Chronicle* of the Franciscan Salimbene, 1221-1288. Filadélfia: University of Pennsylvania Press, 1972.

Council of Constance 1414-18. *Papal Encyclicals Online*. Disponível em: www.papalencyclicals.net/councils/ecum16.htm

COURT, John M. *The Book of Revelation and the Johannine apocalyptic tradition*. Sheffield: Sheffield Academic Press, 2000.

CRANMER, Thomas. Thomas Cranmer's final speech, before burning (21 de março de 1556). *Luminarium*, 2009. Disponível em: www.luminarium.org/renlit/cranmerspeech.htm

CROLY, George. *Salathiel*: the wandering Jew, a story of the past, present, and future. Londres: H. Colburn, 1828.

CROUZET, Denis. Millennial eschatologies in Italy, Germany, and France: 1500-1533. *Journal of Millennial Studies*, vol. 1, n. 2, p. 1-8, 1999.

DALEY, Brian E. *The hope of the early Church*: a handbook of Patristic Eschatology. Grand Rapids, MI: Baker Academic, 1991.

DAVIS, William C. *The millennium, or, A short sketch on the rise and fall of Antichrist*. Salisbury: Coupee and Crider, 1811.

DELL, William. *A testimony from the word against divinity degrees in the university*. Londres, 1653.

DEVUN, Leah. *Prophecy, alchemy, and the end of time*: John of Rupescissa in the late Middle Ages. Nova York: Columbia University Press, 2014.

DUNBAR, David. *The eschatology of Hippolytus of Rome*. 1979. Tese (Doutorado em Filosofia) – Drew University, Madison, Nova Jersey, 1979.

DUNBAR, David. The delay of the Parousia in Hippolytus. *Vigiliae Christianae*, vol. 37, n. 4, p. 313-327, 1983.

ELLIOTT, J.K. (ed.). *The apocryphal New Testament.* Oxford: Clarendon Press, 1993.

ELRINGTON, Charles Richard. *The whole works of the Most Rev. James Ussher.* Dublin: Hodges, Smith, and Co., 1864. vol. 7.

EMMERSON, Richard K. Antichrist as Anti-saint: the significance of Abbot Adso's *Libellus de Antichristo. The American Benedictine Review,* vol. 30, n. 2, p. 175-190, 1979.

EMMERSON, Richard K. *Antichrist in the Middle Ages:* a study of medieval apocalypticism, art, and literature. Seattle: University of Washington Press, 1981.

EVANS, Elizabeth C. *Physiognomics in the Ancient World.* Filadélfia: American Philosophical Society, 1969.

FABER, George Stanley. *A dissertation on the prophecies.* Boston: Andrews and Cummings, 1808.

FABER, George Stanley. *Remarks on the effusion of the fifth apocalyptic vial, and the late extraordinary restoration of the imperial revolutionary government of France.* Londres: F.C. and J. Rivington, 1815.

FABER, George Stanley. *The sacred calendar of prophecy:* or a dissertation on the prophecies. Londres: F.C. and J. Rivington, 1828.

FERREIRO, Alberto. Simon Magus: the patristic-medieval traditions and historiography. *Apocrypha,* vol. 7, p. 147-165, 1996.

Fifth Lateran Council 1512-17 A.D. *Papal Encyclicals Online.* Disponível em: www.papalencyclicals.net/councils/ecum18.htm

FÍRMICO MATERNO, Júlio. *The error of the pagan religions.* Tradução de Clarence A. Forbes. Nova York: Newman Press, 1970.

FORCE, James E. *William Whiston:* honest Newtonian. Cambridge: Cambridge University Press, 2002.

FORD, J. Massyngbaerde. The physical features of the Antichrist. *Journal for the Study of the Pseudepigrapha,* vol. 7, n. 14, p. 23-41, 1996.

FRANCISCO, Adam S. *Martin Luther and Islam:* a study in sixteenth-century polemics and apologetics. Leiden: Brill, 2007.

FROOM, Le Roy Edwin. *The prophetic faith of our fathers.* Washington: Review and Herald, 1948. vol. 2.

FUDGE, Thomas A. *Jerome of Prague and the foundations of the Hussite Movement.* Nova York: Oxford University Press, 2016.

FULLER, Robert. *Naming the Antichrist:* the history of an American obsession. Nova York: Oxford University Press, 1996.

GARRETT, Clarke. *Respectable folly:* millenarians and the French Revolution in England. Baltimore: Johns Hopkins University Press, 1975.

GILLEY, S.W. George Stanley Faber: no popery and prophecy. *In:* HARLAND, P.J.; HAYWARD, C.T.R. *New heaven and new earth:* prophecy and the new millennium. Leiden: Brill, 1999. p. 287-304.

GOSSE, Edmund. *The life of Philip Henry Gosse F.R.S.* Londres: Kegan Paul, Trench, Trübner & Co., 1890.

GOSSE, Edmund. *Father and son:* a study of two temperaments. Boston: Houghton Mifflin, 1965.

GREGÓRIO MAGNO. *Morals on the Book of Job.* Tradução de James Bliss. Oxford: John Henry Parker, 1844. Disponível em: www.lectionarycentral.com/gregorymoraliaindex.html

GREGÓRIO MAGNO. Dialogues. *In:* PEARSE, Roger (ed.). *Early Church Fathers:* additional texts. 2004. Disponível em: www.tertullian.org/fathers/gregory_03_dialogues_book3.htm#C38

GREGÓRIO MAGNO. *The letters of Gregory the Great.* Tradução de John R.C. Martyn. Toronto: Pontifical Institute of Mediaeval Studies, 2004.

GREGÓRIO VII. *The correspondence of Pope Gregory VII.* Tradução de Ephraim Emerton. Nova York: Columbia University Press, 1932.

HABERKERN, Philip N. *Patron saint and prophet:* Jan Hus in the Bohemian and German reformations. Nova York: Oxford University Press, 2016.

HABERSHON, M. *A dissertation on the prophetic Scriptures:* chiefly those of a chronological character. Londres: James Nisbet and B. Wertheim, 1834.

HAIMO DE AUXERRE. Exposition of the Second Letter to the Thessalonians. *In*: CARTWRIGHT, S.R.; HUGHES, K.L. *Second Thessalonians*: two early medieval apocalyptic commentaries. Kalamazoo: Medieval Institute Publications, 2001. p. 21-34.

HALPERIN, David H. The Ibn Sayyad traditions and the legend of Al-Dajjal. *Journal of the American Oriental Society*, vol. 96, n. 2, p. 213-225, 1976.

HEISER, Richard H. The court of the Lionheart on crusade, 1190-2. *Journal of Medieval History*, vol. 43, p. 505-522, 2017.

HILDEGARDA DE BINGEN. *Hildegard of Bingen's book of divine works with letters and songs*. Edição de Matthew Fox. Santa Fé, Novo México: Bear and Company, 1987.

HILDEGARDA DE BINGEN. *Scivias*. Tradução de Madre Columba Hart e Jane Bishop. Nova York: Paulist Press, 1990.

HILL, Christopher. *The world turned upside down*. Harmondsworth: Penguin, 1975.

HILL, Christopher. *Antichrist in seventeenth-century England*. Londres: Verso, 1990.

HORSLEY, Samuel. *Critical disquisitions on the eighteenth chapter of Isaiah*. Filadélfia: James Humphrey, 1800.

HORSLEY, Samuel. *The watchers and the holy ones*: a sermon. Londres: J. Matchard, 1806.

HORSLEY, Samuel. Of the prophetical periods. *The British Magazine*, vol. 4, p. 717-741, 1833.

HORSLEY, Samuel. Manuscript letters of Bishop Horsley: Letter 1. *The British Magazine*, vol. 5, p. 131-134, 1834.

HORSLEY, Samuel. Manuscript letters of Bishop Horsley: Letter 5. *The British Magazine*, vol. 5, p. 517-523, 1834.

HORSLEY, Samuel. Manuscript letters of Bishop Horsley: Letter 6. *The British Magazine*, vol. 5, p. 10-12, 1834.

HUGHES, K.L. *Constructing Antichrist*: Paul, biblical commentary, and the development of doctrine in the early Middle Ages. Washington: Catholic University of America Press, 2012.

HUSS, John. *The Church*. Tradução de David S. Schaff. Nova York: Charles Scribner's Sons, 1915.

ILIFFE, Rob. *Priest of nature*: the religious worlds of Isaac Newton. Nova York: Oxford University Press, 2017.

JAMES, I King of England and VI of Scotland. *The workes of the most high and mightie Prince, James, by the grace of God King of Great Britaine, France and Ireland*. Londres: Robert Barker and John Bill, 1616.

JENKS, Gregory C. *The origins and early development of the Antichrist myth*. Berlim: Walter de Gruyter, 1991.

JOWETT, Benjamin. *The Epistles of St Paul to the Thessalonians, Galatians, Romans*: with critical notes and dissertations. Londres: John Murray, 1859.

JURKOWSKI, Maureen. Who was Walter Brut? *The English Historical Review*, vol. 127, n. 525, p. 285-302, 2012.

JUSTINO. Dialogue with Trypho. *In: Saint Justin Martyr*. Tradução de Thomas B. Falls. Washington: Catholic University of America Press, 2008.

KAMINSKY, Howard. *A history of the Hussite Revolution*. Berkeley: University of California Press, 1967.

KAMINSKY, Howard *et al.* (ed.). Master Nicholas of Dresden, the old color and the new: selected works contrasting the Primitive Church and the Roman Church. *Transactions of the American Philosophical Society*, vol. 55, n. 1, p. 1-93, 1965.

KANTOROWICZ, Ernst. *Frederick the Second, 1194-1250*. Nova York: Frederick Ungar Publishing Co., 1957.

KAUP, Matthias. *John of Rupescissa's Vade Mecum in Tribulatione*. Londres: Routledge, 2017.

KELLY, J.N.D. *Jerome*: his life, writings, and controversies. Londres: Duckworth, 1975.

KETT, Henry. *History the interpreter of prophecy, or, A view of scriptural prophecies and their accomplishment*. Nova York: Oxford University Press, 1799.

KLAASSEN, Walter. *Living at the end of the ages*: apocalyptic expectations in the Radical Reformation. Lanham: University Press of America, 1992.

KNOX, John. *The works of John Knox*. Edição de David Laing. Edimburgo: James Thin, 1895. vol. 1.

KRITZECK, James Aloysius. *Peter the Venerable and Islam*. Princeton: Princeton University Press, 2016.

LANDES, Paula Frederiksen. Tyconius and the end of the world. *Revue d'Études Augustiniennes et Patristiques*, 28, p. 59-75, 1982.

LANDES, Richard. Lest the millennium be fulfilled: apocalyptic expectations and the pattern of Western chronography 100-800 CE. *In*: VERBEKE, Werner *et al. The use and abuse of eschatology in the Middle Ages*. Lovaina: Leuven University Press, 1988. p. 137-211.

LANDES, Richard. The fear of an apocalyptic year 1000: Augustinian historiography, medieval and modern. *In*: LANDES, Richard; GOW, Andrew; VAN METER, David C. (ed.). *The apocalyptic year 1000*: religious expectation and social change, 950-1050. Nova York: Oxford University Press, 2003. p. 243-270.

LEÃO X. *Exsurge Domine*: condemning the errors of Martin Luther. 1520. Disponível em: https://www.papalencyclicals.net/leo10/l10exdom.htm

LERNER, Robert E. Refreshment of the saints: the time after Antichrist as a station for earthly progress in medieval thought. *Traditio*, vol. 32, n. 1, p. 97-144, 1976.

LERNER, Robert E. Antichrists and Antichrist in Joachim of Fiore. *Speculum*, vol. 60, n. 3, p. 553-570, 1985.

LERNER, Robert E. Frederick II, alive, aloft and allayed, in Franciscan-Joachite eschatology. *In*: VERBEKE, Werner *et al.* (ed.). *The use and abuse of eschatology in the Middle Ages*. Lovaina: Leuven University Press, 1988. p. 359-384.

LÖWITH, Karl. *Meaning in history*. Chicago: University of Chicago Press, 1949.

LULL, Timothy; RUSSELL, William R. (ed.). *Martin Luther's basic theological writings*. Minneapolis: Fortress Press, 2012.

LUTERO, Martinho. *The table talk of Martin Luther*. Tradução de William Hazlitt. Londres: George Bell and Sons, 1909.

LUTERO, Martinho. *Works of Martin Luther*: translated with introductions and notes. Albany: Ages Digital Library, 1997. vol. 3. *E-book*. Disponível em: https://media.sabda.org/alkitab-8/LIBRARY/LUT_WRK3.PDF

LUTERO, Martinho. To the Christian nobility of the German nation. *In*: WENGERT, Timothy J. (ed.). *The annotated Luther*. Minneapolis: Augsburg Fortress, 2015. vol. 1.

LUTERO, Martinho. The Babylonian captivity of the church. *In*: ROBINSON, Paul W. (ed.). *The annotated Luther*. Minneapolis: Augsburg Fortress, 2016. vol. 3.

LUTERO, Martinho. On war against the Turk. *In*: HILLERBRAND, Hans J. (ed.). *The annotated Luther*. Minneapolis: Augsburg Fortress, 2017. vol. 5.

MAITLAND, S.R. *An attempt to elucidate the prophecies concerning Antichrist*. Londres: C.J.G. and F. Rivington, 1830.

MANDEVILLE, John. *The travels of Sir John Mandeville*. Londres: Macmillan, 1900.

MANUEL, Frank E. *The religion of Isaac Newton*. Oxford: Clarendon Press, 1974.

MAQUIAVEL, Nicolau. *The letters of Machiavelli*: a selection of his letters. Tradução de Allan Gilbert. Nova York: Capricorn Books, 1961.

MAYER, L. *The prophetic mirror; or, A hint to England*. Londres: Williams and Smith, 1806.

MCGINN, Bernard. Saint Bernard and eschatology. *In*: PENNINGTON, M. Basil (ed.). *Bernard of Clairvaux*: studies presented to Dom Jean Leclercq. Washington: Consortium Press, 1973. p. 161-185.

MCGINN, Bernard. Angel pope and papal Antichrist. *Church History*, vol. 47, n. 2, p. 155-173, 1978.

MCGINN, Bernard (ed.). *Apocalyptic spirituality*. Londres: SPCK, 1979.

MCGINN, Bernard. Portraying Antichrist in the Middle Ages. *In*: VERBEKE, Werner *et al. The use and abuse of eschatology in the Middle Ages*. Lovaina: Leuven University Press, 1988. p. 1-48.

MCGINN, Bernard. *Antichrist*: two thousand years of fascination with evil. São Francisco: Harper, 1994.

MCGINN, Bernard (ed.). *Visions of the end*: apocalyptic traditions in the Middle Ages. Nova York: Columbia University Press, 1998.

MCNEILL, John T. *Calvin*: institutes of the Christian religion. Louisville: Westminster John Knox Press, 2006. vol. 2.

MELANSON, Terry. *Perfectibilists*: the 18th century Bavarian Order of the Illuminati. Chicago: Trine Day, 2011.

MEMBROS DA UNIVERSIDADE DE OXFORD. *Tracts for the times*. Londres: J.G.F. & J. Rivington, 1840. vol. 5.

MINNICH, Nelson H. Prophecy and the Fifth Lateran Council (1512-1517). *In*: MINNICH, Nelson H. (ed.). *Councils of the Catholic Reformation*: Pisa I (1409) to Trent (1545-63). Aldershot: Ashgate Variorum, 2008. p. 63-87.

MINNS, Denis. *Irenaeus*: an introduction. Londres: Bloomsbury, 2010.

MISNER, Paul. Newman and the tradition concerning the papal Antichrist. *Church History*, vol. 42, n. 3, p. 377-395, 1973.

MORE, Henry. *An explanation of the grand mystery of godliness*. Londres: J. Flesher, 1660.

MORE, Henry. *A modest enquiry into the mystery of iniquity*. Londres: J. Flesher, 1664.

MORE, Henry. *Apocalypsis Apocalypseos, or, The Revelation of St John the divine unveiled*. Londres: J.M., 1680.

MORE, Henry. *A plain and continued exposition of the several prophecies or divine visions of the Prophet Daniel.* Londres: M.F., 1681.

MORE, Henry. *Paralipomena prophetica.* Londres: Walter Kettilby, 1685.

NAPIER, John. *A plaine discovery of the whole Revelation of Saint John*: set down in two treatises: the one searching and proving the true interpretation thereof: the other applying the same paraphrastically and historically to the text. Edimburgo: Robert Waldegrave, 1593.

NEWMAN, John Henry. *A letter to the Rev. Godfrey Faussett, D.D. Margaret Professor of Divinity.* Oxford: John Henry Parker, 1838.

NEWMAN, John Henry. *Apologia Pro Vita Sua*: being a reply to a pamphlet entitled "What, then, does Dr. Newman mean?" Londres: Longman, Green, Longman, Roberts, and Green, 1864.

NEWMAN, John Henry. *The Arians of the fourth century.* Londres: E. Lumley, 1871.

NEWMAN, John Henry. *Fifteen sermons preached before the University of Oxford.* Londres: Rivingtons, 1872.

NEWMAN, John Henry. *Lectures on the present position of Catholics in England.* Londres: Longman, Green, and Co., 1892.

NEWMAN, John Henry. *Essays critical and historical.* Londres: Longman, Green, and Co., 1907.

NEWPORT, Kenneth G.C. *Apocalypse and millennium*: studies in biblical eisegesis. Cambridge: Cambridge University Press, 2000.

NEWSOM, Carol A.; BREED, Brennan W. *Daniel*: a commentary. Louisville: Westminster John Knox Press, 2014.

NEWTON, Isaac. *Observations upon the prophecies of Daniel, and the Apocalypse of St John.* Londres: J. Darby and T. Browne, 1733.

NEWTON, Isaac. Fragment on the history of apostasy. *The Newton Project*, 2011. Disponível em: https://www.newtonproject.ox.ac.uk/view/texts/normalized/THEM00061

NEWTON, Thomas. *Dissertations on the prophecies*: which have been remarkably fulfilled in the world. Londres: J.F. Dove, 1825.

NICCOLI, Ottavia. *Prophecy and people in Renaissance Italy.* Princeton: Princeton University Press, 1990.

O'CONNOR, Henry. S.J. *Luther's own statements concerning his teaching and its results.* Nova York: Benziger Brothers, 1885.

OLIVI, Peter John. On the seven periods of Church history. *In*: OLIVI, Peter John. Selections from the Apocalypse commentary. *Internet History Sourcebooks Project*, Fordham University, Nova York, 1996. Disponível em: https://sourcebooks.fordham.edu/source/olivi.asp

OLIVI, Peter John. *Commentary on the apocalypse.* Tradução e edição de Warren Lewis. Nova York: Franciscan Institute Publications, 2017.

ORÍGENES. *Contra Celsum.* Tradução de Henry Chadwick. Cambridge: Cambridge University Press, 1953.

OSIANDER, Andreas. *The coniectures of the ende of the world.* Antuérpia, 1548.

PADRE CUTHBERT. *The friars and how they came to England*: being a translation of Thomas of Eccleston's *De Adventu F.F. Minorum in Angliam.* Londres: Sands & Co., 1903.

PAINTER, John. Johannine literature: the Gospel and Letters of John. *In*: AUNE, David E. *The Blackwell companion to the New Testament.* Oxford: Blackwell, 2010. p. 344-372.

PARKER, John William (ed.). *Essays and reviews.* Londres: John W. Parker & Son, 1860.

PASTOR, Ludwig. *History of the popes*: from the close of the Middle Ages. Londres: Kegan Paul, Trench, Trübner, & Co., 1901. vol. 5.

PATAI, Raphael. *The Messiah texts*: Jewish legends of three thousand years. Detroit: Wayne University Press, 1988.

PATRIDES, C.A.; WITTREICH, J. (ed.). *The Apocalypse in English Renaissance thought and literature*: patterns, antecedents and repercussions. Manchester: Manchester University Press, 1984.

PEDRO O VENERÁVEL. *Writings against the Saracens*. Tradução de Irven M. Resnick. Washington: Catholic University of America Press, 2016.

PEERBOLTE, L.J. Lietaert. *The antecedents of Antichrist*: a traditio-historical study of the earliest Christian views on eschatological opponents. Leiden: Brill, 1996.

PENMAN, Leigh T.I. A seventeenth-century prophet confronts his failures: Paul Felgenhauer's Speculum Poenitentiae, Buß-Spiegel (1625). *In*: COPELAND, Clare; MACHIELSEN, Jan (ed.). *Angels of light?* Sanctity and the discernment of spirits in the early Modern Period. Leiden: Brill, 2013. p. 169-200.

PESENSON, Michael A. Napoleon Bonaparte and apocalyptic discourse in early nineteenth-century Russia. *The Russian Review*, vol. 65, n. 3, p. 373-392, 2006.

PRIDEAUX, Humphrey. *The true nature of imposture fully displayed in the life of Mahomet*. Londres: William Rogers, 1697.

PSEUDO-EFRAÉM. *Sermon of Pseudo-Ephraem on the end of the world*. Tradução de John C. Reeves. Manuscrito não publicado.

REEVES, John C. *Trajectories in Near Eastern apocalypses*: a postrabbinic Jewish apocalyptic reader. Atlanta: Society of Biblical Literature, 2005.

REEVES, Marjorie. *The influence of prophecy in the later Middle Ages*. Oxford: Clarendon Press, 1969.

RIESS, Jonathan B. *The Renaissance Antichrist*. Princeton: Princeton University Press, 1995.

RILEY, Henry T. (ed.). *The annals of Roger de Hoveden*: comprising the history of England, and of other countries of Europe from A.D. 732 to A.D. 1201. Londres: H.G. Bohn, 1853.

ROBERTO BELARMINO. *Antichrist*. Tradução de Ryan Grant. Post Falls: Mediatrix Press, 2016. *E-book*.

ROBINSON, Andrew. Identifying the beast: Samuel Horsley and the problem of papal Antichrist. *Journal of Ecclesiastical History*, vol. 43, n. 4, p. 592-607, 1992.

ROSENSTIEHL, J.-M. Le portrait de l'Antichrist. *In*: PHILONENKO, M. *et al.* (ed.). *Pseudépigraphes de l'Ancien Testament et Manuscrits de la Mer Morte.* Paris: Presses Universitaires de France, 1967. p. 45-60.

ROUSSEAU, George. "Wicked Whiston" and the Scriblerians: another ancients-modern controversy. *Studies in Eighteenth-Century Culture*, vol. 17, p. 17-44, 1987.

RUSCONI, Robert. Antichrist and antichrists. *In*: MCGINN, Bernard (ed.). *The encyclopedia of apocalypticism.* Nova York: Continuum, 1998. vol. 2, p. 287-325.

Sahih Bukhari. Disponível em: www.sahih-bukhari.com

SALMON, Joseph. *Antichrist in man.* Londres: Giles Calvert, 1649.

SÃO JERÔNIMO. Commentary on Daniel. Tradução de Gleason L. Archer. *In*: PEARSE, Roger (ed.). *Early Church Fathers*: additional texts. 1958. Disponível em: https://www.tertullian.org/fathers/jerome_daniel_02_text.htm

SÃO JERÔNIMO. Chronicle. *In*: PEARSE, Roger (ed.). *Early Church Fathers*: additional texts. 2005. Disponível em: www.tertullian.org/fathers/index.htm#JeromeChronicle

SÃO JERÔNIMO. *Commentary on Matthew.* Tradução de Thomas P. Scheck. Washington: Catholic University of America Press, 2010.

SARITOPRAK, Zeki. *Islam's Jesus.* Gainsville: University Press of Florida, 2014.

SAVONAROLA, Girolamo. *Selected writings of Girolamo Savonarola*: religion and politics, 1490-1498. Tradução de Anne Borelli e Maria Pastore Passo. New Haven: Yale University Press, 2006.

SCHWARTZ, Daniel L. Religious violence and eschatology in the Syriac Julian Romance. *Journal of Early Christian Studies*, vol. 19, n. 4, p. 565-587, 2011.

SEDGWICK, Joseph. *Episkopos Didaskalos*: learnings necessity to an able minister of the Gospel. Londres, 1653.

SIDDIQI, Muhammad Zubayr. *Hadith literature*: its origin, development and special features. Cambridge: Islamic Texts Society, 1993.

SIDDIQUI, Abdul Hamid. *Sahih Muslim*: being traditions of the sayings and doings of the Prophet Muhammad. Lahore: Sh. Muhammad Ashraf, 1976-1981.

SMITH, Orianne. *Romantic women writers, revolution, and prophecy*: Rebellious Daughters, 1786-1826. Cambridge: Cambridge University Press, 2013.

SMITH, Preserved. *The life and letters of Martin Luther*. Boston: Houghton Mifflin, 1911.

SNOBELEN, Stephen D. "A time and times and the dividing of times": Isaac Newton, the Apocalypse, and 2060 A.D. *Canadian Journal of History*, vol. 38, n. 3, p. 537-551, 2003.

SOCIEDADE DOS AMIGOS, A (ed.). *The journal of George Fox*. Londres: Headley Brothers, 1902.

SOLOVYEV, Vladimir. *War, progress, and the end of history*: three discussions. Londres: University of London Press, 1915.

SWIFT, Jonathan; POPE, Alexander. *Miscellanies*. Londres, 1732. vol. 3.

TAYLOR, Charles (ed.). *Calmet's dictionary of the Holy Bible*. Boston: Crocker and Brewster, 1832.

The Fathers of the Church: a new translation. Vol. 1: The Apostolic Fathers. Washington: Catholic University of America Press, 2010.

The identity of Napoleon and Antechrist: completely demonstrated or a commentary on the chapters of the Scripture which relate to Antechrist. Nova York: Sargeant, 1809.

The testament of our Lord: translated into English from the Syriac with introduction and notes. Tradução de James Cooper e Arthur John MacLean. Edimburgo: T. & T. Clark, 1902.

TICÔNIO. *The book of rules*. Tradução de William S. Babcock. Atlanta: Scholars Press, 1989.

TICÔNIO. *Exposition of the Apocalypse.* Tradução de Francis X. Gumerlock. Introdução de David C. Robinson. Washington: Catholic University of America Press, 2017.

TOLAN, John V. *Saracens:* Islam in the Medieval European imagination. Nova York: Columbia University Press, 2002.

TOLSTOI, Liev. *War and peace.* Tradução de Louise e Aylmer Maude. Minneapolis: First Avenue Editions, 2016.

Twelfth Ecumenical Council: Lateran IV 1215, *Medieval Sourcebook*, 1996. Disponível em: https://sourcebooks.fordham.edu/basis/lateran4.asp

VICCHIO, Stephen J. *The legend of the Antichrist:* a history. Eugene: Wipf and Stock, 2009. *E-book.*

VOLTAIRE. *The works of Voltaire:* a contemporary version. Tradução de William F. Fleming. Nova York: Dingwall-Rock, 1927. vol. 19, parte 1, p. 172-176. Disponível em: www.k-state.edu/english/baker/english287/Voltaire-Newton.htm

VOLTAIRE. *Philosophical dictionary.* Tradução de Theodore Besterman. Londres: Penguin, 2004.

WAKEFIELD, Walter L.; EVANS, Austin P. *Heresies of the high Middle Ages:* selected sources translated and annotated. Nova York: Columbia University Press, 1969.

WASILEWSKI, Janna. The "Life of Muhammad" in Eulogius of Cordóba: some evidence for the transmission of Greek polemic to the Latin West. *Early Medieval Europe*, vol. 16, p. 333-353, 2008.

WEBSTER, Charles. *The Great Instauration:* science, medicine, and reform. Londres: Duckworth, 1975.

WEINSTEIN, Donald. *Savonarola and Venice:* prophecy and patriotism in the Renaissance. Princeton: Princeton University Press, 1970.

WHALEN, Brett E. *Dominion of God:* Christendom and Apocalypse in the Middle Ages. Cambridge, MA: Harvard University Press, 2009.

WHISTON, William. *An essay on the Revelation of Saint John, so far as concerns the past and present times.* Cambridge: Cambridge University Press, 1706.

WILHITE, David E. *Ancient African Christianity*. Londres: Routledge, 2017.

WILLIAMS, George Huntston (ed.). *Spiritual and Anabaptist writers*: documents illustrative of the Radical Reformation. Londres: SCM Press, 1957.

WILLIAMS, George Huntston. *The Radical Reformation*. Filadélfia: Westminster Press, 1962.

WILLIAMS, John Alden (ed.). *Themes of Islamic civilization.* Berkeley: University of California Press, 1971.

WOLF, Kenneth B. *Eulogius of Córdoba and his understanding of Islam.* Disponível em: www.academia.edu/20312136/Eulogius_of_C%C3%B3rdoba_and_His_Understanding_of_Islam

WOLIN, Richard. *Heidegger's children*: Karl Löwith, Hans Jonas, and Herbert Marcuse. Princeton: Princeton University Press, 2001.

WYCLIFFE, John. *Iohannis Wyclif*: Operis evangelici liber tertius et quartus sive de Antichristo liber primus et secundus. Edição de Johann Loserth. Londres: Wyclif Society, 1896.

Índice

Símbolos

1João 27, 28, 30, 53, 54, 91, 101, 111, 211
1Tessalonicenses 290
2João 29, 54
2Tessalonicenses 36, 37, 45, 46, 53, 67, 74, 79, 93, 111, 119, 121, 132, 133, 135, 174, 226, 229, 231, 232
\"Sermão e feitos do Anticristo\" (afresco) 215, 216

A

A ascensão de Isaías 50
Abbo, abade de Saint-Benoît-sur-Loire 21
abominação da desolação 34, 51, 52, 53, 58, 64, 211
abordagem crítica da Bíblia 289
Adão e Eva 30, 120, 303
Adso de Montier-en-Der 14, 15, 16, 22, 23, 26, 27, 67, 97, 116, 117, 128, 132, 136, 137, 138, 156, 157, 158, 167, 215, 216, 223, 241
   resposta à Rainha Gerberga 22
   vida do Anticristo 14, 22, 23, 116, 216
Agostinho, Santo 19, 20, 21, 74, 91, 104, 105, 106, 107, 108, 111, 116, 125, 137, 138, 161,

175, 177, 244
Ahmad ibn Hanbal 152
Aiatolá Khomeini 292
Alcazar, Luis de 239, 241
Alcorão 144, 146
al-Dajjal (Anticristo do islã) 17, 145, 147, 148, 149, 150, 151
Alexander, Paul 118
Alexandre I, Czar 275
Alexandre o Grande 17, 122, 126, 130
Alexandre VI, Papa (Rodrigo Borgia) 219
Altholz, Josef L. 287
Álvaro, Paulo 141, 143, 144
Amalrico de Bena 180, 181
Ambrosiastro 79
Anacleto II, Papa 163
Anais de Roger de Hoveden 139, 156
Ancião (Livro de Daniel) 41
Anticristo
   ampla definição dos dissidentes radicais 244
   besta(s) do Apocalipse 37
   características na escatologia de Jesus 33, 35
   conceito ligado à história profética 290
   concepção por um espírito maligno 78
   datação da chegada do 60, 61

decisões da Igreja Católica em torno da pregação sobre o 222
declínio do interesse no 249
dentro de cada indivíduo 248
desenvolvimento de tradições no primeiro milênio 27
do Oriente 68
espelho de Cristo 94
figuras ou instituições identificadas como 16
filho de Satanás 78
fluidez do conceito 15
homem da iniquidade (pecado), filho da perdição 36
influências bíblicas e influências outras incorporadas à figura do 16, 17
local de nascimento 127, 128
na cultura popular 17
nascimento do 167, 168, 170, 171, 172
papal de Martinho Lutero 224, 226, 227, 228
paralelos com Cristo 80, 81
perspectiva de Savonarola 218
produto de um dilema cristão 15
proliferação de candidatos modernos ao papel de 291, 292
relato de Irineu acerca do 53
Satanás/o Diabo 79
Savonarola como 219
significante flutuante 290
sinais de sua vinda 73
surgimento do termo 54
totalmente humano e responsável (Haimo) 134
tradições incorporadas na figura do 52

uso como termo de vitupério 247
vinda do/reinado do 58
Anticristo adsoniano (tirânico) 287
doutrina católica do 241
retorno do 215
Anticristo avarento 161
Anticristo \"científico\" 251
Anticristo da realeza 183
Anticristo e retórica 16
Anticristo espiritual 16, 159
Anticristo final 98, 161, 177, 204, 224, 270, 272, 276, 277, 284
Anticristo fraudulento 160
Anticristo humano 87, 88
Anticristo imperial 14, 278
Anticristo impuro 161
Anticristo infiel 269
Anticristo judeu 24, 55, 63, 73, 243
Anticristo literal/real 16, 105, 159
Anticristo magisterial 222
reformadores magisteriais 233, 245
Anticristo místico 188, 189, 191, 192, 193, 194, 196, 197
Anticristo ocidental 200, 270, 271
Anticristo oriental 200
Anticristo persa 68, 70
Anticristo radical 204
Anticristo romano
Nero renascido como 67, 69, 70, 71, 72
Anticristo sangrento 160
anticristos duplos 67, 145, 189, 191, 194
anticristos franceses 268
anticristos presentes 15, 27, 28, 90, 91, 92, 98, 101, 102, 111
Anticristo tirânico (Adso) 14, 287
Anti-Igreja 102
antijudaísmo na escatologia cristã 56, 94

Anti-Maria 168
Antíoco IV Epifânio, rei 17,
    23, 34, 95, 112, 131, 173,
    240, 284
  como um tipo de Anticristo 95
Antônio o Anacoreta, Santo 190
Apocalipse
  Apocalipse de Daniel 83, 84
  Apocalipse (ou Revelações) de
      Pseudo-Metódio 118, 119,
      120, 123, 125, 126, 130
  cosmovisão apocalíptica 159
  narrativa apocalíptica da
      história 303, 306
  narrativa de João de
      Rupescissa 198, 199, 202,
      203
  profecia apocalíptica,
      orientações da Igreja
      Católica 222
Apocalipse de Pedro 45
Apocalipse, Livro do 13, 19, 20,
    37, 39, 41, 42, 43, 53, 55, 61,
    124, 137, 139
  Anticristo não mencionado no
      241, 260
  comentário de Ticônio 98, 99,
      100, 101, 103
  dragão de sete cabeças 173
  interpretação da Família Gosse
      266, 267
  interpretação da Igreja
      Católica 239
  interpretação de Henry More
      252, 253
  interpretação de João de
      Rupescissa 197, 199, 200,
      203
  interpretação de Joaquim de
      Fiore 140, 155, 172, 173,
      175, 177
  interpretação de John Napier
      236, 237, 238, 239

interpretação de Pedro Olivi
    189, 190
novas leituras no período da
    Reforma 233
número e gama de
    interpretações 280
prostituta da Babilônia 215
Apocalipse Sinóptico 33
apocalípticos norte-americanos
    275, 276
apocaliticismo
  ciência e 252, 254, 257
  declínio do 249, 250
  de Savonarola 216
  perspectiva protestante 234, 235
  quadro de crise e julgamento 89
  tradição no cristianismo 31
Apolinário 95
Apollyon (ou Apoleon) 277
Appolyon (o Destruidor)
    Napoleão como 272
A profecia, série de filmes (1976-
    1981) 293
aquele que suplanta o Anticristo
    26
Arafat, Yasser 292
Ário 144
aristotelismo 189, 191
armadilha final 48
Armilo, Anticristo do judaísmo
    17, 145, 152, 153, 154, 155
arrebatamento para o céu 295
ascensão do Anticristo 83
assassino do Anticristo 111, 158
ateísmo 305
Atos dos Apóstolos 113
Atos dos Apóstolos Pedro e
    Paulo 114
Atos dos Santos Apóstolos Pedro
    e Paulo 135
atributos físicos do Anticristo
    83, 86
Augusto (César) 71

B

Babilônia 24, 71, 94, 127, 128,
    135, 156, 157, 182, 192, 206,
    227, 266, 267
  associação com o Anticristo 24
  como uma das quatro bestas
      do Apocalipse 66
  prostituta da 190
Bacon, Roger 202
Bale, Bispo John 235
Barbarossa, Imperador Frederico
    160
Baxter, Michael Paget 276
Beemot 17, 40, 115
Belarmino, Cardeal Roberto
    241, 242, 243, 285
Beliar (Samael, Satanás) 50, 51,
    52, 71
Belkira, falso profeta 50
Benardino, Pietro 220
Beno, Cardeal 160
Bento XI, Papa 195, 197
Bernardo, bispo de Bayeux 157
Bernardo de Claraval 163, 164,
    165, 166
besta da terra 17, 40, 42, 43, 63,
    102, 193, 195
besta do abismo 38, 39, 235
besta do mar 17, 20, 40, 41, 42,
    43, 45, 53, 63, 66, 72, 102,
    174, 192, 195, 200, 258,
    273, 275
besta(s) do Apocalipse
  Anticristo como 37
Betsaida (cidade) 24, 127, 128
Bíblia
  crítica histórica da 287
  menções do Novo Testamento
      ao Anticristo 27, 29
  tempo da escrita dos
      Evangelhos 32
bin Laden, Osama 292

Bonaparte, Napoleão. Consulte
    Napoleão Bonaparte,
    Imperador
bondade pessoal e o Cristo
    interior 308
Bonifácio III, Papa 258
Bonifácio VIII, Papa 195, 197,
    203
Bonura, Christopher 118
Bossuet, Bispo Jacques 240
Bracciolini, Giovanni Francesco
    Poggio 219
Brady, David 280
Brut, Walter 205, 206, 207
Bullinger, Heinrich 232
Burr, David 193, 194

C

Cafarnaum (cidade) 127
Caim 112
Calmet, Augustin 240
Calvino, João 231, 233, 235, 244
  calvinismo 231
  sobre o Livro do Apocalipse 233
Campanus, John 245
Carlos Magno 132, 190, 273
Carlos o Gordo, Imperador 132
Carlos VIII, Rei da França 217
catolicismo como Anticristo 292
Celestino, Papa 203
Cesário de Heisterbach 179
ceticismo sobre o papado como
    o Anticristo 261
Charles, Príncipe de Gales 291
chegada do Anticristo
  iminência da 98, 158, 159
  sinais da 22
  tempo da 13
chifre pequeno da quarta besta
    (Daniel) 40, 41, 52, 66, 88,
    232, 258
Comentário sobre Mateus
    (Jerônimo) 91

332

Comodiano, escatologia de 68, 69, 71, 72

Conselho Federal Americano de Igrejas 292

Constâncio, Imperador 79, 140

Constante, Imperador 79, 129

Constantino, Imperador 74, 89, 119, 160, 190, 194, 208, 225, 228, 256

Contra as heresias (Adversus Haereses) 30, 53

Corozaim (cidade) 24, 127, 128

Cranmer, Thomas 233

criação do mundo 29

cristãos, perseguição de 25, 52, 65, 69

Cristo
datação do nascimento de 60
derrota de dois reis 174
segundo e terceiro retornos. Consulte Jesus

Cristo interior, o eu ético 308

crítica histórica da Bíblia 287, 289

D

D'Alembert, Jean-Baptiste le Rond 269

Daniel, Livro de 13, 34, 40, 41, 47, 48, 53, 56, 61, 66, 91, 94, 95, 96, 136, 143, 194, 206, 251

Dã, o rei chamado 83

Darby, John Nelson 295

Darwin, Charles 287

Dã, tribo de 24, 55, 62, 80, 109, 127, 130, 135, 206, 207, 243

Davis, William C. 276

Dell, William 246

demonizando o outro como Anticristo 16, 106, 159, 163, 291

destruidor 17

Deus
natureza beneficente contra natureza maléfica de 305

Deuteronômio, Livro do 62

Dia do Juízo Final
ceticismo sobre o 261, 262
data do 136
Igreja Católica decide sobre a pregação acerca do 222

Diálogo com Trifão 47

Didaqué ou Instrução dos Doze Apóstolos 44

Diderot, Denis 269

Diocleciano, Imperador 133

Dissertações sobre as profecias (Thomas Newton) 281

Doação de Constantino 208, 210, 212, 224

Domiciano, Imperador 23, 119

donatistas 98, 101, 107

Donne, John 307

dragão, Satanás como 37

duas testemunhas (Apocalipse) 38, 64, 201

E

Elias místico 201

Elias, Profeta 26, 38, 39, 42, 46, 64, 69, 105, 130, 133, 169, 201, 204, 206, 216, 242

Elliott, Edward Bishop 267

Emmerson, Richard K. 22, 117

enganador dentro da Igreja 14, 15

enganador do mundo 44, 45

Enoque místico 201

Enoque, Profeta 26, 39, 46, 64, 130, 133, 169, 201, 204, 206, 216, 242

Ensaios e revisões (1860) 287

Epístola de Barnabé 48, 49, 58

era do Espírito Santo (terceira idade) 176, 182, 202

era do Filho 191

era do Pai 191

escatologia (doutrina das últimas coisas) 29

333

de Jesus 31, 32, 33, 35
escatologia judaica 31
escatologia milenar 90
  Hipólito de Roma 59, 61
Espírito Santo, era do. Consulte
    era do Espírito Santo
Estêvão, apedrejamento 190
Ethelbert, Rei 109
Euanthas 58
Eulógio de Córdoba 142, 143
Eusébio de Cesareia 92, 95, 119
Evanthus 63
Ezequiel, Livro de 124

F

Faber, George Stanley 278, 279
falso papa (pseudopontifex)
    172, 203
falsos bispos 102
falso(s) Cristo(s) 28, 46, 113, 141,
    243
falsos irmãos dentro da Igreja
    102, 103
falsos Messias 33, 46, 200, 243
falsos mestres dentro da Igreja 116
falsos profetas 17, 28, 29, 33, 42,
    43, 44, 73, 141, 174
  Belkira 50
  Simão Mago 113
Fell, Margaret 248
Ficino, Marsilio 219
figuras identificadas como o
    Anticristo 17
filho da perdição (condenação)
    36, 37, 52, 120, 121, 127, 168
filho de Satanás
  Anticristo como 78, 79, 80
filhos de Ismael 121
filhos de Jafé 126
filipenses 30
fim do mundo
  ceticismo sobre o 261
  expectativa do 29, 89, 92

explicações para a não
    ocorrência do 52
ocorrência do 20, 244
preocupações no fim do
    primeiro milênio 19
previsões fracassadas sobre 107
sinais do 45, 46, 108, 109
terceira era e o 176
fim dos tempos
  aparição do Dajjal 150, 151, 152
  estimativas da data do 256, 257
  eventos relacionados ao 20
  falsos profetas e o 28
  ideia de que ele já teria tido
      início 16
  narrativa de Agostinho 74
  narrativa de Comodiano 68
  narrativa de Hipólito de Roma
      59, 60, 62
  narrativa de Lactâncio 75, 76
  narrativa de Sulpício Severo
      72, 73
  narrativa de Tertuliano 66
  sinais do 28, 85, 150
  vivendo no 170
Fírmico Materno, Júlio 79
Florença, como nova Jerusalém 217
Focas, imperador bizantino 279
fogueira das vaidades 219
Folkes, Martin 263
Fox, George 248
Francesco da Montepulciano 221
Francisco de Assis, São 188, 195
Francisco, Papa 291
Franck, Sebastian 244
Frederick, John 223
Frederico II, Imperador 182, 184,
    186, 187
Frederico II, rei da Prússia 269
Fuller, Robert 296
futurismo 239
futuro Anticristo 15, 28, 90, 98,
    101, 281, 284

334

G

Gaddafi, Muammar 292
Galileu Galilei 241
Gay, John 261
geena 51
Gênesis, Livro do 56, 62, 80, 109, 126, 127
Genserico, rei vândalo 108
Geoffrey de Loreto 164
Gerard de Angoulême 164
Gerardo, arcebispo de Auxienne 157
Gerberga, Rainha 22, 23, 67, 117, 132
Gerhoh de Reichersburg 160, 161, 162, 164
Godofredo de Chartres 163
godos 68, 92, 143
Gog e Magog 17, 43, 122, 124, 125, 126, 129, 130, 131, 154, 177, 189, 194, 204, 235, 238, 243
Gólgota 127
Golitsyn, Alexandre, Príncipe 275
Gorbachev, Mikhail 291
Gosse, Edmundo 266, 267
Gosse, Emily 266
Gosse, Philip 265, 266
grande Anticristo (magnus antichristus) 172, 174, 178, 189, 191, 192, 193, 194, 195, 196, 203, 248
grande enganador
  Anticristo como 62
Grebel, Conrad 245
Grécia, como uma das quatro bestas 66
Gregório I, Papa (Gregório Magno) 108, 112, 115, 127, 136, 158, 161, 282
Gregório IX, Papa 184
Gregório VII, Papa 159, 161
gregos, rei dos 124

Grotius, Hugo 240
Guerra e paz (Tolstoi) 274
Gui, Bernard 196

H

Habershon, Matthew 264, 265, 266
Haimo (monge de St Germain de Auxerre) 132, 133, 134, 135, 136, 137, 158
Hammond, Henry 240
Harmagedon 43
Henrique IV, Imperador 161, 207
hereges 179
heresias 190, 196, 205, 207, 209, 210, 211
Herodes 140
Hilariano, Quinto Júlio 131
Hildeberto, arcebispo de Tours 163
Hildegarda de Bingen, monja beneditina 167, 168, 170
Hillary Clinton 291
Hill, Christopher 246
Hipólito de Roma 59, 61, 62, 63, 64, 65, 66, 68, 80
história
  local do progresso 305
  narrativa providencial 305
  perspectiva cristã da 303, 304
  relato apocalíptico (domínio do conflito) 306
  significado final da 305
história da Igreja
  quatro eras da (Bernardo de Claraval) 165, 166
  sete etapas (perseguições) (Joaquim de Fiore) 172, 173
história profética, ligação com o conceito do Anticristo 290
Hitler, Adolf 291
Hoffman, Melchior 245
homem da apostasia 48

335

homem do pecado (iniquidade) 36, 37, 46, 47, 48, 52, 67, 88, 93, 103, 134, 248, 289
Horsley, Bispo Samuel 264, 269, 270, 271, 277, 278, 279
Hughes, Kevin 67, 89
humanos
  batalha entre o bem e o mal 18
  o Anticristo entre os 16
hunos 123, 125
Hus, Jan (John) 210, 211, 227
Hussein, Saddam 291

I

Igreja
  Anticristo fora e dentro 14
  anticristos dentro 106, 111
  batalha dentro e fora 102
  corrupção pela sexualidade 167
  e a Anti-Igreja 102
  reforma da 199
  reforma e derrota do Anticristo 162
Igreja Anglicana
  perspectiva da Revolução Francesa 268
Igreja Católica
  profecia e o Quinto Concílio de Latrão 221
  retaliação contra as afirmações do Anticristo papal 239
Igreja Ortodoxa Russa 274
Iluminismo francês como Anticristo 268
Iluminismo inglês 268
imperativo ético da bondade pessoal 308
Império Carolíngio 132
império cristão 89
Império Francês sob Napoleão 272
Império Otomano 265
  turco-otomanos. Consulte turcos

Império Romano
  adoção do cristianismo 89
  aparição e queda do Anticristo 132
  como uma das quatro bestas 66
  conflito com os muçulmanos 121
  papel dentro da escatologia cristã 117, 118, 119
  restringindo o Anticristo 67, 93
impérios, sucessão de 41
Inocêncio III, Papa 180
Inocêncio II, Papa 163
Inocêncio IV, Papa 185, 186
Inquisição 196
instituições identificadas como o Anticristo 16
Irineu, bispo de Lyon 30, 53, 57, 58, 59, 66, 87, 260
  narrativa sobre o Anticristo 54, 55
Irmandade de Plymouth 295
Isaías 96
islã 118, 140. Consulte Muhammad
  al-Dajjal o Enganador 145, 147, 149, 151
  Anticristo do 17, 145, 146, 149, 150
  ascensão do 194, 279
  como o Anticristo 292
  como o chifre pequeno de Daniel 232
  perspectiva de Calvino 231
ismaelita 118
isopsefia (números atribuídos a letras gregas para gerar palavras) 58

J

Jaime I, rei da Inglaterra 236
Jaime VI, rei da Escócia 236
Jakoubek de Stříbro 213
Jardim do Éden 30, 80, 306
  serpente como Anticristo 80

336

Jenkins, Jerry B. 295
Jeremias, Livro de 55
Jerônimo de Bérgamo 220
Jerônimo de Praga 210, 227
Jerônimo, São 88, 91, 92, 94, 95,
96, 125, 127
Comentário sobre Mateus 91
Comentário sobre o Livro de
Daniel 94
Jerusalém 24, 25, 33, 34, 43, 44,
58, 59, 63, 67, 70, 73, 81, 83,
95, 103, 117, 127, 129, 130,
135, 140, 154, 155, 156, 187,
200, 206, 216, 217, 218, 243,
264, 272, 295, 298, 299, 300
descendo do céu 70
Jesus. Consulte Cristo
como aquele que vence o
Anticristo 26
como o Messias 32
descrição do Anticristo 85
escatologia de 31, 32, 33, 35
matando al-Dajjal 151
negação da divindade de 28
sinais do fim do mundo 85
vida, morte e ressurreição 304
João, Apóstolo 114
João, bispo de Evreaux 157
João Crisóstomo, bispo de
Constantinopla 88
João de Patmos 37, 86
João de Rupescissa 197, 199, 202,
203, 204
João de Sevilha 141
João Evangelista, São 139
João XXII, Papa 196, 197
Joaquim de Fiore 14, 139, 140,
155, 157, 172, 174, 175, 176,
177, 181, 182, 191, 194, 202
Jó, Livro de 115
Joviano, Imperador 123
Jowett, Benjamin 288, 289
Juan Carlos, rei da Espanha 291

judaísmo
Armilo, o Anticristo judeu 152,
153, 154
o Anticristo do 17
tradição dos dois Messias 154
Judas 112
judeus. Consulte judaísmo
o Anticristo para os 70
rejeição a Cristo 94, 136
retratados como partidários do
Anticristo 25, 56, 81, 94, 284
juízo final 35
relato de Irineu 59
tempo do 97
versões 51
Juliano o Apóstata, Imperador
123, 133, 284
Justino, teólogo grego 46, 47, 48

K

Kennedy, John F. 291
Kett, Henry 268, 269
Kissinger, Henry 291
Knox, John 232

L

Lactâncio 74, 75, 76, 77, 78
LaHaye, Tim 295
Landes, Richard 107
Lateinos 58
Leão X, Papa 225
Leonardo da Fivizzano 219
Lerner, Robert E. 172, 177, 182, 188
Leviatã 17, 40, 115, 116
Levin, Ira 293
Licínio, Imperador 119
literatura hadith 146, 147, 149, 150
Livro das figuras (Liber
figurarum) 173
Livro de regras (Ticônio) 99,
100, 101, 107
livros sobre o Anticristo 295

lollard 205
lombardos 108
Löwith, Karl 303, 307
Lucas, Evangelho de 32
Lúcio III, Papa 172
Luis IV d'Outremer, Rei 22, 117
luteranos
como Anticristo 245
Lutero, Martinho 222, 223, 224,
225, 226, 227, 228, 229, 230,
231, 233, 234, 235, 244
perspectiva geral do Anticristo
223
sobre o Livro do Apocalipse 233

M

Macabeus, Primeiro Livro dos 34
magia usada pelo Anticristo 135
magnus Antichristus (grande
Anticristo) 174, 178
Maitland, Samuel R. 285, 286
mal
como uma ausência do bem 304
continuação após Jesus 15
dentro da Igreja 115
presente, passado e futuro 303
Malaquias de Armagh, São 166
Manassés, Rei 50
Mansueto, Irmão 187
Maomé 273. Consulte
Muhammad
Maquiavel, Nicolau 221
marca da besta 17, 42, 82, 112,
169, 201
Marcos, Evangelho de 28, 32, 33
Maria I, Rainha da Inglaterra
(Mary Tudor) 233
Martinho de Tours 72, 79
Martino di Brozzi 220
mártires de Córdoba 141
Mateus, Evangelho de 24, 26, 32,
45, 141, 160, 210
Comentário sobre Mateus
(Jerônimo) 91, 97

Mayer, Lewis 273
McGinn, Bernard 11, 27, 108, 158,
202
Mede, Joseph 249, 256, 264
Melsermut 140
Messias. Consulte falsos Messias
sua vinda e os últimos dias 32
tradição dos dois Messias no
judaísmo 154
Messias ben Davi 154, 155
Messias ben Joseph (ou Efraim)
154, 155
Metódio 95
Miguel, Arcanjo 13, 26, 40, 111,
122, 130, 136, 158, 216
milagres
a capacidade do Anticristo de
realizar 113
mistério da iniquidade 102,
133, 182
Moisés, Profeta 38, 39, 46, 94,
186, 263
More, Henry 249, 251, 252, 253,
254, 256
morte do Anticristo 136, 167
local da 96, 157
movimento hussita 211, 213, 214
movimentos como candidatos
ao Anticristo 292
muçulmanos
conflito com o Império
Romano 121
derrotados pelo imperador do
último mundo 126
futuro governante chamado
Apollyon (o destruidor)
276
Muggleton, Lodowick 248
Muhammad (Maomé), Profeta
· 17, 118, 123, 139, 140, 141,
142, 143, 144, 145, 147, 148,
149, 150, 204, 218, 231, 232,
236, 245, 284, 286

como o Anticristo 139
seguidores como o Anticristo 245
sobre al-Dajjal o Enganador 146
vidas de 141
Mulher Escarlate 267
Mussolini, Benito 291

N

Nabucodonosor, Rei 56
Napier, John 236, 237, 238, 239
Napoleão Bonaparte, Imperador
    como Anticristo final 272
Napoleão III, Imperador 266, 276
Nelson, Horatio 278
Nero, Imperador 17, 23, 69, 70,
    71, 72, 73, 74, 75, 114, 115,
    119, 133, 140, 174, 187, 190,
    200, 231, 240, 243, 278
    como o Anticristo 218, 231
    como o Anticristo romano
        ressuscitado 68, 69
    história de Simão Mago 114
Newman, John Henry 280, 281,
    283, 284, 285, 286
Newton, Isaac 14, 254, 255, 256,
    257, 261, 263, 264
Newton, Thomas, bispo de
    Bristol 260, 264, 265,
    281, 283
Nicolau de Dresden 212
Nietzsche, Friedrich 296
niilismo 305, 307
niilismo cósmico 305, 307
Noé 56, 57, 126
nome da besta/Anticristo 42, 58,
    63, 242
Norberto de Xanten 163
número da besta (666) 17, 42, 56,
    82, 186, 194, 195, 242, 267,
    273, 277
    como alternativa ao 57
    simbolismo numérico 57
    variedade de interpretações 280

O

O apocalipse de Elias 84, 85
O apocalipse de Esdras 85, 86
O apocalipse de Pseudo-João 85,
    86, 87
Obama, Barack 291
O bebê de Rosemary (1968) 293
Olivi, Peter 189, 190, 191, 192,
    193, 194, 195
Oráculos sibilinos 71, 129
Oráculo Tiburtino 129, 130
Ordem Dominicana 195
Ordem Franciscana
    influência do pensamento
        joaquimita 183, 188
    natureza da pobreza em sua
        tradição 188
    renascimento do pensamento
        joaquimita 188
    tradição espiritual 188
    tribulações 199
Ordem Monástica
    Premonstratense 163
Origem das espécies (Darwin) 287
origem romana do Anticristo 63
Orígenes de Alexandria 90, 91, 92
O sentido da história (Löwith)
    303, 307
Osiander, Andreas 228
Otão, Imperador 101
O testamento de Nosso Senhor
    84, 85, 86

P

pagãos, rejeição de Cristo 136
papa angélico 197, 202, 203, 218
papado como Anticristo 16, 145,
    156, 174, 182, 186, 203,
    205, 223, 245, 253, 270
    ceticismo sobre 260
    perspectiva de Martinho
        Lutero 223

perspectiva protestante 264
perspectiva protestante do
Apocalipse 233
resistência católica futurista 285
papa restaurador (papa
angélico) 201, 202
Paulo, Apóstolo 36, 37, 68, 74,
93, 111, 114, 115, 121, 132,
174, 226, 231, 271, 281, 290
Pedro, Apóstolo 68, 114, 115
Pedro o Venerável, o abade de
Cluny 144
Penman, Leigh 197
pensamento joaquimita 181
guelfo 183
renascimento no século XIII 188
Pequeno Apocalipse (Mateus)
33, 45
Perfectus (sacerdote cristão) 141
Pérsia, como uma das quatro
bestas 66
Piemonte, rei de 266
Pio IX, Papa 266
Piozzi, Hester 272, 276
Platão, visão do mal 304
poderes do Anticristo 113, 135, 168
Point pleasant (série de televisão
de 2005) 294
Policarpo, bispo de Esmirna 30, 31
Porfírio, filósofo neoplatônico
95, 96
preterismo 239
Prideaux, Humphrey 145
Prierias, Silvestre 225
Primásio, bispo de Hadrumetum
103
príncipe da iniquidade 130
profecias, busca de
conhecimento sobre o
Anticristo 14
progresso secular 305
prostituta da Babilônia 190, 215
protestantismo 145

adoção do conceito de
Anticristo 290
Anticristo papal 223, 264
Anticristo (tirânico) adsoniano
286
leituras do Apocalipse 233, 253
providencialismo no
cristianismo 15, 27, 305
Pseudo-Efraém 122, 125
Pseudo-Hipólito 80, 81, 82, 113
Pseudo-Metódio 118, 120, 121,
122, 123, 124, 126, 127, 128,
130, 171
pseudopapa 192, 193
puritanos 246

Q

quacres 248
quatro bestas de Daniel 66
Quodvulteus, bispo de Cartago
108

R

Ralph de Namur 181
ranters 248
Reagan, Ronald Wilson 291
recapitulação, doutrina da 54
Reeves, John C. 146
Reeves, Marjorie 214
Reforma 222
novas leituras do Livro do
Apocalipse 233
Reforma escocesa 232
Reforma inglesa 253
Reforma Protestante 222
Reforma Radical
perspectiva do Anticristo 244
refrigério dos santos 66
reinado do Anticristo 62, 81, 96
Reino de Deus (quinta
monarquia) 41
relatos do Anticristo siríaco 145

religiões como candidatas ao
Anticristo 292
Renascimento italiano 214
retratos cinematográficos do
Anticristo 292
retratos televisivos do Anticristo
294
Revolução Francesa 268, 269,
270, 272, 284
Revolução Inglesa 246, 252
Ricardo I (Coração de Leão), rei
da Inglaterra 139, 155
Robins, John (ranter) 248
Robinson, David C. 98
Rodolfo da Saxônia, Irmão 183
Roger de Hoveden 155, 156, 158
Romance Juliano (século VI) 123
Royal Society 263

S

Sadat, Anwar 292
Saladino 139, 140, 173
Salimbene, frade franciscano
182, 183, 184, 186, 188, 197
Salmo 91 165
Salmon, Joseph (ranter) 248
santos, reinado de mil anos na
terra 97
Satanás/o Diabo 80, 83
Satanás (o dragão)
aprisionamento 78, 204
jogado no abismo por mil anos
43
libertação do inferno depois de
mil anos 175, 194
libertação no fim dos tempos
20
tirano escatológico 48
vinculação por mil anos 19, 175
Savonarola, Girolamo 216, 217,
218, 219, 220, 227, 228, 235
Schwenckfeld, Caspar 245
Scriblerus Club 261

Sedgwick, Joseph 247
Sefer Zorobabel 153
Segunda Vinda (Parusia de Cristo)
data da 15, 60
predecessores da 64
tempo da 58
sentido da vida 308
série de livros Left behind
(1995-2007) 295
Sermão sobre o fim do mundo
(Pseudo-Efraém) 122, 125
sétimo rei, o Anticristo como 172
Severo, Sulpício 72, 73
sexualidade
corrupção da Igreja em
decorrência da 167
Sibila da Babilônia 71
Sidrac, Misac e Abdênago 56
significante flutuante
Anticristo como 290
Signorelli, Luca 215, 216
Simão Mago 112, 113, 114, 115,
135, 167, 169, 174, 216, 291
Smith, J. Harold 292
Sobre a doutrina cristã
(Agostinho) 107
Sobre o fim do mundo (Pseudo-
Hipólito) 80, 113
Solovyev, Vladimir 296, 297,
299, 301
Spalatin, Georg 224, 225
Spanish blanks plot (1592) 236
Stukeley, William 263

T

Teitan 58, 63
templo de Salomão
erguimento do 25
templo em Jerusalém 58
destruição do 33
profanação. Consulte
abominação da desolação
reconstrução pelo Anticristo 81

tempo bíblico 99
Teodoreto, bispo de Cirro 79
Teodósio I, Imperador 120
terceira era. Consulte era do Espírito Santo
Tertuliano 66, 119
Testamento de Ezequias 50, 51, 71
testículos do Anticristo 115
textos proféticos
efeitos da crítica histórica 287
The travels of Sir John Mandeville 128
Thietland de Einsiedeln 137
Tiago de Voragine 114
Ticônio 98, 99, 100, 101, 102, 103, 105, 107, 111, 116, 207
comentário sobre o Apocalipse 103
tipos de Anticristo 96, 101
Caim 112
Judas 112
Muhammad 140
Simão Mago 112
tirano escatológico
Anticristo como 15
narrativa de Lactâncio 75
Satanás como 49
tirano escatológico final 35
Tolan, John 143
Tolstoi, Liev 274
Tomás de Eccleston 187
tradição cristã
apocalipse 31
caminho da Queda à salvação final 303
dilema que resultou no Anticristo 15
história desde a Criação ao Juízo Final 29
problema do bem e do mal 303
tradição do duplo Messias no judaísmo 154
Trafalgar, Batalha de 278

Tratado sobre Cristo e o Anticristo 59
Trefnant, John, bispo de Hereford 205
tribo de Dã. Consulte Dã, tribo de
tribo de Judá 62
tribulação do fim dos tempos 26
Trifão 47
Trump, Donald 291
turcos
associação com o Anticristo 271
demoníacos 228

U

Ubertino de Casale 195, 203
último imperador do mundo 117, 118, 122, 124, 126, 127, 129, 182, 203, 217
último imperador romano 162, 187, 275
Últimos Dias
datação imprecisa. Consulte fim dos tempos; fim do mundo; escatologia
eventos anteriores aos 34
papel do imperador romano 117
tribulação 35
Ussher, James, Arcebispo 247

V

Vade mecum in tribulatione (Caminhe comigo na tribulação) 198
Valla, Lorenzo 225
verdadeiro papa (orthopontifex) 203
verdadeiros Levellers (ou \"Diggers\") 246
Vettori, Francesco 221
vida após a morte, versões da 51
vida do Anticristo
narrativa de Adso 22, 23

narrativa de Hildegarda de
Bingen 167
violência por cristãos 123
virgindade, ataque do Anticristo
contra a 168
Vitória, Rainha 280
Voltaire 261, 265, 269, 304, 305
von Amsdorf, Nicholas 230

W

Walter de Coutances, arcebispo de
Rouen e Apamia 157
Walther, Rudolph 13
Webster, Charles 252
Whiston, William 257, 258, 259,
260, 261, 262, 263
profecia do fim do mundo 261, 264
Wibert (ou Guibert) de Ravena 160
William Aurifex (o Ourives) 179, 182
Winstanley, Gerrard 246
Wycliffe, John 205, 207, 208, 209, 210

Z

Zwingli, Ulrich 232, 245
como o Anticristo 245

Conecte-se conosco:

- **f** facebook.com/editoravozes
- **◉** @editoravozes
- **𝕏** @editora_vozes
- **▶** youtube.com/editoravozes
- **◉** +55 24 2233-9033

www.vozes.com.br

Conheça nossas lojas:
www.livrariavozes.com.br

Belo Horizonte – Brasília – Campinas – Cuiabá – Curitiba
Fortaleza – Juiz de Fora – Petrópolis – Recife – São Paulo

EDITORA VOZES LTDA.
Rua Frei Luís, 100 – Centro – Cep 25689-900 – Petrópolis, RJ
Tel.: (24) 2233-9000 – E-mail: vendas@vozes.com.br